FILÓSOFOS
PRÉ-SOCRÁTICOS

FILÓSOFOS PRÉ-SOCRÁTICOS

Jonathan Barnes

Tradução
JULIO FISCHER

Martins Fontes
São Paulo 2003

Esta obra foi publicada originalmente em inglês com o título
EARLY GREEK PHILOSOPHY por Penguin Books, Londres, em 1987.
Copyright © Jonathan Barnes, 1987.
Os direitos morais do autor estão garantidos.
Copyright © 1997, Livraria Martins Fontes Editora Ltda.,
São Paulo, para a presente edição.

1ª edição
março de 1997
2ª tiragem
março de 2003

Tradução
JULIO FISCHER

Revisão da tradução
Silvana Vieira
Revisão gráfica
Renato da Rocha Carlos
Eliane Rodrigues de Abreu
Sandra Brazil
Produção gráfica
Geraldo Alves
Paginação/Fotolitos
Studio 3 Desenvolvimento Editorial

Dados Internacionais de Catalogação na Publicação (CIP)
(Câmara Brasileira do Livro, SP, Brasil)

Barnes, Jonathan
 Filósofos pré-socráticos / Jonathan Barnes ; tradução Julio Fischer.
– São Paulo : Martins Fontes, 1997. – (Clássicos)

Título original: Early greek philosophy.
ISBN 85-336-0591-9

1. Filosofia antiga I. Título. II. Série.

97-0950   CDD-182

Índices para catálogo sistemático:
1. Filósofos pré-socráticos : Filosofia grega   182
2. Pré-socráticos : Filosofia grega   182

Todos os direitos desta edição para o Brasil reservados à
Livraria Martins Fontes Editora Ltda.
Rua Conselheiro Ramalho, 330/340 01325-000 São Paulo SP Brasil
Tel. (11) 3241.3677 Fax (11) 3105.6867
e-mail: info@martinsfontes.com.br http://www.martinsfontes.com.br

Índice

Mapa 7
Introdução 9
Sinopses 41
Nota ao leitor 59

Parte I
1. Os precursores 63
2. Tales 71
3. Anaximandro 83
4. Anaxímenes 91
5. Pitágoras 95
6. Alcmeão 105
7. Xenófanes 109
8. Heráclito 117

Parte II
9. Parmênides 149
10. Melisso 165
11. Zenão 173

Parte III
12. Empédocles 187
13. O pitagorismo do século V 235
14. Hípaso 249
15. Filolau 253
16. Íon de Quios 261

17. Hípon 263
18. Anaxágoras 267
19. Arquelau 283
20. Leucipo 285
21. Demócrito 287
22. Diógenes de Apolônia 339

Apêndice: As fontes 347
Leituras suplementares 355
Índice remissivo 357
Índice de textos citados 361

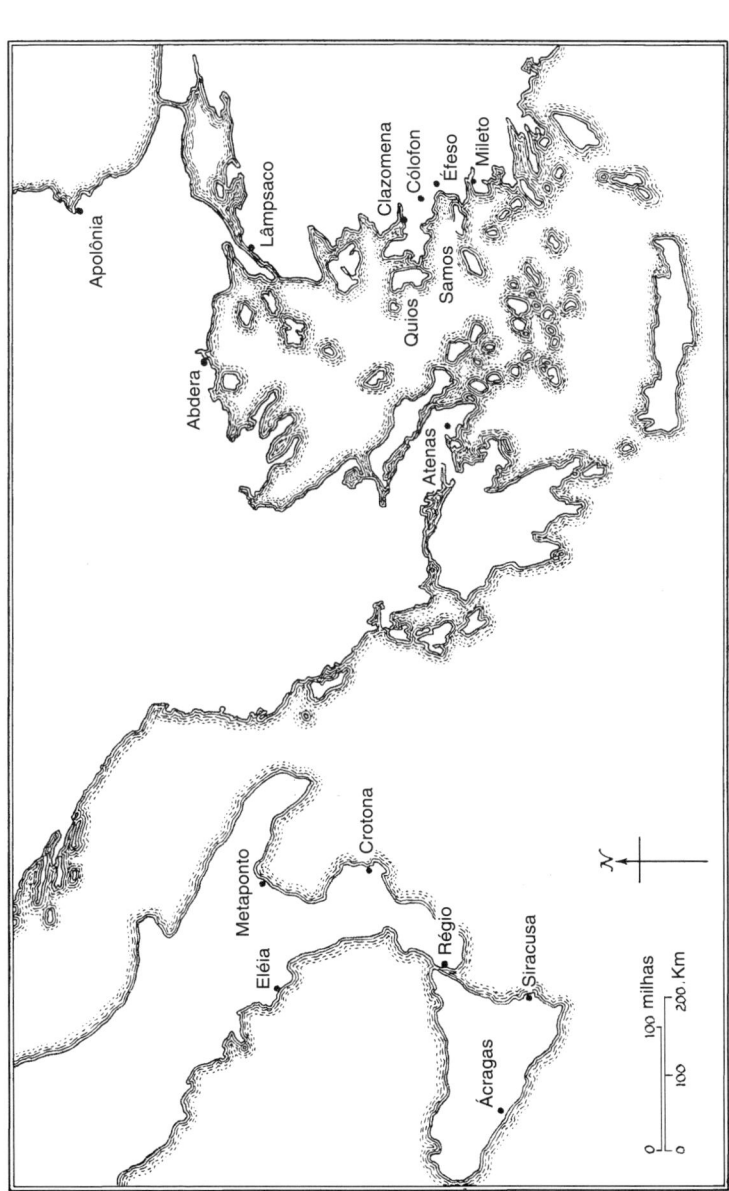

Introdução

I. Os Primeiros Filósofos

Segundo a tradição, a filosofia grega teve início em 585 a.c. e chegou ao fim em 52 d.C. Originou-se quando Tales de Mileto, o primeiro filósofo grego, previu um eclipse do Sol. Terminou quando o imperador cristão Justiniano proibiu o ensino da filosofia pagã na Universidade de Atenas. Tal tradição é uma simplificação: os gregos cultivavam pensamentos filosóficos desde antes de 585 a.c., e o édito de Justiniano, qualquer que tenha sido seu propósito, não impôs um fim abrupto à filosofia pagã. Todavia, as datas tradicionais mantêm-se como linhas demarcatórias convenientes e memorizáveis à trajetória da filosofia antiga.

Os mil anos compreendidos nessa trajetória dividem-se em três períodos de extensão distinta. De início, temos os anos verdes, que vão de 585 a.c. até, aproximadamente, 400 a.c., quando uma sucessão de indivíduos inexperientes e geniais estabeleceu o escopo e determinou os problemas da filosofia, começando a desenvolver-lhe a equipagem conceitual e a montar sua estrutura. Seguiu-se, então, o período das escolas – de Platão e Aristóteles, dos epicuristas, dos estóicos e dos céticos –, no qual elaborados sistemas de pensamento foram formulados e submetidos a um infatigável exercício de crítica. Esse segundo período chegou ao fim em aproximadamente 100 a.C. O extenso terceiro período foi marcado, sobretudo, pela erudição e pelo sincretismo: os pensadores posteriores estudaram com afinco os escritos de seus predecessores, produziram comentários e interpretações, e procuraram extrair um sistema coerente e unificado de pensamento que incluísse tudo o que havia de melhor nas antigas doutrinas das escolas.

O presente livro está voltado para o primeiro dos três períodos, para os primórdios da filosofia grega. Esse período recebe normalmente a denominação de fase "pré-socrática" do pensamento helênico. O epíteto peca por imprecisão, uma vez que Sócrates nasceu em 470 a.C. e morreu em 399, de modo que muitos dos filósofos "pré-socráticos" foram, em verdade, contemporâneos de Sócrates. No entanto, o rótulo está profundamente arraigado e seria inútil tentar rejeitá-lo.

O período pré-socrático propriamente dito divide-se em três partes. Houve, primeiro, um século de pensamento arrojado e criativo. Em seguida, as primeiras incursões foram submetidas a uma rigorosa revisão crítica e lógica: o alvorecer que haviam prenunciado parecia um falso alvorecer, suas descobertas, quiméricas, e suas esperanças, ilusórias. Por fim, houve alguns anos de retração e consolidação, nos quais pensadores das mais diversas facções procuraram, cada qual à sua maneira, reconciliar as esperanças dos primeiros pensadores com o rigor crítico de seus sucessores.

Tais esquematismos impõem uma fixidez a algo que, na realidade, era fluido e irregular. Os próprios gregos, quando se puseram a escrever a história de seu pensamento, foram ainda mais esquemáticos. Gostavam de falar sobre "escolas" e "sucessões", em que cada pensador tinha um mestre e um discípulo, e cada filosofia um lugar estabelecido. Essas construções, por mais artificiais que sejam, fornecem uma estrutura intelectual, sem a qual a história do pensamento não pode ser prontamente compreendida. Ademais, é no mínimo aproximadamente verdade que os pré-socráticos formam um grupo homogêneo, que diferem em aspectos fundamentais tanto de seus predecessores não-filosóficos como de seus grandes sucessores, e que é possível identificar, no espaço de tempo coberto pelo viço de sua atividade, três períodos principais.

Abstrações assim despidas de sustentação objetiva pedem a proteção de uma vestimenta histórica aceitável. Quando pensamos na Grécia, habitualmente consideramos primeiro Atenas, presumindo que a cidade de Péricles e do Partenon, de Sócrates e Aristófanes era o centro e o foco do mundo grego, sob o ponto de vista artístico, intelectual e político. Na verdade, nenhum dos filósofos mais antigos era ateniense. A filosofia floresceu inicialmente na costa oriental do Egeu, em pequenas cidades-Estado independentes que na época não mantinham vínculo político algum com Atenas. Os Estados gregos da Jônia, na faixa costeira sudoeste da Ásia Menor (atual Turquia), viviam dilacerados por conflitos internos e ameaçados por inimigos externos. Ainda assim, por um período de um século e meio, de cerca de 650 a 500 a.C., assistiram a uma notável florescência: desenvolveram-se economicamente, vicejaram politicamente, ao mesmo tempo em que desabrocharam na arte e na literatura, produzindo uma arquitetura majestosa, uma escultura requintada, poemas de qualidade e elegantes pinturas em vasos.

Foi em Mileto, no sul da Jônia, que nasceu a filosofia grega. Os milésios eram um povo singularmente vigoroso. No âmbito interno, sua política era turbulenta – estavam familiarizados com dissidências, conflitos e revoluções sangrentas. No âmbito externo, tiveram por vizinhos dois poderosos impérios, primeiro os lídios, com quem mantiveram uma incômoda simbiose, e, após 546, os persas, por quem seriam ulteriormente destruídos, em 494. Apesar dessas circunstâncias pouco favoráveis, os milésios eram comercialmente infatigáveis. Negociaram não apenas com os impérios do Oriente, como também com o Egito, estabelecendo um empório comercial em Náucratis, no delta do Nilo. Além disso, enviaram numerosos colonos para que se fixassem na Trácia, junto ao Bósforo e ao longo da costa do mar Negro; também estabeleceram vínculos com Síbaris, ao sul da Itália. Foi nessa próspera municipalidade que Tales, Anaximandro e Anaxímenes, os três primeiros filósofos, viveram e trabalharam.

O momento e a extensão em que a obra desses homens tornou-se conhecida são coisas que não podemos precisar. No entanto, a atividade intelectual da qual foram pioneiros não tardou em ganhar difusão. Heráclito era originário da cidade de Éfeso, um próspero Estado algumas milhas ao norte de Mileto. Xenófanes era da vizinha Cólofon. Pitágoras nasceu na ilha de Samos, situada a pouca distância do continente, a meio-caminho entre Éfeso e Cólofon. Mais tarde viria Anaxágoras de Clazômenas, Melisso de Samos e Demócrito de Abdera, no nordeste.

A região ocidental também deu sua contribuição. Pitágoras emigrou de Samos para a colônia grega de Crotona, no sul da Itália. Alcmeão era nativo de Crotona. Parmênides e Zenão nasceram em Eléia, na costa ocidental da Itália. Empédocles veio de Agrigento, na Sicília.

Tal diversidade geográfica não significou que os pré-socráticos tenham trabalhado de maneira independente, ignorando o pensamento uns dos outros. Embora as comunicações fossem vagarosas e, com freqüência, arriscadas, muitos dos primeiros filósofos eram itinerantes. Pitágoras, conforme mencionei, migrou do leste para o oeste. Tanto Xenófanes como Empédocles contam-nos que costumavam viajar. Zenão e Parmênides, pressupunha Platão, visitaram Atenas. Anaxágoras passou boa parte de sua vida em Atenas antes de se retirar para o exílio em Lâmpsaco, na Tróade. É bem verdade que são poucas as evidências diretas de um diálogo intelectual frutífero entre os diferentes filósofos, e as influências e interações freqüentemente aceitas pelos estudiosos são especulativas. Contudo, as especulações são plausíveis. Isso porque boa parte da história do pensamento pré-socrático torna-se mais inteligível quando se adota a hipótese de um contato mútuo.

Há um caso particular digno de ser mencionado. Melisso era de Samos, no leste do Egeu, e Parmênides de Eléia, no oeste da Itália. A atividade de Melisso se deu, no máximo, por uma década, aproximadamente, após Parmênides. No entanto, é bastante seguro que Melisso conhecesse intimamente o pensamento de Parmênides: talvez tenha conhecido o próprio Parmênides, ou descoberto uma cópia de sua obra, ou travado contato com ela através de alguma fonte terciária. Não existiu uma "escola" eleática: Parmênides, Zenão e Melisso não se encontravam regularmente para discutir suas idéias, não davam palestras, não tinham alunos nem promoviam seminários. Não obstante, não trabalhavam nem pensavam em isolamento.

Até este ponto, referi-me aos pré-socráticos como "filósofos" ou "pensadores". Chegou o momento de adotar uma precisão maior. "Filosofia" é uma palavra grega cujo significado etimológico é "amor à sabedoria". Os gregos costumavam empregar o termo em um sentido amplo, abraçando boa parte do que hoje consideramos como as ciências e as artes liberais. Os filósofos das escolas, no segundo período, habitualmente dividiam seu campo de estudos em três partes: lógica, ética e física. A lógica incluía o estudo da linguagem e do significado, bem como o estudo do pensamento e da argumentação. A ética incluía teoria moral e política, mas também compreendia temas que, na atualidade, se enquadrariam no domínio da sociologia e da etnografia. A física era definida de maneira bastante abrangente: tratava-se do estudo da natureza e de todos os fenômenos do mundo natural.

No âmbito dessa distinção tríplice posterior, os pré-socráticos eram considerados basicamente como "físicos". Existem partes de cunho ético e lógico em alguns de seus trabalhos, mas a preocupação fundamental deles era a física: Aristóteles denomina-os *physikoi*, e sua atividade, *physiologia*; eram "estudantes da natureza", e seu campo de interesse, o "estudo da natureza". Para o leitor moderno, isso poderá parecer mais aparentado à ciência do que à filosofia – de fato, nosso moderno campo da física deriva seu conteúdo, não menos que seu nome, da *physikoi* grega. Contudo, a moderna distinção entre ciência empírica e filosofia especulativa não se aplica de pronto à fase primitiva do pensamento ocidental, quando as especializações acadêmicas e as fronteiras intelectuais não haviam ainda sido concebidas.

Tales foi, portanto, o primeiro *physicos*, o primeiro "estudante da natureza" ou "filósofo natural". As obras por escrito dos primeiros pensadores freqüentemente traziam o título *Sobre a Natureza* (*Peri Physeos*); e, embora tais títulos tenham sido atribuídos não pelos autores, mas por estudiosos posteriores, eram amplamente adequados. Pois, de modo geral, o empenho dos primeiros filósofos era no sentido de revelar toda a verdade "sobre a natureza": descrever, organizar e explicar o universo e todos os seus componentes. Tal iniciativa envolvia, em uma extremidade da escala, observações detalhadas de numerosos fenômenos naturais – os eclipses e os movimentos dos corpos celestes, o trovão, a chuva, o granizo, o vento e os fenômenos "meteorológicos" em geral, os minerais, as plantas, os animais – sua procriação, crescimento, alimentação e morte – e, por fim, o homem – os aspectos biológicos, psicológicos, sociais, políticos, culturais e intelectuais da vida humana. Poderíamos, justificadamente, classificar tudo isso como "ciência"; e deveríamos considerar os pré-socráticos como os primeiros investigadores de questões que se tornariam objetos de estudo específicos da astronomia, da física, da química, da zoologia, da botânica, da psicologia etc. Na outra extremidade da escala, a iniciativa pré-socrática envolvia indagações muito mais amplas e obviamente mais "filosóficas": existiria um início do universo? Em caso afirmativo, como teria sido esse início? Quais seus componentes básicos? Por que ele se move e se desenvolve da maneira que o faz? Qual, em termos mais genéricos, é a natureza e a unidade do universo? E o que podemos esperar conhecer a respeito dele?

Nem todos os pré-socráticos fizeram todas essas perguntas e nem todos escreveram em termos tão abrangentes "sobre a natureza". Todos, porém, escreveram inseridos nessa estrutura geral, e todos são igualmente dignos do título honorífico de *physicos*. Se hoje deveríamos denominá-los filósofos ou cientistas, ou ambos, é uma questão totalmente irrelevante.

A sucessão dos *physikoi* que compõem os heróis deste livro não esgota o universo dos aventureiros intelectuais da Grécia antiga – na verdade, não foram os únicos pensadores a se debruçar sobre a *physiologia*. Os poetas didáticos do período por vezes mergulhavam na reflexão filosófica. Os dramaturgos do século V indicam um interesse disseminado por questões filosóficas: o trágico Eurípides demonstra uma aguda percepção da especulação pré-socrática, enquanto o comediógrafo Aristófanes irá parodiar conceitos filosóficos e científicos. Os grandes historiadores, Heródoto e Tucídides, são influenciados pelo pensamento filosófico. Muitos dentre os primeiros escritos médicos associados ao nome de Hipócrates são totalmente pré-socráticos em suas preocupações. Na segunda metade do século V, os chamados "sofistas" – homens como Protágoras, Górgias e Hípias –, que professavam ensinar a retórica, a virtude e o êxito prático, estiveram intimamente vinculados à tradição filosófica. Assim, uma história da *physiologia* pré-socrática não é uma história da origem do pensamento grego em sua totalidade. Não obstante, como percebeu Aristóteles, os pré-socráticos são os mais importantes e influentes representantes do período primitivo: foram eles que deram início à filosofia, que prepararam o terreno para Platão e para as grandes escolas filosóficas das gerações subseqüentes.

A filosofia pré-socrática não passou a existir *ex nihilo*. As relações comerciais e políticas entre a Jônia e o Oriente

Próximo trouxeram em seu bojo vínculos culturais. Nem todos os observadores aprovavam tais ligações.

Os habitantes de Cólofon, segundo Filarco, eram originalmente praticantes de um modo de vida austero, porém, ao travarem laços de amizade e aliança com os lídios, voltaram-se para a luxúria, deixando crescer os cabelos e enfeitando-os com ornamentos de ouro. Xenófanes relata o mesmo:

> Aprendendo imprestáveis delicadezas dos lídios,
> enquanto livres do odioso despotismo,
> iam à praça da cidade envergando túnicas purpúreas,
> em número total não inferior a um milhar,
> arrogantes, exibindo elegantes penteados,
> encharcados no perfume de ungüentos artificiais.
> (Ateneu, *Deipnosofistas*, 526A)

Contudo, a efeminação não foi a única contribuição lídia. Existem claros indícios de contato entre a cerâmica e a escultura jônias, por um lado, e a arte lídia, por outro. A linguagem lídia exerceu alguma influência sobre a poesia jônia. E os estudiosos, tanto os modernos como os antigos, supõem haver existido, igualmente, vínculos entre o pensamento grego primitivo e os interesses intelectuais dos impérios do Oriente.

A avançada astronomia dos babilônios, por exemplo, certamente deve ter-se feito conhecer nas costas da Ásia Menor, estimulando os jônios a empreenderem seu próprio estudo da astronomia. O conhecimento do eclipse solar por Tales, em 585 a.C., deve ter derivado de conhecimentos de origem babilônia. Outras partes, mais especulativas, do pensamento pré-socrático encontram certos tipos de paralelo em textos orientais. Além disso, havia o contato com o Egito. Até mesmo os gregos julgariam, mais tarde, que sua filosofia devia muito à terra dos faraós. Mas, embora dificilmente se possa negar a existência de alguma fecundação oriental, os paralelos comprovados são surpreendentemente escassos e imprecisos. Mais importante ainda: muitos dos traços mais característicos e significativos do pensamento grego primitivo não possui qualquer antecedente conhecido nas culturas orientais.

Os filósofos gregos tiveram também predecessores gregos. Os poetas mais antigos escreveram sobre a natureza e as origens do universo, narrando histórias de como Zeus desposara a Terra e criara o mundo da natureza e produzindo relatos míticos da raça humana. Existem similaridades entre determinados aspectos desses contos primitivos e certas partes dos escritos dos primeiros filósofos. Aristóteles, porém, estabeleceu uma rígida demarcação entre o que denominava "mitólogos" e os filósofos; e é verdade que as diferenças são bem mais acentuadas e bem mais significativas do que as semelhanças.

Da mesma forma que os primeiros pensadores procuravam descobrir a origem do universo, os estudiosos que viriam mais tarde investigaram as origens dessas primeiras idéias sobre o universo. Seria tolice afirmar que os présocráticos deram início a algo inteiramente novo e totalmente inédito na história do esforço intelectual humano. Mas é também verdade que a contribuição das melhores pesquisas acadêmicas é notadamente limitada no que se refere à identificação de antecedentes legítimos. Parece razoável concluir que Mileto, nos primórdios do século VI a.C., assistiu ao nascimento da ciência e da filosofia. Tal conclusão não atribui nenhum talento sobrenatural a Tales e seus colegas. Ela meramente supõe terem sido eles homens de gênio.

II. A Primeira Filosofia

Em que consistiu o gênio desses homens? Quais as características que definem a nova disciplina? Três fatores em particular distinguem os *physikoi* de seus predecessores.

Em primeiro lugar, e muito simplesmente, os pré-socráticos inventaram a própria idéia de ciência e filosofia. Descobriram aquela maneira especial de olhar para o mundo que é a maneira científica ou racional. Viam o mundo como algo ordenado e inteligível, cuja história obedecia a um desenvolvimento explicável, sendo suas diferentes partes organizadas em algum sistema compreensível. O mundo não era uma reunião aleatória de partes, tampouco sua história uma série arbitrária de eventos.

Menos ainda era uma série de eventos determinados pela vontade – ou capricho – dos deuses. Os pré-socráticos não eram, até onde podemos inferir, ateus: facultaram a participação dos deuses em seu admirável mundo novo, e alguns deles buscaram produzir uma teologia aprimorada, racionalizada, em lugar das divindades antropomórficas do panteão olímpico. Entretanto, retiraram aos deuses alguns dos atributos tradicionais. O trovão foi explicado cientificamente, em termos naturalistas – deixou de ser o ruído produzido por um Zeus ameaçador. Íris era a deusa do arco-íris, mas Xenófanes insistia em que ela, ou o arco-íris, nada mais era na realidade do que uma nuvem multicolorida. Mais importante, os deuses pré-socráticos – a exemplo dos deuses de Aristóteles e mesmo daquele Platão arquiteísta – não interferem com o mundo natural.

O mundo obedece a uma ordem sem ser governado pelo divino. Sua ordem é intrínseca: os princípios internos da natureza são suficientes para explicar-lhe a estrutura e a história. Pois os acontecimentos que formam a história do mundo não são meros eventos brutos, para serem registrados e admirados. São eventos estruturados que se encaixam e se interligam mutuamente. E os padrões de suas interligações fornecem o relato verdadeiramente explicativo do mundo.

No livro primeiro de sua *Metafísica*, Aristóteles apresenta um breve relato da história primeva da filosofia grega. O tema é discutido exclusivamente em termos de explicações ou causas. O próprio filósofo sustentava existirem quatro modalidades diferentes de explicação (ou "quatro causas") e considerava que as quatro haviam sido paulatinamente descobertas, uma a uma, por seus predecessores. A história da filosofia era, assim, a história da apreensão conceitual dos esquemas elucidativos. O registro aristotélico dessa história tem sido criticado como tendencioso e parcial. Em essência, porém, Aristóteles está correto; seja como for, é no desenvolvimento da noção de explicação que podemos perceber um dos traços fundamentais da filosofia pré-socrática.

As explicações pré-socráticas são marcadas por uma série de características. São elas, conforme afirmei, *internas*: explicam o universo a partir de dentro, em termos das próprias características que o constituem, sem apelar para intervenções arbitrárias oriundas de fora. São *sistemáticas*: explicam a soma total dos eventos naturais empregando os mesmos termos e os mesmos métodos. Assim, os princípios gerais em cujos termos buscam elucidar as origens do mundo são também aplicados às explicações dadas a terremotos, tempestades de granizo, eclipses, enfermidades ou nascimentos monstruosos. Finalmente, as explicações pré-socráticas são *econômicas*: empregam poucos termos, exigem poucas operações e assumem poucas "incógnitas". Anaxímenes, por exemplo, imaginou explicar tudo em termos de um único elemento material (o ar) e um par de operações coordenadas (rarefação e condensação). O mundo natural exibe uma extraordinária multiplicidade de fenômenos e eventos. A multiplicidade deve ser reduzida à ordem, e a ordem tornada simples – pois esse é o caminho para a inteligibilidade. Os pré-socráticos experimentaram a forma mais extremada de simplicidade. Se suas tentativas por vezes parecem risíveis quando comparadas às elaboradas estruturas da ciência moderna, não obstante um mesmo anseio inspira as incursões antigas e modernas – o anseio de explicar o máximo possível com o mínimo de termos possível.

A ciência possui atualmente nomenclatura própria e seu próprio corpo de conceitos específicos – massa, força, átomo, elemento, tecido, nervo, paralaxe, eclíptica etc. A terminologia e a equipagem conceitual não caíram dos céus: precisaram ser inventadas. Os pré-socráticos estão entre os primeiros inventores. Sem dúvida, a própria tentativa de oferecer explicações científicas pressupõe determinados conceitos; sem dúvida, igualmente, a continuidade da tentativa determinará o nascimento de outros conceitos. O processo não terá – ou nem sempre terá – um caráter autoconsciente. Nem sempre os cientistas dirão a si mesmos: "Eis aí um fenômeno curioso; precisamos elaborar novos conceitos para compreendê-lo e divisar novos termos para expressá-lo." Contudo, a formação de conceitos, e o conseqüente desenvolvimento de um vocabulário técnico, é um constante corolário do esforço científico.

Permitam-me ilustrar rapidamente a questão mediante quatro exemplos fundamentais.

Primeiro, há o conceito do universo ou do próprio mundo. O termo grego é *kosmos*, de onde se originam os nossos "cosmos" e "cosmologia". Certamente foi empregado por Heráclito e talvez pelos primeiros filósofos milésios.

É bastante notável que esses pensadores tenham sentido necessidade de uma palavra para designar o universo – tudo, o mundo todo. A conversação usual e os assuntos cotidianos não exigem que falemos sobre tudo ou que formemos o conceito de uma totalidade ou universo de todas as coisas. Muito mais digno de nota, todavia, é a escolha da palavra *kosmos* para designar o universo. O substantivo *kosmos* deriva de um verbo cujo significado é "ordenar", "arranjar", "comandar" – é utilizado por Homero em referência aos generais gregos comandando suas tropas para a batalha. Um *kosmos*, portanto, é um arranjo ordenado. Mais que isso, é um arranjo dotado de beleza: o termo *kosmos*, no grego comum, significava não apenas uma ordenação, como também um adorno (daí o termo moderno "cosmético"), algo que embeleza e é agradável de se contemplar.

Introdução

O cosmos é o universo, a totalidade das coisas. Mas é também o universo *ordenado* e o universo *elegante*. O conceito do cosmos apresenta um aspecto estético. (Costuma-se dizer que é isso, inclusive, o que o torna caracteristicamente grego.) Mas também, e a nosso ver de maneira mais importante, tem um aspecto essencialmente científico: o cosmos é, necessariamente, ordenado – e portanto deve ser, em princípio, explicável.

O segundo termo é *physis*, ou "natureza". Os pré-socráticos, conforme mencionei, seriam mais tarde considerados *physikoi*, e suas obras receberiam o título geral de *Peri Physeos*. Eles próprios empregavam o termo *physis*: está presente em vários dentre os fragmentos de Heráclito, sendo plausível supor que também tenha sido empregado pelos milésios.

O termo deriva de um verbo cujo significado é "crescer". A importância do conceito de natureza reside parcialmente no fato de introduzir uma clara distinção entre o mundo natural e o artificial, entre as coisas que se "desenvolvem" e aquelas que foram fabricadas. Mesas, carroças e arados (e possivelmente as sociedades, as leis e a justiça) são artefatos: foram fabricadas por projetistas (nestes casos projetistas humanos) e não são naturais. Não possuem natureza, uma vez que não se desenvolvem. Árvores, plantas e serpentes (e talvez também a chuva, as nuvens e montanhas), por outro lado, não foram fabricadas: não são artefatos, mas objetos naturais – crescem, possuem uma natureza.

Todavia, a distinção entre o natural e o artificial (em grego, entre *physis* e *techne*) não esgota o significado do conceito de natureza. Em um determinado sentido, o termo "natureza" designa a soma de objetos naturais e eventos naturais; nesse sentido, discorrer "Sobre a Natureza" significa abordar o mundo natural em sua totalidade – *physis* e *kosmos* passam a ser exatamente a mesma coisa. Em outro sentido, porém, e mais importante, o termo se presta para denotar algo existente em cada objeto natural: no primeiro fragmento de Heráclito, o termo *physis* designa não o cosmos como um todo, mas, antes, um princípio existente em cada parte natural do cosmos. Quando os pré-socráticos investigavam a "natureza", estavam investigando a "natureza *das coisas*".

Qualquer objeto natural – tudo aquilo que se desenvolve e não é fabricado – possui, presumia-se, uma natureza própria. A natureza do objeto é uma feição intrínseca dele, e uma feição essencial – não um fato acidental ou casual. Ademais, é uma característica explanatória: a natureza de um objeto explica por que este se comporta de determinada maneira e o porquê das diversas propriedades casuais que apresenta.

Todos os cientistas estão interessados, nesse sentido, na *physis* das coisas. Um químico investigando alguma substância – digamos, ouro – preocupa-se em identificar as propriedades intrínsecas ou básicas do ouro, em cujos termos suas demais propriedades possam ser explicadas. Talvez as propriedades básicas do ouro sejam aquelas associadas a seu peso atômico. Tais propriedades explicarão então por que o ouro é, digamos, maleável e dúctil, por que é macio e amarelo, por que se dissolve em ácido sulfúrico, e assim por diante. O químico está buscando as "propriedades fundamentais" do ouro, sua "essência" – sua "natureza", ou *physis*. Esse indispensável conceito científico foi originalmente estabelecido pelos pré-socráticos.

A natureza é um princípio e origem de desenvolvimento. A noção de princípio e origem coloca-nos diante de um terceiro termo pré-socrático: *arche*. A palavra, somos informados, foi primeiramente empregada por Anaximandro. É um termo de difícil tradução. Seu verbo cognato tanto pode significar "começar", "iniciar", como também "reger", "dirigir". Uma *arche* é, portanto, um início ou origem, e também uma regra ou princípio diretor. (*Arche*, na verdade, é o termo grego usual para designar um cargo ou magistratura.) Os autores que escrevem sobre filosofia antiga freqüentemente empregam a palavra "princípio" ou a expressão "princípio originário" como tradução de *arche*, prática esta que também adotarei. Trata-se de um termo apropriado, contanto que o leitor tenha em mente a etimologia da palavra: um princípio é um *principium* ou um início.

A investigação acerca da natureza das coisas facilmente conduz a uma busca de princípios. A natureza é crescimento: de onde, então, se origina o crescimento? Quais os princípios do desenvolvimento, as origens dos fenômenos naturais? As mesmas perguntas foram prontamente levantadas com relação ao cosmos como um todo: como este teve início? Quais seus princípios originários? Quais os elementos fundamentais a partir dos quais é formado e as operações fundamentais que determinam sua estrutura e seu curso?

A investigação acerca dos *archai* estava, dessa forma, intimamente associada à cosmologia, bem como à física abstrata ou à química. Os "princípios" do universo incluirão sua matéria ou matérias básicas. Evidentemente, porém, tudo deve derivar da matéria ou matérias básicas do universo. Por conseguinte, investigar os princípios do cosmos significa investigar os componentes fundamentais de todos os objetos naturais. Os investigadores pré-socráticos eram inevitavelmente despreparados. Tales, se dermos crédito aos testemunhos posteriores, sustentava que tudo é feito da água. A *arche* do cosmos é a água (ou talvez o líquido), de sorte que tudo no cosmos é, na base, constituído de água. (Os pepinos são 100 por cento água, e não 99 por cento como afirmam os especialistas da moderna culinária.) As diferentes matérias que percebemos e sentimos são, na perspectiva de Tales, meras alterações da água – tal como hoje consideramos o carvão e os diamantes como alterações do carbono. A sugestão de Tales na verdade é falsa, mas não é uma tolice em princípio – ao contrário, é totalmente científica em espírito.

O quarto de meus exemplos ilustrativos é o conceito de *logos*. O termo *logos* é de tradução ainda mais difícil do que *arche*. É cognato do verbo *legein*, que normalmente significa "enunciar" ou "afirmar". Assim, um *logos* é por vezes enunciado ou afirmação. Quando Heráclito inicia seu livro com uma referência a "este *logos*", provavelmente se refere apenas a "este enunciado" ou "este relato": meu *logos* é simplesmente aquilo que pretendo afirmar. O termo, contudo, possui também um significado mais rico. Apresentar um *logos* ou um relato de algo é explicá-lo, dizer *por que* é assim; de modo que um *logos* freqüentemente é uma razão. Quando Platão afirma que um homem inteligente é capaz de apresentar um *logos* das coisas, quer dizer não que um homem inteligente é capaz de *descrever* coisas, mas sim que é capaz de *explicar* ou *apresentar* a *razão* das coisas. Por conseguinte, por uma transferência inteligível, o termo *logos* passa a ser empregado para designar a faculdade através da qual apresentamos razões, isto é, nossa *razão* humana. Nesse sentido, o *logos* pode ser contrastado com a percepção, de modo que Parmênides, por exemplo, pode instar seus leitores a que comprovem seu argumento não através dos sentidos, mas através do *logos*, da razão. (O termo "lógica" deriva, em última análise, desse sentido do termo *logos*, por via do termo grego ulterior *logike*.)

Não se pode dizer que os pré-socráticos tenham estabelecido um sentido único e claro para o termo *logos*, ou que tenham criado o conceito de razão ou de racionalidade. Contudo, o uso que fizeram do termo constitui o primeiro passo rumo ao estabelecimento de um conceito fundamental para a ciência e a filosofia.

O termo *logos* conduz-me ao terceiro dos três grandes feitos dos pré-socráticos. Refiro-me à sua ênfase ao uso da razão, à racionalidade e ao raciocínio, à argumentação e à evidência.

Os pré-socráticos não eram dogmáticos – o que equivale a dizer que não se contentavam com o mero enunciado. Determinados a explicar, tanto quanto a descrever, o mundo da natureza, eram profundamente cônscios de que as explicações exigiam a apresentação das razões. Isso é evidente mesmo nos mais antigos pensadores pré-socráticos e mesmo quando suas afirmações parecem mais estranhas e menos justificadas. Presume-se que Tales sustentasse que todas as coisas possuem "almas" ou são dotadas de vida. Não se limitou meramente a enunciar essa insólita doutrina: argumentou em favor dela apelando para o caso do ímã. Eis aqui uma pedra – o que poderia parecer mais desprovido de vida? Todavia, o ímã tem o poder de *mover* outras coisas: atrai limalhas de ferro, que se deslocam em direção a ele sem a intervenção de nenhum puxão ou empurrão externos. Ora, é um traço perceptível das coisas vivas serem capazes de produzir movimento. (Posteriormente, Aristóteles admitiria como uma das características que definem as coisas dotadas de "almas", ou vivas, o fato de possuírem tal força motora.) Com base nisso, Tales conclui que o ímã, a despeito das aparências, tem uma alma.

O argumento pode não parecer muito convincente: por certo não acreditamos que os ímãs tenham vida e tampouco consideraríamos os poderes de atração de uma pedra como indício de vida. Todavia, o ponto que me parece relevante não é que os pré-socráticos apresentavam *bons* argumentos, mas simplesmente que apresentavam *argumentos*. Nos pensadores da segunda fase pré-socrática, esse amor pela argumentação é mais evidente e mais pronunciado. Neles, com efeito, a argumentação ganha o lugar de único veículo da verdade, enquanto a percepção é tida como fundamentalmente ilusória. Os escritos de Parmênides, Melisso e Zenão nada mais são do que argumentos encadeados.

O feito pré-socrático evidencia-se aqui na linguagem desses filósofos. O grego é talhado à perfeição para exprimir um discurso racional. É pródigo em partículas, sendo capaz de expressar nuances e filigranas de pensamento que no latim e no inglês são normalmente transmitidas pelo tom de voz ou pela forma de elocução. As partículas gregas –

que são parte da linguagem natural e não instrumentos peculiares aos escritores acadêmicos – tornam explícito e evidente aquilo que outros idiomas amiúde deixam implícito e obscuro. Pequenas palavras como "então", "logo", "pois", que os textos costumeiramente omitem (ou incluem ao ônus de um tedioso pedantismo), normalmente são expressas em um escrito grego. Os fragmentos de Melisso, por exemplo, estão crivados de tais partículas inferenciais. O escrito pré-socrático traz a racionalidade em seu próprio bojo.

Cumpre atentar com precisão em que consistia tal racionalidade. Conforme já indiquei, não se trata de asseverar que os pré-socráticos fossem particularmente hábeis no que se refere à argumentação ou de que produzissem com regularidade argumentos sólidos. Pelo contrário, a maior parte de suas teorias é falsa, e a maioria de seus argumentos, inconsistente. (Não se trata de um julgamento tão severo quanto possa parecer, uma vez que o mesmo poderia ser dito de praticamente todos os cientistas e filósofos.) Em segundo lugar, não se está afirmando que os pré-socráticos *estudaram* lógica ou desenvolveram uma *teoria* da inferência e da argumentação. Alguns deles, é certo, refletiram de fato acerca dos poderes da razão e acerca da natureza, do âmbito e dos limites do conhecimento humano. Entretanto, o estudo da lógica foi inventado por Aristóteles, e Aristóteles justificadamente se jactava de que ninguém antes dele buscara tornar explícitas e sistemáticas as normas e procedimentos que governam o pensamento racional.

Tampouco estou sugerindo, em terceiro lugar, que os pré-socráticos fossem pensadores consistentemente *críticos*. Costuma-se dizer, por vezes, que a essência da investigação científica é a crítica, na medida em que a ciência vive da constante avaliação crítica de teorias e argumentos. Quer seja isso verdadeiro ou não, os pré-socráticos eram desprovidos de avidez crítica. Muito embora possamos falar da *influência* de um pré-socrático sobre outro, nenhum deles (até onde sabemos) jamais se dedicou à exposição e à crítica das doutrinas de seus predecessores. Parmênides exortava seus leitores a criticarem suas opiniões, mas nunca obteve resposta. A reflexão crítica não encontraria lugar próprio antes do século IV a.C.

Qual será, então, o fundamento da afirmativa de que os pré-socráticos foram defensores da razão e da racionalidade? O fundamento é o seguinte: eles apresentavam razões para suas opiniões e argumentavam em favor de suas doutrinas. Não emitiam pronunciamentos *ex cathedra*. Isso talvez pareça um feito irrelevante. Não é. Ao contrário, é a realização mais relevante e mais digna de louvor dentre as três que relacionei. Os que duvidam do fato deveriam refletir sobre a máxima de George Berkeley, o filósofo irlandês do século XVIII: "Todo homem tem opiniões, mas poucos são os que pensam."

III. As Fontes Documentais

Alguns pré-socráticos não escreveram uma única palavra, mas a maioria colocou suas idéias no papel. Alguns o fizeram em verso e outros em prosa. Alguns escreveram uma única obra, outros, várias – Demócrito, cujas obras foram organizadas e catalogadas por um estudioso do século I d.C., aparentemente produziu cerca de cinqüenta livros. Reunidas, as obras completas dos pensadores pré-socráticos formariam uma impressionante fileira nas estantes das bibliotecas.

De todas essas obras, nenhuma sobreviveu intacta para que pudéssemos lê-la. Algumas perduraram por, pelo menos, um milênio, haja vista que o estudioso Simplício, que trabalhou em Atenas no século sexto d.C., teve o privilégio de consultar textos de Parmênides, Melisso, Zenão, Anaxágoras, Diógenes de Apolônia e outros. O próprio Simplício, porém, observa ser o livro de Parmênides uma raridade, e não é difícil imaginar que, por essa época, muitas outras obras pré-socráticas estivessem efetivamente desaparecidas. Os pré-socráticos jamais foram *best-sellers*. Os livros eram facilmente destruídos.

Ao contrário do que se dá com nosso conhecimento acerca de Platão e Aristóteles, portanto, o que sabemos dos pré-socráticos não provém diretamente dos livros que escreveram. Antes, depende de informações indiretas de duas espécies diferentes.

Em primeiro lugar, há numerosas referências ao pensamento pré-socrático nos livros remanescentes de autores posteriores. Algumas dessas referências são alusões breves e casuais, meros adornos a um texto voltado não para a transmissão de informações históricas sobre a aurora da filosofia. Muitas das referências estão entranhadas em textos filosóficos posteriores – por exemplo, na *Metafísica* e na *Física* de Aristóteles. Tais registros têm uma finalidade histórica e foram escritos com uma intenção filosófica, mas não constituem propriamente "histórias da filosofia". Por fim, existem os legítimos esforços feitos no sentido de se produzir uma história da filosofia. Podemos atualmente ler tais histórias em pequenos compêndios (por exemplo, na *História da Filosofia*, cuja autoria é atribuída a Galeno), na obra ambiciosa porém acrítica *Vidas dos Filósofos*, de Diógenes Laércio, em diversas obras da polêmica cristã (como a *Refutação de Todas as Heresias*, de Hipólito), nos escritos dos estudiosos do fim da Antiguidade (mais notadamente no comentário de Simplício à *Física*, de Aristóteles).

Essas histórias – ou "doxografias", como normalmente são denominadas – têm sido alvo de profunda investigação por parte de estudiosos. Seu valor intrínseco é discutível. Foram escritas séculos depois do pensamento que relatam, e por homens de diferentes interesses e diferentes perspectivas. Se o bispo Hipólito, por exemplo, atribui determinada opinião a Heráclito, só deveríamos dar-lhe crédito depois de responder a duas importantes perguntas. Primeiro, de que fonte extraiu ele essa informação? Isso porque o rio que vai de Heráclito a Hipólito é extenso, e devemos nos perguntar se a informação que corre por ele não terá sido por vezes contaminada pela falsidade ou envenenada pela imprecisão. Segundo, quais eram as predileções filosóficas do próprio Hipólito e quais eram os propósitos de seu livro? Pois tais aspectos podem tê-lo influenciado – consciente ou inconscientemente – em seu relato. As controvérsias nessas questões são intrincadas. Raramente baseiam-se em fatos incontestáveis.

Além das referências e relatos posteriores, contamos ainda com alguns fragmentos efetivos das obras originais dos pré-socráticos. O termo "fragmento" talvez sugira um pedacinho de papel, arrancado de um livro pré-socrático e que tenha sobrevivido ao tempo por algum acaso do destino. Tal sugestão é inadequada aqui, onde a palavra "fragmento" é empregada em uma acepção mais abrangente: refere-se a passagens de escritos dos próprios pré-socráticos – palavras, expressões, frases, parágrafos – que foram preservadas como *citações* nos escritos de autores posteriores. Esses "fragmentos" constituem nosso mais preciso testemunho às idéias dos pré-socráticos. Sua quantidade e sua extensão variam largamente de um pensador a outro. Por vezes são breves e esparsos. Em alguns casos possuímos suficientes fragmentos para formar uma idéia razoavelmente precisa da obra original. Quanto mais completos os fragmentos, menos precisamos nos apoiar no material doxográfico. Contudo, mesmo nos casos mais favoráveis, as doxografias têm sua importância: oferecem evidências indiretas onde há falta de evidências diretas e constituem uma inestimável contribuição para a interpretação dos próprios fragmentos.

Pois não se deve imaginar que esses fragmentos tenham sido prontamente extraídos de seus contextos ou prontamente compreendidos e interpretados. Há uma sucessão de dificuldades da qual todo estudioso sério da filosofia grega primitiva não tarda em tomar conhecimento. Cumpre aqui discorrer um pouco acerca de tais dificuldades – que possuem, de qualquer forma, um interesse intrínseco próprio. Consideremos as questões gerais por intermédio de um exemplo particular. Tomemos o trecho a seguir (que tornará a aparecer no capítulo dedicado a Anaxágoras):

> No livro primeiro da *Física*, Anaxágoras afirma que as substâncias uniformes, infinitas em quantidade, separam-se de uma mistura única, estando todas as coisas presentes em todas e sendo cada uma delas caracterizada por aquilo que prevalece. Ele deixa isso claro no livro primeiro da *Física*, em cujo início diz: Juntas se encontravam todas as coisas, infinitas tanto em quantidade como em pequenez...
> (Simplício, *Comentário à Física*, 155.23-27)

Simplício nasceu na Cilícia no final do século V d.C. Estudou filosofia primeiramente em Alexandria e depois em Atenas, onde se tornou uma das principais figuras da escola neoplatônica. Depois do édito de Justiniano, deixou Atenas e se dirigiu, juntamente com alguns companheiros, à corte real da Pérsia, porém, a vida oriental mostrou-se pouco atraente e Simplício retornou a Atenas por volta de 533. Ali deu prosseguimento a suas pesquisas (embora, ao que parece, tenha sido proibido de lecionar), redigindo comentários extensos e fundamentados às obras de Aristóteles e valendo-se dos recursos das bibliotecas atenienses. Seu comentário à *Física* foi completado provavelmente por volta de 540. Trata-se de uma obra imensa, estendendo-se por mais de mil páginas de grande tamanho; nela, Simplício preserva numerosos fragmentos pré-socráticos, apresentando, além disso, valiosos registros doxográficos acerca do pensamento grego primitivo.

Simplício escreveu mais de um milênio depois de Anaxágoras, mas não resume nisso a distância total que nos separa de Anaxágoras ao lermos *nós* os textos de Simplício; isso porque não dispomos do comentário original manuscrito por Simplício. Algo em torno de sessenta cópias manuscritas da obra chegaram a nossas mãos, a mais antiga das quais datando do século XII, cerca de seiscentos anos, portanto, após a elaboração do texto por Simplício. Todos esses manuscritos derivam, em última análise, do manuscrito original de Simplício, mas são cópias de cópias de cópias. Cada ato de copiar introduz erros (pois por mais cuidadoso que um copista possa ser, certamente incorrerá em equívocos), e não existem dois únicos manuscritos que sejam concordantes entre si palavra por palavra. A primeira tarefa, portanto, consiste em determinar, com base no testemunho desses manuscritos tardios e conflitantes, quais palavras foram efetivamente escritas pelo próprio Simplício. (No caso de nosso texto ilustrativo, alguns dos manuscritos apresentam o equivalente grego de "uma mistura única", sendo este o grego que traduzi; outros manuscritos trazem o equivalente grego de "uma certa mistura". As variantes aqui apresentam pouca divergência de sentido, e a escolha entre elas não é de grande importância. Em muitos casos, no entanto, a leitura de diferentes manuscritos resulta em acepções radicalmente diversas. A disciplina da crítica textual conta com procedimentos e técnicas cuja meta é produzir o melhor texto possível ou o texto que mais se aproxima daquilo que o autor originalmente escreveu. Freqüentemente é possível concluir qual dentre as várias leituras divergentes permitidas pelos diferentes manuscritos pode estar correta, quando, então, uma emenda conjectural poderá, com maior ou menor plausibilidade, restaurar o texto original. Com grande freqüência somos forçados a admitir que desconhecemos, na verdade, quais foram precisamente as palavras redigidas por Simplício.

Uma vez estabelecido o texto de Simplício, podemos voltar-nos para o material referente a Anaxágoras nele entranhado. A primeira questão que surge aqui é a de se determinar se Simplício dá mostras ou não de estar *citando* Anaxágoras. A questão não apresenta dificuldades no caso dos pré-socráticos que escreviam em verso, como Parmênides e Empédocles, pois se Simplício salienta "Diz Parmênides que...", passando em seguida para uma linguagem em verso, podemos nos assegurar que esteja pretendendo *citar* Parmênides e não meramente parafraseá-lo. Com os autores em prosa, a questão é bem mais árdua. Por vezes, Simplício dirá que "Fulano diz, exatamente com estas palavras, que...": e sabemos, então, que pretende fazer uma citação. Contudo, tais declarações explícitas são raras. Com muito maior freqüência, ele – a exemplo de qualquer outra fonte – simplesmente dirá que "Fulano afirma que...". No idioma grego, assim como no nosso, frases desse tipo podem tanto introduzir uma paráfrase – até mesmo uma paráfrase remota – como uma citação *verbatim*. Para distinguir citações e paráfrases devemos apoiar-nos em uma série de signos lingüísticos. Se Simplício escreve, por exemplo, que "Anaxágoras diz que..." e prossegue com um parágrafo em prosa num estilo arcaico, é plausível inferir que esteja *citando* Anaxágoras. Portanto, deverá figurar em nosso texto ilustrativo. Mas se o dito for breve talvez não haja elemento algum que permita distinguir entre citação e paráfrase.

Suponhamos, então, que tenhamos estabelecido o texto de Simplício e determinado seu propósito de citar Anaxágoras. Nem todas as citações sugeridas são citações de fato. (E nem todas as citações de fato são citações sugeridas. Nesse contexto, porém, a possibilidade de citações veladas ou não-enunciadas não nos deve afligir.) Ao se propor citar uma obra escrita mais de mil anos antes de sua época, Simplício bem podia cair em erro. A obra citada poderia ser uma impostura: a falsificação de textos primitivos era um passatempo comum no mundo antigo e, entre os pré-socráticos, Pitágoras e seus seguidores imediatos tiveram várias obras falsamente atribuídas a eles. Outrossim, talvez não passasse de um mero equívoco: o livro do qual Simplício faz citações pode ter sido erroneamente classificado ou identificado. Alguns estudiosos consideram que Simplício não dispunha de um texto adequado de Anaxágoras, e que suas citações provêm de um epítome posterior do livro de Anaxágoras e não (como imaginava ele) do próprio livro. Nesse caso particular, não creio que o ceticismo seja justificado; contudo, a possibilidade de tal equívoco não pode ser descartada.

Suponhamos, agora, que estejamos diante de uma genuína citação de Anaxágoras: as questões seguintes se referem ao conteúdo – e, sobretudo, ao conteúdo no sentido mais literal da palavra. Que palavras empregou Anaxágoras? Pois não há razão alguma para se presumir que as palavras de *Simplício* devam representar precisamente as palavras de *Anaxágoras*. Pelo contrário, temos todos os motivos para imaginar que não representam. Simplício pode estar citando de cabeça – e incorrendo em falhas de memória; ou pode estar citando um texto que tem diante dos olhos – e cometendo erros de cópia. Erros de ambos os gêneros são triviais e comuns. Mais importante, ainda que Simplício esteja transcrevendo fielmente o texto que tem diante de si, não há garantia alguma de que seu texto seja fiel ao original. Durante o milênio que separa Simplício dos pré-socráticos, as obras de Anaxágoras devem ter sido copiadas inúmeras vezes. Da mesma forma como o que lemos são cópias de cópias do manuscrito de Simplício, Simplício terá lido cópias de cópias do manuscrito de Anaxágoras. A probabilidade de que Simplício tenha lido um texto genuíno de Anaxágoras é nula.

O que pode um estudioso moderno fazer diante disso? Determinadas passagens pré-socráticas são citadas mais de uma vez. A primeira frase da citação em nosso texto ilustrativo veio a se transformar no "Ser ou não ser" do pensamento pré-socrático: é citada em torno de sessenta vezes por cerca de vinte autores. Nesses casos, existem sempre versões variantes do texto, havendo freqüentemente, porém, uma razão para se preferir determinada versão a outra. Por exemplo, um autor que cita uma pequena passagem provavelmente estaria citando de memória, sendo maior a possibilidade, portanto, de ter cometido um erro do que um autor que cita uma longa porção do original e que supostamente a estaria transcrevendo a partir de sua cópia do texto. Ou, ainda, talvez consigamos construir uma história plausível que dê conta das diferentes leituras nas diferentes citações, estabelecendo, a partir daí, o texto pré-socrático genuíno. Em nosso caso exemplificativo, podemos, por esses meios, estar razoavelmente confiantes de conhecer quais as palavras escritas pelo próprio Anaxágoras.

Contudo, a maior parte dos fragmentos remanescentes é citada uma única vez. Nesse caso, são menores as chances de se recuperar o texto original. Diversos testes e técnicas filosóficos podem ser aplicados. Ocasionalmente, por exemplo, algum anacronismo lingüístico trairá a si próprio, quando poderemos suspeitar que uma nota ou comentário explicativo insinuou-se pelo texto. Vez por outra podemos conjecturar que o texto antigo tenha sido retrabalhado de modo a adequar-se a seu contexto posterior – e, então, hipóteses plausíveis podem, às vezes, levar ao texto original. O caso raramente é irremediável, mas requer sempre o diagnóstico de um especialista e, por vezes, uma sutil terapia. Com grande freqüência, precisamos nos contentar com algo aquém da certeza absoluta.

Uma vez tendo à frente as palavras de Anaxágoras, ou uma aproximação tão estreita destas quanto nos for possível obter, devemos em seguida buscar compreendê-las. Essa tarefa apresenta dois aspectos distintos, mas intimamente relacionados. Em primeiro lugar, e mais obviamente, existe a questão elementar de captar o sentido das palavras e expressões contidas no texto – tarefa por vezes surpreendentemente árdua. De modo geral, é verdade, temos em Anaxágoras um autor inteligível; o mesmo, porém, não se pode dizer de todos os pré-socráticos – sendo alguns deles (Heráclito e Empédocles, por exemplo) com freqüência altamente obscuros. A obscuridade deles deve-se, em parte, à devastação do tempo: tivessem subsistido mais elementos do idioma grego do período arcaico, estaríamos de posse de mais material comparativo e portanto experimentaríamos menos dificuldades em compreender os pré-socráticos. Em parte, porém, a obscuridade é intrínseca aos próprios textos: os pré-socráticos estavam em um idioma novo sobre um tema novo – é mais do que esperado que, por vezes, tenham deixado a desejar no que tange à clareza.

Em segundo lugar, ainda que consigamos captar, em um nível literal, o significado das palavras de um fragmento, podemos estar longe ainda de compreender a passagem. Frases retiradas de contexto são freqüentemente de difícil compreensão, e frases isoladas, que por vezes resumem tudo de que dispomos, podem ser virtualmente desprovidas de sentido. Precisamos, em outras palavras, indagar qual sentido tinha o fragmento em seu contexto original, que contribuição representa no âmbito geral da obra do filósofo e como se enquadrava em sua argumentação ou na exposição de suas idéias.

Este é o ponto em que a interpretação filosófica autêntica tem início. Trata-se de matéria desafiante e ardilosa. Existem algumas ajudas externas. Em particular, existe o contexto em que o fragmento é citado. Por vezes, é verdade, tal contexto é de pouca utilidade: no que se refere aos fragmentos citados por João Estobeu, por exemplo, tudo o que temos como ponto de partida são os títulos da seção sob os quais ele os organizou em sua antologia. O contexto pode, algumas vezes, ser enganoso. Clemente de Alexandria, por exemplo, cita os pagãos pré-socráticos para suas próprias finalidades cristãs, e não pretende preservar o cenário original das passagens que registra (por que deveria?). Não obstante, o contexto é por vezes útil – especialmente útil, penso eu, no caso de Simplício, que era estudioso capaz e de grande erudição. (Bom exemplo disso é a longa passagem do comentário à *Física* de Aristóteles, que contém todos os fragmentos remanescentes de Zenão.) No mínimo, o contexto da citação nos dará uma idéia de qual *teria* sido a função de determinado fragmento em seu texto de origem.

Além disso, a comparação de um fragmento com outro e a comparação dos fragmentos com a tradição doxográfica poderão resultar em novos elementos testemunhais. A junção de fragmentos é normalmente uma questão arriscada: é fácil demais imaginarmos possuir suficientes elementos isolados para reconstruir o quadro original, quando, em verdade, é bem possível que estejamos de posse apenas do suficiente para revelar uma pequena parcela do original. (Isso certamente é verdadeiro com respeito a Anaxágoras, cujos fragmentos remanescentes parecem pertencer, praticamente todos, à parte inicial de seu livro.) Cumpre estarmos cônscios dos perigos. Por vezes, eles podem ser vencidos.

Em suma, a tarefa interpretativa é profundamente intrincada. (Um dos motivos por que é profundamente instigante.) Ocasionalmente, poderemos, com justiça, arrogar-nos algum sucesso. Com freqüência, deveríamos contentar-nos com um veredicto escocês: *non liquet*, "não está claro". Tais questões, no entanto, transcendem os objetivos do presente livro, cuja função não é a de apresentar uma exegese do pensamento pré-socrático, mas sim expor o material no qual toda e qualquer exegese deve basear-se.

IV. Os Textos

O presente livro contém traduções de todos os fragmentos filosóficos remanescentes dos pensadores pré-socráticos. Em cada capítulo os fragmentos foram complementados por trechos extraídos do material doxográfico. A doxografia remanescente é vasta (e muito repetitiva). Uma tradução abrangente se estenderia por numerosos volumes entediantes e confusos. A seleção dos textos não pretende abraçar aqui *tudo* quanto podemos coligir com base na doxografia, mas tem o propósito de incluir todos os tópicos mais importantes e de oferecer uma amostra satisfatória dos tópicos de menor importância.

Os capítulos principais do livro apresentam, assim, uma visão parcial dos filósofos enfocados, no que diz respeito à documentação que possuímos. Apresentam também, e inevitavelmente, uma visão parcial no que tange à soma total da documentação original; pois não se deve presumir que as informações remanescentes representem um registro equilibrado das obras originais. Algumas partes dos escritos pré-socráticos casualmente foram reproduzidas a contento; outras foram descritas tão-somente em linhas gerais; outras ainda foram inteiramente esquecidas. Pouco podemos fazer no sentido de reverter as coisas.

A informação que de fato possuímos está contida em um vasto número de textos diferentes e díspares, e não se presta a ser prontamente apresentada de uma forma que revele o sentido e o significado geral das filosofias que descreve. No capítulo sobre Heráclito, por exemplo, não é tarefa fácil formar uma impressão geral quanto à forma e ao propósito global do pensamento do filósofo com base no material apresentado. O capítulo seguinte destina-se a minorar essa dificuldade. Encontramos ali uma seqüência de breves sinopses das principais idéias de cada pensador, na medida em que é possível conhecê-las. As sinopses não substituem os textos dos capítulos principais, tampouco pretendem transmitir interpretações definitivas ou verdades incontestáveis. Antes, sua intenção é fornecer uma estrutura razoavelmente inteligível dentro da qual os textos possam ser inicialmente lidos. Espero que o leitor as esqueça tão logo tenha encontrado sua própria rota para percorrer os textos. Trata-se de cordas afixadas em uma rocha acidentada, ali instaladas para servirem ao alpinista inexperiente. Utilize-as uma ou duas vezes e em seguida escale livremente.

Os fragmentos são apresentados nos contextos em que foram preservados. Tal forma de apresentação, que é pouco habitual, apresenta algumas desvantagens: contribui para ocasionais repetições e determina que os textos apareçam em uma ordem diversa daquela das modernas edições correntes. Mas essas desvantagens, penso eu, são decididamente compensadas pelas vantagens. Uma apresentação dos textos despojada de seus contextos fornece uma impressão totalmente enganosa com respeito à natureza de nossa documentação acerca da filosofia pré-socrática. A tradução contextualizada evita essa impressão errônea, ao mesmo tempo que faculta ao leitor aperceber-se do grau de dificuldade normalmente envolvido, sobretudo no caso dos fragmentos em prosa, em distinguir-se as citações genuínas das paráfrases ou das meras alusões. Ademais, conforme já apontei, o contexto de uma citação com freqüência auxilia-nos a compreender melhor o fragmento – ou, ao menos, a perceber como os autores antigos os compreendiam. Em todo o caso, os contextos encerram, ao menos é o que penso, um interesse próprio.

Cada tradutor, e em particular cada tradutor de textos filosóficos, tem dois anseios. Deseja ser fiel ao original: quer transmitir tudo e tão-somente aquilo que este transmite e deseja, ao mesmo tempo, reproduzir algo tanto da forma quanto do conteúdo do original. Mas também deseja produzir frases legíveis e razoavelmente elegantes em seu próprio idioma. Esses dois desejos normalmente entram em choque, porquanto os diferentes idiomas têm diferentes recursos de linguagem e diferentes formas de expressão. A fidelidade, se forçada ao extremo, resultará em uma tradução truncada ou mesmo ininteligível. A elegância encobrirá o sentido e o fluxo argumentativo do original. De mais a mais, o primeiro desejo é essencialmente impossível de satisfazer. É um lugar-comum dizer que "algo se perde na tradução" – um lugar-comum que se aplica à prosa não menos que à poesia. É igualmente verdadeiro que qualquer tradução há de acrescentar algo ao original, no mínimo em virtude das diferentes ressonâncias e sobretons das expressões sinônimas nos diferentes idiomas.

Em face dessas dificuldades, o tradutor deve adotar algum princípio básico. De modo geral, optei por dar mais peso ao primeiro desejo do que ao segundo. Coloquei a fidelidade acima da elegância, estando mais preocupado em transmitir o *sentido* dos textos gregos do que em oferecer um deleite estético para o leitor.

Conseqüentemente, minhas traduções são por vezes obscuras ou ambíguas. Devo enfatizar, porém, que tais imprecisões não são invariavelmente falhas de tradução. O grego pré-socrático é às vezes intrincado e amiúde obscuro ou ambíguo. Não cabe ao tradutor retocar a obra de seus atores. Pelo contrário, a fidelidade demanda que a tradução seja tão canhestra quanto o original.

Os textos traduzidos estão interligados por sucintas passagens, sendo cada capítulo introduzido por um ou dois pequenos parágrafos. Contudo, busquei reduzir ao máximo tais interferências editoriais. Existem numerosos comentários e interpretações publicados: o presente livro não se pretende um acréscimo a essa vasta literatura.

A fonte de cada passagem traduzida aparece indicada. O Apêndice fornece algumas informações elementares quanto às datas e aos principais interesses dos autores aos quais devemos a informação que chegou até nós acerca dos textos pré-socráticos.

Os fragmentos também são acrescidos de referências "Diels-Kranz" (as siglas que aparecem entre colchetes ao fim dos textos). Essas referências remetem as passagens para a compilação padrão dos textos gregos editada por Hermann Diels e Walter Kranz, *Die Fragmente der Vorsokratiker* (Berlim, 1952, 10ª edição). Acrescento essas referências por serem elas invariavelmente utilizadas por estudiosos que escrevem sobre a filosofia grega primitiva: qualquer um que deseje localizar um dos fragmentos na literatura moderna terá sua tarefa simplificada se atentar para o número Diels-Kranz correspondente.

Os leitores deste livro, suspeito, freqüentemente ficarão perplexos e por vezes aborrecidos. É como se alguém fosse presenteado com um jogo de quebra-cabeça (ou, antes, com uma série de jogos de quebra-cabeça) no qual faltassem muitas peças e a maioria das peças remanescentes estivesse desbotada ou rasgada. Ou, para adotar uma analogia mais próxima, é como se alguém estivesse olhando para o expositor de um museu contendo fragmentos quebrados e lascados de uma cerâmica outrora elegante. Muitas das peças são pequenas, algumas não parecem se encaixar em absoluto e é difícil vislumbrar o volume e o formato do vaso original.

Todavia, o aborrecimento que isso possa produzir será, espero eu, acompanhado e compensado por outras emoções mais aprazíveis. Os pedaços de uma bela cerâmica podem, afinal de contas, ser em si mesmos objetos de beleza, e certamente muitos dos textos pré-socráticos são fascinantes e estimulantes fragmentos de pensamento. Ademais, os fragmentos são desafiantes em um sentido que escapa às peças inteiras: apelam para a imaginação intelectual e estimulam o leitor a formar por conta própria, em sua própria mente, algum quadro do todo de onde provêm.

De minha parte, considero os fragmentos pré-socráticos objetos de inextinguível e intrigante prazer. Espero que o leitor deste livro possa vir a encontrar semelhante prazer em contemplar os castigados vestígios dos primeiros heróis da ciência e da filosofia ocidentais.

Sinopses

I

A filosofia grega teve início com os três homens de Mileto. TALES foi um ativo homem público e possivelmente também um geômetra. Sua contribuição para a filosofia é incerta: dizem que teria argumentado que os ímãs "possuem alma" (que são dotados de vida) e que tudo está pleno de deuses. Sugeriu que a terra flutuava em um vasto colchão de água. Mais célebre é sua conjectura de que tudo se origina da água – ou que tudo é formado da água, que a água é o "princípio material" ou *arche* de tudo. Se chegou a aprofundar sua investigação "sobre a natureza" é algo que desconhecemos.

ANAXIMANDRO foi certamente um *physios* consumado, e com certeza falou a respeito do princípio ou *arche* de todas as coisas naturais. Contudo, não identificou esse princípio básico com nenhuma espécie familiar de matéria: a *arche* era descrita simplesmente como o "infinito" – infinito em extensão e também indefinido em características. Desse infinito os elementos do mundo – terra, ar, água etc. – eram gerados mediante um processo no qual as noções gêmeas de quente e frio desempenhavam certo papel. Os elementos gerados transgridem os limites uns dos outros e devem, no curso do tempo, reparar a "injustiça" que praticaram. (Podemos pensar nas transgressões alternantes do verão e inverno, do quente e seco e frio e úmido.) O mundo, portanto, é governado por uma lei. Anaximandro produziu também um detalhado registro de fenômenos naturais. As duas particularidades mais notáveis de seu estudo residem na biologia (onde especulou acerca das origens da humanidade) e na astronomia (onde desenvolveu uma engenhosa descrição do sistema celeste e sugeriu que a terra se mantém fixa no lugar, desprovida de sustentação, no meio do universo, por ser eqüidistante de cada parte do céu que a circunda).

ANAXÍMENES é um pálido reflexo de Anaximandro. Também produziu um detalhado estudo da natureza, no qual se aventurou a corrigir Anaximandro em determinados pontos; também propôs uma cosmogonia. Sua *arche* era infinita, tal como a de Anaximandro, mas não indeterminada: tratava-se do ar infinito. Anaxímenes sustentava que um par de operações – rarefação e condensação – eram suficientes para a gênese de todas as coisas conhecidas do mundo a partir do ar primordial e subjacente.

Uma tradição diferente foi inaugurada por PITÁGORAS, cuja reputação relacionava-se com sua vasta erudição. Não parece, contudo, ter-se ocupado particularmente da natureza. Seu interesse residia na alma: sustentava que a alma é imortal e que passa por uma seqüência de encarnações em diferentes espécies de criaturas (o que mais tarde veio a ser conhecido como a teoria da "metempsicose"). Além disso, esse processo – bem como toda a história do mundo – é infinito e imutável, com as mesmas coisas se repetindo em ciclos de eterna recorrência. A teoria da metempsicose sugeria que todas as criaturas são fundamentalmente a mesma em espécie, porquanto são hospedeiras das mesmas almas: Pitágoras provavelmente fez disso o fundamento de determinadas recomendações dietéticas.

Pitágoras foi também uma figura política de certa importância; seus discípulos seguiam um "modo de vida pitagórico" e formavam uma espécie de sociedade secreta. O que quer que tenha feito além disso nos é desconhecido. Os estudiosos atualmente se mostram céticos, de modo geral, com respeito à antiga tradição que associa o filósofo a diversas descobertas matemáticas e musicais.

ALCMEÃO estava vinculado ao círculo pitagórico. Sustentava ser a alma imortal e apresentou uma nova argumentação em favor dessa crença. Era médico e nutria interesse pela natureza, especialmente pela natureza humana – especulou, por exemplo, acerca da estrutura e do funcionamento dos órgãos dos sentidos. Parece ter advogado que todas as coisas – ou ao menos todas as coisas no âmbito da vida humana – devem ser explicadas em termos de pares de opostos: quente e frio, claro e escuro, úmido e seco etc.

O poeta XENÓFANES tinha algum conhecimento sobre Pitágoras e seus demais predecessores pré-socráticos. De sua parte, dedicou-se a algumas inquirições com respeito à natureza, ainda que não tenha especulado "Sobre a Natureza" com a abrangência que caracterizou os milésios. É possível que tenha sustentado ser a terra a *arche* material das coisas. Todavia, suas idéias mais originais estão relacionadas a outras questões. Refletindo sobre as pretensões da nova ciência dos *physikoi*, foi levado a ponderar acerca dos possíveis limites do conhecimento humano. A tradição ulterior afirma ter sido ele um cético, e um determinado fragmento dá mostras, efetivamente, de defender uma posição altamente cética; outros textos, no entanto, sugerem ter sido Xenófanes um gradualista: o conhecimento é sem dúvida difícil de ser alcançado, mas não é algo inacessível a todo e qualquer esforço.

A segunda afirmação de originalidade em Xenófanes jaz no campo da teologia natural. Criticou os deuses imorais de Homero e dos poetas; mais genericamente, considerou as crenças religiosas tradicionais infundadas e tolas. Em lugar dessa insensatez, propôs uma teologia racional. As tradições posteriores atribuem a ele um sistema altamente articulado: a tradição pode exagerar, mas os fragmentos atestam que Xenófanes acreditava em um deus único, um deus moral e imóvel, todo-sapiente e todo-poderoso. Tampouco se tratava de um deus antropomórfico: era, antes, uma força abstrata e impessoal; não um deus do panteão olímpico, mas um deus aclimatado ao novo mundo dos filósofos jônios.

A principal figura da primeira fase da filosofia pré-socrática é HERÁCLITO. Sob determinados aspectos, é um pensador desconcertante, cujos escritos granjearam-lhe desde cedo uma reputação de obscuridade. Nem toda obra dele era inovadora ou enigmática. Heráclito manteve-se na tradição jônica, fazendo do fogo a *arche* do universo e apresentando um estudo da natureza e do mundo natural. Tal estudo incluía uma nova astronomia e fazia extenso uso de "exalações", mas seguia o modelo milésio – a exemplo de Anaximandro, Heráclito enfatizava que o universo da natureza era governado por leis. Tinha também o que se poderia denominar um lado pitagórico: os fragmentos deixam transparecer um interesse pela alma e pela psicologia humana, e alguns deles sugerem a existência da alma após a morte. Apresentou alguns conceitos morais e políticos que talvez guardem relação com isso. Heráclito ainda, a exemplo de Xenófanes, criticou as práticas religiosas legadas pela tradição e propôs ao mundo um deus novo e mais científico, ora identificado com o fogo cósmico. E, novamente a exemplo de Xenófanes, refletiu sobre a possibilidade do conhecimento: considerava que o conhecimento referente à natureza das coisas não era de fácil aquisição, que a maioria de seus contemporâneos era ignorante e tola, que a maioria de seus predecessores havia sido arrogante e malorientada. Acreditava, porém, que ele sim havia alcançado a verdade e presumia que o livro da natureza poderia ser lido pelos homens, contanto que estes fizessem um uso adequado de seus sentidos e seu entendimento.

A novidade de Heráclito reside naquilo que podemos denominar suas doutrinas metafísicas. Aqui, três características merecem destaque. Antes de mais nada, ele rechaçou a cosmologia: os milésios haviam produzido narrativas sobre as origens do mundo; Heráclito sustentava que o mundo sempre existira e que não havia origem cosmogônica alguma a ser narrada. Em segundo lugar (sua mais célebre noção), afirmava que "tudo flui": o mundo e seus componentes se encontram em um estado de incessante fluir. Mais que isso, as coisas dependem desse fluxo para sua continuidade e identidade, pois se o rio deixar de fluir, deixará de ser um rio. Por fim – e muito estranhamente – Heráclito acreditava na unidade dos opostos. O caminho que leva para o alto é o mesmo que conduz para baixo, e, de modo geral, as coisas existentes são caracterizadas por pares de propriedades opostas, cuja conflituada coexistência é essencial para a manutenção de ambas.

A verdade fundamental acerca da natureza é a seguinte: o mundo é uma eterna e sempre mutável transformação do fogo, com todos os seus diferentes conteúdos unidos e mantidos em conjunto por uma dinâmica tensão de opostos. Essa verdade é a razão em consonância com a qual tudo acontece e que constitui o substrato e a explicação da natureza como um todo.

II

Os primeiros filósofos haviam dado os claudicantes passos iniciais na estrada rumo à ciência. As sugestões céticas de Xenófanes talvez tivessem lançado uma pequena sombra sobre suas investigações, porém o sol de Heráclito não tardou em dissipá-la. Na segunda fase da filosofia, uma nuvem mais densa e escura avultou: ameaçou expulsar toda a luz da ciência empírica e deve ter parecido quase impenetrável. Foi uma nuvem soprada de Eléia – de Parmênides, Melisso e Zenão.

O próprio PARMÊNIDES, em verdade, escreveu um tanto extensamente sobre a natureza. Desenvolveu um novo sistema invocando dois princípios ou *archai* e discorreu detalhadamente sobre biologia e astronomia. (Foi o primeiro grego a afirmar que a Terra era esférica e, possivelmente, também o primeiro a identificar a estrela vespertina e a matutina.) Mas o discurso sobre a natureza ocupava a segunda metade de seu grande poema, que descrevia o Caminho da Opinião e que se confessava a si mesmo falso e "enganoso". A primeira parte do poema era um guia para o Caminho da Verdade, o qual conduzia por um estranho e árido território.

Parmênides começou por considerar os possíveis alvos de investigação: podemos investigar acerca daquilo que existe ou acerca daquilo que não existe. Na verdade, porém, a segunda possibilidade não é legítima – uma vez que não se pode pensar sobre, e portanto não se pode investigar, o não-existente. De sorte que todo alvo de investigação deve ter existência. Mas tudo o que existe deve, como Parmênides passa a argumentar, possuir um determinado corpo de propriedades: deve ser não-gerado e imperecível (do contrário passaria, em algum momento, a não existir – mas isso é impossível); deve ser contínuo – sem hiatos espaciais ou temporais; deve ser inteiramente imutável – não pode deslocar-se, alterar-se, desenvolver-se ou diminuir; e deve ser delimitado ou finito, assim como uma esfera. A razão – a capacidade lógica da dedução ineluctável – demonstra que a realidade, aquilo que existe, deve *necessariamente* ser assim: se a percepção sensorial indica um mundo de qualidade diferente, tanto pior para a percepção sensorial.

MELISSO reescreveu o sistema parmenideano em prosa simples. Mas foi também um pensador original. Em primeiro lugar, elaborou alguns novos argumentos em favor das antigas posições de Parmênides – de modo mais notável, argumentou que a existência de um vazio não era logicamente possível, que o mundo era, por conseguinte, repleto ou um *plenum*, e que o movimento através de um *plenum* era positivamente impossível. Em segundo lugar, divergiu de seu mestre em dois pontos importantes. Pois, enquanto o mundo de Parmênides era finito, Melisso advogava que tudo quanto existe deve estender-se *indefinidamente* em todas as direções. Daí, inferiu ainda, pode haver no máximo *uma* coisa existente. Melisso também apresentou um argumento explícito para demonstrar ser ilusória a percepção dos sentidos e que o mundo difere radicalmente do modo como se apresenta aos nossos sentidos.

ZENÃO não produziu nenhuma filosofia sistemática. Elaborou uma série de argumentos (quarenta no total, somos informados), cada um dos quais concluindo que a pluralidade é paradoxal: se admitirmos a existência de mais de uma coisa, fatalmente cairemos em contradições. Dois dos quarenta argumentos chegaram até nós: neles, Zenão argumenta que se mais de uma coisa existe, estas devem ser ao mesmo tempo grandes e pequenas, e que se existe mais de uma coisa, estas deverão ser ao mesmo tempo um número limitado e ilimitado. Zenão idealizou também quatro célebres argumentos comprovando a impossibilidade do movimento: não está claro se estes devem ser relacionados entre os quarenta argumentos contra a pluralidade.

Os paradoxos propostos por Zenão são, a um só tempo, divertidos e sérios. Seus argumentos podem parecer, à primeira vista, meramente jocosos; porém todos envolvem conceitos – notadamente o conceito de infinitude – que continuam a intrigar e pôr à prova os filósofos. É difícil determinar o objetivo do próprio Zenão em idealizar seus paradoxos. Platão o considerava um defensor do monismo eleático: Melisso argumentara que existia uma única coisa e Zenão negava a existência de mais de uma – dois lados da mesma moeda. Outros suspeitam que Zenão fosse um niilista intelectual.

III

A terceira fase da filosofia pré-socrática pode ser mais bem compreendida como uma reação contra a posição parmenideana. Estivessem os eleáticos corretos, a ciência seria impossível. Os pós-eleáticos buscaram, de maneiras diferentes, fazer justiça à força dos argumentos de Parmênides, ao mesmo tempo que se reservaram o direito de trilhar as sendas da ciência. O período produziu três figuras de monta (Empédocles, Anaxágoras e Demócrito) e alguns interessantes personagens secundários.

EMPÉDOCLES prometeu a seus leitores o conhecimento e, com este, alguns estranhos poderes. Insistia, contrariando os eleáticos, em que os sentidos, se adequadamente empregados, constituíam rotas para o conhecimento. Concordava com Parmênides em que nada podia realmente passar a existir ou perecer, e concordava com Melisso quanto à impossibilidade da existência de vazios. O universo era pleno de substância eterna. Não obstante, argumentava Empédocles, o movimento era possível e, por conseguinte, também a mudança; pois as substâncias podiam mover-se e misturar-se entre si, promovendo com isso as mudanças por nós observadas.

Os elementos materiais básicos do universo, segundo Empédocles, eram quatro: terra, ar, fogo e água. Tudo no mundo é formado a partir dessas quatro "raízes" ou elementos. Além deles, havia duas forças opostas, o amor e a discórdia, ou atração e repulsão, cujas operações recebiam ajuda das forças naturais dos próprios elementos ou manifestavam-se nelas e governavam, sem intenção ou providência, através das forças do acaso e da necessidade. As forças determinavam o desenvolvimento do universo, desenvolvimento este que era cíclico e eterno. No conflito travado entre o amor e a discórdia cada guerreiro exerce periodicamente o domínio: sob o domínio do amor, todos os elementos se reúnem numa unidade, numa esfera homogênea. À medida que a discórdia tornava a ganhar força, a esfera se rompia, os elementos se afastavam e (ao cabo de uma complexa sucessão de estágios) nosso mundo familiar passava a ser articulado. Depois o processo se revertia: do mundo articulado, através de múltiplos estágios, de volta novamente à esfera homogênea. As infinitas alternâncias entre esfera e mundo, mundo e esfera marcam a história eterna e imutável do universo.

Boa parte do poema *Sobre a Natureza*, de Empédocles, oferecia uma detalhada descrição do mundo articulado em que vivemos. Um traço notável, porém, era sua exposição das diversas monstruosidades que, acreditava ele, tiveram origem em um estágio primevo da história cósmica, antes que o mundo alcançasse o presente estado. A descrição do mundo presente era pródiga – cobria cada tema desde a astronomia até a zoologia. Extensas descrições da estrutura ocular e do mecanismo da respiração chegaram até nós. A principal originalidade de Empédocles reside, aqui, menos em questões de detalhe do que em uma noção genérica e unificadora. Acreditava o filósofo que todas as coisas sempre liberam "emanações", e que são todas perfuradas por canais ou poros de diversas formas e tamanhos. Tais emanações e poros constituem os conceitos explicativos fundamentais de Empédocles: o fato de as emanações se adaptarem ou deixarem de se adaptar a poros de um tipo particular é responsável pelas reações físico-químicas, pelos fenômenos biológicos e psicológicos – pela percepção, pelo magnetismo ou pela esterilidade das mulas.

Além do poema sobre a natureza, Empédocles escreveu uma obra posteriormente intitulada *Purificações*. O enredo do poema era a história da Queda: originalmente, os espíritos usufruíam uma vida de bem-aventurança; depois erraram (o erro não é especificado, porém normalmente presume-se tratar-se de um derramamento de sangue); e sua punição é uma seqüência de encarnações mortais. Todos nós somos aqueles espíritos decaídos, vestidos temporariamente, e em caráter punitivo, em carne humana. Os animais e algumas plantas são também espíritos decaídos. (O próprio Empédocles, afirma ele, já foi um arbusto, um pássaro e um peixe. Agora, porém, atingiu o acme do ciclo encarnatório – não apenas é um humano, mas um vidente e um deus.) Para Empédocles, assim como para Pitágoras, a metempsicose tinha implicações morais: os animais (e determinadas plantas) são nossos semelhantes; ingeri-los, portanto, é canibalismo, devendo ser insistentemente evitado. A Queda foi trágica e nossa vida aqui é penosa; o futuro, contudo, é luminoso: se seguirmos o conselho de Empédocles também a nós é facultado aspirar por nos tornar convivas à mesa dos deuses.

É alvo de muita controvérsia a questão da coerência entre as *Purificações* e *Sobre a Natureza*, o que é agravado pela impossibilidade de se atribuir com segurança muitos dos fragmentos a cada poema. Os dois poemas provavelmente difeririam muito em espírito e conteúdo. Certamente, porém, adotavam as mesmas idéias gerais. Quer tenham ou não guardado uma estreita coerência entre si, parece claro que os comentaristas antigos – e talvez o próprio Empédocles – consideravam-nos como partes irmãs de um único sistema místico-científico.

Empédocles é por vezes chamado de pitagórico, e suas doutrinas têm filiações pitagóricas. Os seguidores de Pitágoras em pouco tempo cindiram-se em dois grupos, os aforistas e os cientistas. Os aforistas exercem pouco apelo à nossa atenção: ao que parece, acreditavam que a sabedoria – referindo-se, com isso, à sabedoria de Pitágoras – podia ser apreendida em ditos gnômicos e não tinham o menor desejo de investigar ou racionalizar. Seus aforismos eram, na maioria, de cunho religioso ou ritualístico – relacionavam-se com dietas alimentares, sacrifícios ou sepultamentos: no geral são extravagantes ou ingênuos. Os cientistas enveredaram por diferentes facções; contudo, tinham como denominador comum a crença na importância científica e filosófica da matemática. Não eram, eles próprios, matemáticos técnicos, mas defendiam a hipótese de que o mundo era, em certo sentido, fundamentalmente composto por números; os números, ou, antes, os princípios dos números, eram os princípios de todas as coisas. Uma visão desse tipo pode facilmente degenerar em contra-senso; pode também representar a percepção de que a ciência é, essencialmente, matemática aplicada. No caso dos pitagóricos, o bom senso e o contra-senso se fizeram presentes em idêntica proporção.

O único pitagórico do período a ter alguma expressão é FILOLAU (pois HÍPASO é pouco mais que um nome). Sendo genuínos os fragmentos remanescentes (e sua autenticidade não raro tem sido posta em dúvida), tudo indica que Filolau estava buscando produzir uma versão pitagórica da ciência natural, uma versão que fosse impermeável às objeções eleáticas.

Filolau sustenta que pouco podemos conhecer acerca do mundo. Podemos perceber, todavia, que deve ter sido formado a partir de duas espécies de coisa – as coisas ilimitadas e os limitadores. (*Grosso modo*, trata-se dos elementos materiais e das formas: um lago, por exemplo, consiste em matéria ilimitada, a água, determinada por um limitador, sua forma.) Algo – não podemos precisar o quê – se fez necessário para harmonizar os limitadores e as coisas ilimitadas, a fim de que o mundo fosse gerado. Até aqui, o esquema é essencialmente milésio na forma. Os elementos pitagóricos aparecem quando Filolau introduz números: o mundo quando gerado é determinado por números, no sentido em que é descritível em termos quantitativos – de outro modo não se poderia fazer conhecer a nós. Com base nesse alicerce, Filolau esperava erigir a estrutura da ciência natural. Poucos detalhes de suas doutrinas encontram-se registrados; sabemos, no entanto, que tinha teorias no campo da biologia, incluindo um relato acerca da natureza das enfermidades, e que abraçou a teoria da "contraterra" (um outro planeta, equilibrando a terra e elevando os corpos celestes para o número perfeito, dez). Além disso, expressou uma opinião quanto à natureza e ao futuro da alma.

Tal como Empédocles, ANAXÁGORAS aceitava os argumentos eleáticos quanto à impossibilidade da geração e da dissolução, porém mantinha que o movimento, não obstante, era possível e, por conseguinte, que a transformação podia ter lugar no mundo. Ainda como Empédocles, acreditava que nossas faculdades, se empregadas adequadamente, poderiam resultar em informações fidedignas sobre o mundo natural. Contudo, em sua concepção da natureza das coisas diferiu fundamentalmente de Empédocles.

Anaxágoras acreditava que *toda* substância ou matéria era eterna: não possuía ele nenhuma teoria envolvendo matérias básicas, ou "elementos". Como o demonstrara Parmênides, nada pode provir do nada. Por conseguinte, tudo sempre existiu. No início, "todas as coisas estavam reunidas" em um ilimitado turbilhão gasoso, estágio no qual tudo estava presente e nada era claro. (Por "tudo" Anaxágoras provavelmente se referia a "todas as matérias e todas as qualidades" – matérias como a terra, o ouro, a carne e o queijo; qualidades, elas próprias concebidas como matérias, como o quente e o frio, o doce e o amargo.) O cosmos teria se formado quando as matérias e as coisas gradativamente foram se separando dessa massa indiferenciada. E aqui deparamos com as duas doutrinas mais originais e influentes de Anaxágoras.

Primeiro, advogava que a força cosmogônica primordial era a mente. A mente, dizia, muito embora diferenciada de todas as demais coisas e não misturada com elas, a tudo permeava e por tudo era responsável. Os pensadores posteriores enxergaram nisso um grande salto adiante: Anaxágoras, acreditavam eles, percebera que o universo obedecia ao plano de um engenhoso arquiteto. Em seguida, porém, apontaram faltas em Anaxágoras, queixando-se de que não invocara a mente no nível de explicações científicas específicas – nesse particular, mantivera-se satisfeito com as explicações jônicas correntes em termos de forças materiais. Em todo caso, não se sabe até que ponto a mente em Anaxágoras era considerada uma faculdade pessoal e planificadora que tivesse determinado a história do mundo de forma benévola ou, no mínimo, intencional: talvez se tratasse de uma força impessoal, comparável ao amor e à discórdia de Empédocles.

A segunda inovação de Anaxágoras está relacionada a sua concepção dos elementos. À medida que os elementos se separam, nenhum é jamais *inteiramente* segregado, nenhuma matéria *pura* jamais é criada. Com efeito, cada quantidade de matéria contém sempre uma porção de todas as outras matérias. O que denominamos "ouro" não é totalmente áureo: "ouro", antes, é o nome que damos a grandes quantidades de matéria que são *predominantemente* ouro. Os fundamentos de Anaxágoras para sustentar essa doutrina são motivo de controvérsia; duas de suas conseqüências são claras. O próprio Anaxágoras inferiu a primeira conseqüência: não existe uma parcela mínima de matéria, seja de que espécie for – por menor que seja uma fração de ouro que se tome, existirá sempre outra menor; pois que dentro dessa fração de ouro existe uma porção de, digamos, sangue – e esse sangue conterá, por sua vez, uma porção menor de ouro. A segunda conseqüência não está presente de maneira explícita nos fragmentos: as matérias não podem consistir em partículas ou estarem "dentro" umas das outras da mesma forma como diferentes qualidades de sementes podem estar misturadas em um maço; antes, a doutrina de Anaxágoras demanda que as matérias sejam misturadas de forma completa – que estejam ligadas através de algo mais semelhante a uma combinação química do que a uma justaposição física.

As idéias de Anaxágoras foram amplamente adotadas por ARQUELAU, que estava para ele assim como Anaxímenes estava para Anaximandro. Todavia, Arquelau tem a reputação de ser o primeiro filósofo a refletir acerca da ética: sustentava – não mais sabemos em que bases – que as qualidades morais eram convencionais, não naturais.

Com o decorrer do tempo, a física de Anaxágoras provou-se infértil. Influência bem mais determinante exerceram as doutrinas de LEUCIPO e DEMÓCRITO, os dois atomistas. Ambos contestaram Parmênides cabalmente, ao negarem que aquilo que inexiste não é menos real do que aquilo de fato existe. O que inexiste não pode ser objeto de consideração pela mente – com efeito, muito paradoxalmente, sustentavam que aquilo que inexiste é vácuo, espaço vazio. O que existe são corpos, as coisas que ocupam espaço e que se movem pelo vazio. O vácuo é infinito em extensão e os corpos são infinitos em número. Os corpos, no sentido correto, são atômicos ou indivisíveis. Os atomistas argumentavam que existiriam *necessariamente* corpos indivisíveis, pois imaginavam que a suposição de que os corpos pudessem ser divididos *ad infinitum* conduzia a um paradoxo. Tais indivisíveis são muito pequenos, sólidos e desprovidos de quaisquer "qualidades": têm tamanho, forma e ductilidade ou solidez, as chamadas qualidades "primárias", mas carecem das qualidades "secundárias" – cor, odor, gosto etc. Os átomos existem eternamente e são imutáveis. Até esse ponto, cada átomo é uma entidade parmenideana. Todavia, os átomos se movem – com efeito, movem-se constantemente e têm se movido por toda a eternidade.

Os movimentos atômicos dão origem ao mundo. Pois os átomos por vezes colidem e, ao fim de algumas colisões, unem-se aos outros, quando os ganchos de determinado átomo casualmente se prendem nos aros de algum outro. Dessa forma, os corpos compostos, por fim, são criados. Tudo acontece por um acaso mecânico; contudo, dados um espaço e um tempo infinitos, é perfeitamente cabível esperar que a complexa estrutura do mundo à nossa volta, em alguma parte e em algum momento, seja formada.

Demócrito foi um cientista entusiástico e prolífico. Escreveu sobre uma ampla variedade de tópicos e, no mínimo em alguns casos, buscou aplicar seu atomismo a detalhadas explicações científicas. Os melhores exemplos disso estão contidos em sua exposição da percepção e dos objetos da percepção. Pouco restou desse escrito científico. Talvez a porção mais interessante de seu trabalho fosse aquela que tratava da antropologia – a história e a descrição da raça humana enquanto objeto sociocultural. Demócrito discutiu, entre outros assuntos, as origens da religião e a natureza da linguagem. Suas observações nesse campo são quase inteiramente especulativas (e guardam pouco vínculo com o atomismo), porém suas especulações inauguraram uma longa tradição na antropologia teórica.

De maior interesse, sob um prisma filosófico, são as opiniões de Demócrito acerca da possibilidade do conhecimento humano. A despeito de suas ambições científicas, tudo indica que nutria uma forma extremada de ceticismo. Suas razões para tanto são em grande parte desconhecidas, mas algumas delas, ao menos, guardavam estreita ligação com seu atomismo. As únicas coisas reais são os átomos e o vazio, e nem o vácuo nem os átomos podem ser coloridos. Portanto, as cores – e todas as demais propriedades secundárias – são ilusórias. Portanto, o mundo é muito diferente do modo como nossos sentidos o percebem, e nossos sentidos são fundamentalmente enganosos. Mas se não dermos crédito a nossos sentidos, como poderemos dizer o que quer que seja sobre a estrutura da realidade? A teoria atomista propriamente dita, embora uma construção largamente apriorística, pressupunha ao que parece a legitimidade da percepção dos sentidos e angariou adeptos em função de sua capacidade de explicar os fenômenos da percepção. Se o atomismo está correto, a percepção é ilusória; mas se a percepção é ilusória, por que abraçar o atomismo? Demócrito estava cônscio dessa contradição. O modo como buscou solucioná-la é algo que desconhecemos.

Por fim, Demócrito escreveu extensamente sobre questões de moral e filosofia política. Alguns estudiosos procuraram encontrar conexões entre sua ética e seu atomismo, mas provavelmente não existe nenhuma. Outros procuraram identificar um sistema moral por detrás dos fragmentos. É patente que Demócrito foi uma espécie de hedonista: o objetivo da vida é o contentamento, ou a imperturbabilidade, o que de alguma forma equivale à satisfação e ao prazer. Os prazeres democriteanos, todavia, são, de maneira geral, um tanto áridos e severos, de natureza mental mais do que física: Demócrito estava longe de ser o defensor de uma vida despreocupada. Talvez seja um equívoco procurar por algo mais sistemático do que isso nos fragmentos. Estes são apresentados como máximas ou aforismos, e não é próprio dos aforismos traduzirem um pensamento sistematizado. Quanto às máximas, algumas são sensatas, outras divertidas, outras banais e outras, extravagantes – constituem, de fato, uma típica reunião de aforismos moralistas.

O último dos pré-socráticos, DIÓGENES de Apolônia, não foi um gênio original, sendo freqüentemente descrito, com certa justiça, como um eclético. Sua abordagem da natureza era, sob vários aspectos, próxima àquela dos primeiros milésios: adotou uma *arche* única, no seu caso o ar, e derivou desta o mundo através da rarefação e da condensação. Explicou os diversos fenômenos naturais mediante referências a esse elemento primordial e suas múltiplas transformações. Adotou também a mente cosmogônica de Anaxágoras. No sistema de Diógenes, contudo, a mente era identificada com o ar eterno e todo-sapiente, a força que controla e rege o universo. Diógenes seguramente sustentava que o mundo obedecia a um plano eficaz. Se se pode reivindicar originalidade à sua física, esta deve residir em sua tentativa de justificar a proposição de um *único* elemento ou *arche* subjacente: a menos que todas as coisas fossem fundamentalmente a mesma, argumentava ele, as mudanças que observamos no mundo não poderiam processar-se.

O mais notável fragmento da obra de Diógenes é uma detalhada descrição dos vasos sangüíneos do corpo humano. Nesse caso, podemos ler em primeira instância aquilo que no caso dos demais pré-socráticos apenas conhecemos indiretamente: uma tentativa de descrever, com detalhes científicos, a estrutura e a organização do mundo físico.

Os pré-socráticos eram filósofos, e seu interesse estava voltado para as questões mais genéricas acerca da natureza e das origens do universo. Contudo, eram também cientistas. As abstrações de seu pensamento cosmogônico são complementadas e completadas pelos detalhes concretos de suas descrições e explicações particulares. Nesse sentido, foram os precursores de Aristóteles – e, através dele, da ciência e da filosofia modernas.

Nota ao Leitor

Os capítulos principais do presente livro empregam uma variedade de recursos tipográficos.

O tipo *itálico*, além de denotar ênfase e identificar títulos de livros, desempenha uma terceira função: ressaltar todas as citações atribuídas aos pré-socráticos e todos os comentários editoriais. As citações são diferenciadas dos comentários na medida em que são invariavelmente recuadas das margens.

O tipo romano assinala todas as citações de autores antigos *exceto* as citações atribuídas aos pré-socráticos. Assim, o contexto das citações será grafado em romano, da mesma forma como as alusões e paráfrases às proposições pré-socráticas.

Três diferentes tipos de *sinais gráficos* aparecem no material citado. (1) Os parênteses, "(...)", são utilizados da maneira usual como sinais de interrupção. (2) Os colchetes, "[...]", indicam triviais *alterações* editoriais aos textos citados. (Por exemplo, um pronome não-específico, "ele", no original, é por vezes substituído pelo nome próprio adequado.) Os colchetes também trazem *comentários* editoriais. (Por exemplo, encerram o equivalente moderno do antigo sistema de datação por anos olímpicos.) (3) Os sinais "<...>" indicam a existência de lacunas no texto grego – isto é, lugares em que os copistas antigos acidentalmente omitiram algo. Nos casos em que tais sinais encerram palavras, estas representam aquilo que podemos inferir ter sido omitido.

Os *asteriscos*, "*...*", assinalam as passagens em que ora a tradução, ora o próprio texto são totalmente incertos. As palavras entre asteriscos são, no máximo, uma dedução otimista.

Cada passagem citada é seguida por *referências*. Essas são de duas categorias. (1) A cada texto citado é acrescido o nome do autor, o título da obra e suficiente informação auxiliar para permitir que a passagem seja localizada em qualquer edição corrente. O nome de um autor entre colchetes indica que a autoria é espúria. (Por exemplo, [Aristóteles], *Problemas*, refere-se ao livro intitulado *Problemas*, cujo manuscrito a tradição erroneamente atribui a Aristóteles.) (2) A cada fragmento pré-socrático citado é acrescida uma referência "Diels-Kranz" entre colchetes. Tal referência consiste normalmente na letra "B" seguida de um número. O número é o mesmo que corresponde ao fragmento na obra de H. Diels e W. Kranz, *Die Fragmente der Vorsokratiker* (Berlim, 1952, 10ª edição). A primeira referência Diels-Kranz em qualquer capítulo antepõe um número à letra B. Trata-se do número do capítulo em questão em Diels-Kranz. Assim, "[59 B 1]" refere-se ao fragmento 1 no capítulo 59, o capítulo sobre Anaxágoras, em Diels-Kranz. Um subseqüente "[B 21a]" refere-se ao fragmento 21a do mesmo capítulo. Em princípio, as passagens identificadas com a letra "B" em Diels-Kranz representam fragmentos genuínos (ao contrário das paráfrases e alusões, que aparecem em seções separadas, identificadas com a letra "A"). Na verdade, Diels e Kranz com freqüência incluem em seus textos com a notação "B" passagens que seguramente não são fragmentos. Quando o leitor encontrar uma referência Diels-Kranz em uma passagem que não está grafada em itálico, deverá inferir que Diels e Kranz apresentam a passagem erroneamente como um fragmento.

Parte I

1. Os Precursores

Tales, o primeiro na linha canônica dos filósofos pré-socráticos, sem dúvida teve seus predecessores, e os estudiosos têm especulado acerca das fontes e influências por trás dele. Duas vertentes de influência foram identificadas.

Em primeiro lugar, existem os antecedentes oriundos do próprio solo grego. Os poemas de Homero, as mais antigas obras remanescentes da literatura helênica, contêm referências ocasionais àquilo que ulteriormente viriam a se tornar temas científicos e filosóficos. Os poemas pressupõem uma certa concepção vaga da natureza e das origens do universo (como poderia ser diferente?), concepção essa que encontra ressonâncias, tanto em termos verbais como de conteúdo, no pensamento pré-socrático. De influência mais determinante, porque mais explícita, foi a concepção do universo expressa pelo poeta Hesíodo, do século VII. Uma pequena passagem de sua Teogonia *– "A Origem dos Deuses" – merece ser citada.*

Salve, ó filhas de Zeus, assegurai um doce canto
e celebrai a sagrada raça dos imortais que existem para sempre,
os que nasceram da Terra e do Céu estrelado
e da Noite escura, e aqueles que o Mar salgado criou.
Dizei como no princípio os deuses e a terra passaram a existir,

e os rios e o ilimitado mar de impetuosas vagas,
e os astros fulgurantes e o amplo céu acima,
e dizei como dividiram eles sua fortuna e repartiram suas honras
e como no princípio conquistaram o Olimpo de muitas sendas.
Revelai-o, ó, Musas, que tendes vossa morada no Olimpo,
desde o princípio, e dizei qual dentre eles foi o primogênito.
Dentre todos, primeiro veio o Caos; seguindo-se
a Terra de amplo seio, morada perene e segura de todos
os imortais que guardam as alturas do nevado Olimpo,
e o nevoento Tártaro nos recessos do chão de largos caminhos,
e o Amor, o mais formoso dentre os deuses imortais,
o que aos membros distende, por quem todos os homens e todos os deuses
vêem seus pensamentos e suas prudentes decisões vencidos em seus peitos.
Do Caos nasceram a negra Escuridão e a Noite;
e da Noite nasceram o Éter e o Dia
aos quais ela concebeu e pariu depois de unir-se em amor com a Escuridão.
Primeiro pariu a Terra, igual em extensão a si mesma,
o Céu estrelado, para que a encobrisse por inteiro
e para que pudesse existir uma morada perene e segura para os bem-aventurados deuses.
E pariu as altas Montanhas, os graciosos refúgios das deusas –
das Ninfas que habitam as montanhas arbóreas.
E pariu ainda a infatigável profundeza de impetuosas vagas,
o Mar, desprovido de amor desejável; e depois
deitou-se com o Céu e pariu o Oceano de profundos torvelinhos
e Coio e Crio e Hipérion e Jápeto
e Téia e Réia e Justiça e Memória
e Febe, coroada de ouro, e a amorosa Tétis.
E depois deles, o mais jovem, o voluntarioso Crono, nasceu,
o mais terrível dentre sua prole; que a seu vigoroso
pai odiava.

(Hesíodo, *Teogonia*, 104-138)

Tudo isso é mitologia e não ciência; mas é, por assim dizer, uma mitologia científica: muitos dos deuses de Hesíodo são personificações de atributos ou fenômenos naturais, e, ao relatar o nascimento dos "deuses", Hesíodo está relatando, de forma poética, as origens do universo.

Os próprios gregos eram bastante cônscios disso. O poeta satírico siciliano Epicarmo, que escreveu no início do século V, apresenta uma crítica pseudofilosófica da narrativa de Hesíodo em um pequeno diálogo preservado por Diógenes Laércio:

– Os deuses sempre existiram: até hoje eles *jamais* deixaram de estar presentes; e essas coisas estão sempre ali, as mesmas e da mesma forma, sempre.
– Mas dizem que o Caos foi a primeira divindade a nascer.
– Como seria isso possível? Não existia coisa alguma de onde pudesse vir e lugar nenhum aonde pudesse ir se tivesse sido o primeiro.
– Quer dizer que *coisa* alguma veio em primeiro lugar? – Não, tampouco coisa alguma em segundo, por Zeus, das coisas sobre as quais estamos falando agora: elas sempre existiram.
(Diógenes Laércio, *Vidas dos Filósofos* III, 10)

Uma história de um século posterior também é digna de ser reproduzida:

O poeta que escreve

> Dentre todos, primeiro veio o Caos; seguindo-se a terra de amplo seio, morada perene...

refuta a si mesmo. Pois se alguém lhe perguntar *de onde* veio o Caos, não será capaz de respondê-lo. Há quem afirme ser esse o motivo por que Epicuro voltou-se para a filosofia. Quando ainda muito jovem, indagou a um mestre-escola que lia em voz alta

Dentre todos, primeiro veio o Caos...

de *onde* teria vindo o Caos, já que veio primeiro. O mestre-escola replicou que não era sua incumbência, mas a incumbência dos chamados filósofos, ensinar esse tipo de coisas. "Neste caso", disse Epicuro, "devo ir em busca deles, se são eles os que conhecem a verdade sobre as coisas existentes."
(Sexto Empírico, *Contra os Matemáticos* X, 18-19)

No último livro de sua Metafísica, *Aristóteles discute o lugar do "bom e do belo" no mundo. Alguns pensadores, diz ele, sustentam que a bondade e a beleza surgem apenas com a marcha do mundo,*

e os poetas antigos afirmam coisa semelhante, na medida em que advogam não ser os que vieram primeiro – a Noite e o Céu, ou o Caos ou o Oceano – que governam e detêm a soberania, mas sim Zeus. Na verdade, porém, dizem isso porque seus governantes mundanos se modificam: os *hibridistas* entre eles, que não dizem tudo pelo veio mítico – refiro-me a Ferécides e alguns outros –, fazem, efetivamente, do bem o primeiro princípio gerador das coisas.
(Aristóteles, *Metafísica*, 1091b4-10)

Ferécides de Siro, a quem Aristóteles distingue aqui de Hesíodo e seus companheiros, provavelmente deve ser situado no início do século VI a.C. foi, portanto, um contemporâneo dos primeiros filósofos pré-socráticos.
O julgamento de Aristóteles de que era uma figura híbrida, parte mitólogo e parte filósofo da natureza, dificilmente poderá encontrar sustentação nos fragmentos remanescentes de seus escritos. Eis os dois trechos mais "filosóficos":

O livro escrito por Ferécides foi preservado; inicia-se da seguinte maneira:

> *Zas e Tempo sempre existiram, assim como Ctônia; e Ctônia adquiriu o nome de Terra quando Zas ofertou-lhe a terra como presente de núpcias* [7 B 1]
> (Diógenes Laércio, *Vidas dos Filósofos*, I, 119)

Ferécides de Siro afirma que Zas, Tempo e Ctônia sempre existiram como os três princípios originários (o primeiro antes dos dois últimos, digo eu, e os dois depois do primeiro). A partir de sua própria semente, Tempo gerou o fogo, o ar e a água (o que considero a natureza tríplice do inteligível): foram eles divididos em cinco recessos e a partir deles constituiu-se o restante da numerosa raça dos deuses, denominada a raça dos cinco recessos (significando, talvez, os cinco mundos).
(Damáscio, *Sobre os Princípios Originários*, 124)

Os demais relatos da obra de Ferécides nada contêm senão fantasias mitológicas.

Muitos dentre os próprios gregos acreditavam que a filosofia tivera início com "os bárbaros" – no Egito, na Pérsia, na Babilônia. Atribuíam aos primeiros pré-socráticos viagens ao Egito e ao Oriente Próximo, imaginando que tivessem regressado com a filosofia em sua bagagem.

É plausível supor a existência de algum contato intelectual entre os gregos e seus vizinhos orientais. Contudo, no que tange à filosofia, ou a abordagem teórica da ciência, é difícil encontrar um único caso de influência. (Cumpre ressaltar que ali onde alguns estudiosos enxergam flagrantes paralelos entre um texto grego e um oriental, outros vêem não mais que uma coincidência superficial.) Eis a seguir duas breves passagens de narrativas orientais da criação, uma da Babilônia e outra do Egito (embora não se possa ter certeza de seu valor).

O Enuma Elishu, o épico babilônio da criação, provavelmente foi composto no início do segundo milênio a.C. Inicia-se da seguinte maneira:

Quando o céu nas alturas ainda não fora nomeado,
e o solo firme abaixo não fora designado pelo nome,
nada além do primordial Apsu, seu genitor,
e Mummu-Tiamat, a que a todos eles pariu,
as águas de ambos se mesclando como em um corpo
   único;
nenhuma choupana de junco fora coberta, nenhuma terra
pantanosa surgira,
quando divindade alguma havia nascido,
nem nomes havia para designá-las,
e eram indeterminados seus destinos –
foi então que se formaram os deuses dentro deles.
Lahmu e Lahamu foram gerados, e por seus nomes foram
   chamados.
Antes que tivessem crescido em anos e estatura,
Anshar e Kishar foram formados, sobrepujando os demais.
Eles prolongaram os dias, somaram aos anos.
Anu era o seu herdeiro, de seus pais o rival;
sim, o primogênito de Anshar, Anu, era seu igual.
À sua imagem, Anu gerou Nudimmud.
           (James B. Pritchard, *Ancient Near Eastern Texts*,
                          3ª edição, Princeton, 1969, p. 61)

(O texto está escrito no dialeto acadiano, e a tradução dos versos é, em várias partes, incerta – de todo modo, estudiosos diversos produziram versões sensivelmente diversas.) Anu e Nudimmud são o céu e a terra; Apsu e Mummu-Tiamat são águas primordiais, as águas frescas e o mar. A identidade das demais divindades é incerta.

O mito egípcio da criação é conhecido sob uma série de formas variantes. O texto a seguir data, provavelmente, de cerca de 2000 a.C.:

Sou aquele que nasceu como Khepri. Quando passei a existir eu, a existência passou a existir, e todos os entes passaram a existir depois que passei a existir eu. Muitos foram os entes que se originaram de minha boca, antes que o céu passasse a existir, antes que a terra passasse a existir, antes que o chão e as coisas rastejantes tivessem sido criadas neste lugar. Reuni algumas delas em Nun, extenuadas que estavam, antes que me fosse dado encontrar um lugar onde pudesse erguer-me. Ao meu coração pareceu vantajoso aquilo; ideei com minha face; e construí todas as formas quando estava sozinho, antes que tivesse cuspido o que era Shu, antes que tivesse expelido o que era Tefnut, e antes que passasse a existir qualquer outro que comigo pudesse atuar.

Ideei em meu próprio coração, e passou a existir uma multidão de formas e entes, as formas das crianças e as formas dos filhos destas. Fui eu quem copulou com meu próprio punho, eu que me masturbei com minha mão. Em seguida vomitei de minha própria boca: cuspi o que era Shu, expeli o que era Tefnut. Foi meu pai, Nun, quem os criou...

Então Shu e Tefnut geraram Geb e Nut. Então Geb e Nut geraram Osíris, Hórus Khenti-en-irti, Seth. Ísis e Neftite do corpo, cada qual em seguida ao outro; e eles geraram suas multidões sobre esta terra.

(Pritchard, *Ancient Near Eastern Texts*, p. 6)

Khepri, o narrador, é o deus-sol matinal; Nun é a água primordial; Shu e Tefnut são o deus-ar e a deusa-umidade; Geb e Nut são a terra e o céu.

Tanto as narrativas babilônias como as egípcias permitem comparações com Hesíodo enquanto exemplos de cosmogonias míticas. Muitos estudiosos comparam mais diretamente as narrativas com a filosofia grega, sugerindo (por exemplo) que as idéias de Tales com respeito à importância da água podem ter derivado do significado primordial de Mummu-Tiamat e Nun. Talvez estejam corretos; para mim, no entanto, Tales parece viver em um mundo diferente e mais luminoso.

2. Tales

Segundo Aristóteles, Tales de Mileto foi "o fundador da filosofia natural". *Sua cronologia baseia-se no eclipse solar que ele supostamente teria predito e que os astrônomos modernos situam em 28 de maio de 585 a.C. Os demais fatos conhecidos sobre sua vida sugerem que tenha nascido por volta de 625 e morrido em aproximadamente 545. Simplício relata que*

> Tales é tido como o primeiro a introduzir o estudo da natureza entre os gregos: embora muitos outros tenham-no precedido, como o admite o próprio Teofrasto, ele os sobrepujou de longe, a ponto de eclipsar todos os seus predecessores. Dizem, porém, que não deixou nada sob forma escrita, à exceção da chamada *Astronomia Náutica*.
> (Simplício, *Comentário à Física*, 23.29-33)

Outras fontes atribuem-lhe outros escritos, e certamente circularam livros creditados a ele na Antiguidade. Contudo, parece altamente provável que não tenha escrito coisa alguma – ou, ao menos, nada que tenha sobrevivido sequer até o tempo de Aristóteles. Para nosso conhecimento de suas doutrinas, portanto, dependemos inteiramente de registros posteriores; registros esses que, por sua vez, devem ter sido baseados na tradição oral.

Tales não foi simplesmente, ou mesmo fundamentalmente, um filósofo. Foi um homem de inteligência prática, um dos chamados Sete Sábios da história grega primitiva, sendo considerado pela posteridade não apenas como alguém que fez contribuições originais à ciência e à filosofia, mas também como um hábil estadista. Heródoto, o historiador do século V, narra diversos episódios que ilustram sua sagacidade política.

Útil conselho fora emitido, mesmo antes da destruição da Jônia, por Tales, um milésio cuja família era originária da Fenícia: ele exortou os jônios a estabelecerem um conselho geral único, afirmando que ele deveria estar sediado em Téos, que era o centro da Jônia, e que as outras cidades deveriam prosseguir sendo habitadas, mas que deveriam ser tratadas como se fossem da mesma jurisdição.

(Heródoto, *Histórias* I, 170.3)

Quando Creso chegou ao rio Hális – segundo se conta –, fez cruzar seu exército através das pontes ali existentes; segundo a maioria dos gregos, todavia, foi Tales de Mileto quem passou o exército para ele. Pois contam que Creso estava em apuros, sem saber como o exército haveria de transpor o rio, porquanto tais pontes ainda não existiam à época, e que Tales, que se encontrava no acampamento, fez com que o rio que corria à esquerda do exército corresse também pela direita, o que logrou da seguinte maneira: começando a montante do acampamento, fez cavar um canal profundo ao qual deu a forma de uma lua crescente, de sorte que o rio contornasse por trás o local onde acampava o exército, sendo desviado de seu curso original pelo canal, e então, tendo ultrapassado o acampamento, retornasse novamente ao curso original. Assim, tão logo estava dividido, o rio tornou-se vadeável em ambos os braços.

(Ibid. I, 75.4-5)

Heródoto também relata o célebre eclipse:

Equivaliam-se as forças na guerra [entre os lídios e os persas], até que, no sexto ano, teve lugar um confronto no qual, depois de travada a batalha, subitamente o dia transformou-se em noite. Tal reviravolta durante o dia fora predita aos jônios por Tales de Mileto, que determinara como seu termo o ano exato em que o fenômeno efetivamente ocorreu.

(*Ibid*. I, 74.2)

(Os estudiosos modernos conjecturam que Tales teria aprendido algo da astronomia babilônia; ainda assim, geralmente duvida-se que ele pudesse de fato ter predito o eclipse.)

Das doutrinas filosófico-científicas de Tales, a mais célebre estava relacionada com a água. Primeiro, ele sustentava que a terra repousa sobre a água (noção que conta com alguns antecedentes egípcios). Eis o registro crítico de Aristóteles:

Dizem alguns que [a terra] repousa sobre a água. Esta, em verdade, é a mais antiga doutrina que nos foi transmitida, e conta-se que foi proposta por Tales de Mileto, que considerava que a terra repousa porque pode flutuar como uma tora ou algo congênere (pois nenhuma dessas coisas pode repousar no ar, mas lhes é dado repousar na água) – como se o mesmo argumento não fosse válido tanto para a água que sustém a terra como para a própria terra.

(Aristóteles, *Sobre os Céus*, 294a28-34)

(Observe-se a isenção de Aristóteles no uso dos termos "dizem alguns" e "conta-se": essa abordagem cautelosa do pensamento de Tales aparece mais pronunciadamente ainda nas passagens que vêm a seguir.)
Além disso, e de modo mais notável, Tales sustentava que tudo originava-se da água, ou que a água, no linguajar

posterior de Aristóteles, constituía o "princípio material" do mundo. Novamente Aristóteles é nossa melhor fonte:

A maior parte dos primeiros filósofos considerava como princípios de todas as coisas exclusivamente aqueles de natureza material. Pois dizem eles que o elemento e o princípio originário das coisas que existem é aquilo de que todas são constituídas, do qual primeiro se originam e em que por fim se dissolvem, permanecendo sua substância e alterando-se suas propriedades... Deverá existir alguma natureza – quer uma ou mais de uma – da qual as outras coisas se originam, ela mesma mantendo-se preservada. Todavia, no que tange ao número e à forma dessa espécie de princípio, nem todos pensam de maneira idêntica. Tales, o fundador desse tipo de filosofia, afirma tratar-se da água (por isso declara que a terra repousa sobre a água). Talvez tenha sido levado a essa concepção ao observar que o nutrimento de todas as coisas é úmido e que o próprio calor disso provém e disso vive (sendo aquilo de onde provém algo o seu princípio originário) – chegou à sua concepção tanto por essa razão como pelo fato de as sementes de todas as coisas apresentarem uma natureza úmida, e a água é o princípio natural das coisas úmidas.

(Aristóteles, *Metafísica*, 983b6-11, 17-27)

Em outra parte, Aristóteles reporta-nos algo sobre a concepção de Tales quanto à natureza da alma:

Dizem alguns que <a alma> está misturada no universo todo. Talvez seja por essa razão que Tales supunha estar tudo pleno de deuses.

(Aristóteles, *Sobre a Alma*, 411a7-8)

Tales, a julgar pelo que contam, aparentemente acreditava ser a alma algo que produz movimento, uma vez tendo dito que o ímã possui alma porque é capaz de deslocar o ferro.

(*Ibid.*, 405a19-21)

Existem alguns indícios, também, de que Tales tenha feito descobertas no campo da geometria. A fonte de tais indícios, Proclo, escreveu no século V, mas apóia-se na obra de Eudemo, um discípulo de Aristóteles. Não obstante, os estudiosos têm se mostrado relutantes em dar crédito às informações de Eudemo. Apresentamos a seguir quatro passagens que tratam do tema, embora sem a menor garantia de validade histórica.

Dizem ter sido Tales o primeiro a demonstrar que um círculo é bisseccionado por seu diâmetro.
(Proclo, *Comentário a Euclides*, 157.10-11)

Devemos ao velho Tales várias descobertas e, em particular, esse teorema; pois dizem ter sido ele o primeiro a reconhecer e a postular que em todo triângulo isósceles os ângulos da base são idênticos, e a denominar os ângulos idênticos de "similares", segundo o estilo arcaico.
(*Ibid.*, 250.20-251.2)

Esse teorema demonstra que quando duas linhas retas interceptam uma à outra, os ângulos formados no vértice são idênticos – o que, segundo Eudemo, foi primeiro descoberto por Tales.
(*Ibid.*, 299.1-4)

Em sua *História da Geometria*, Eudemo atribui esse teorema [o de que são iguais dois triângulos que tenham um lado igual e dois ângulos iguais] a Tales; pois afirma que deve ter feito uso do mesmo no procedimento por meio do qual dizem ter ele determinado a distância entre navios em alto-mar.
(*Ibid.*, 352.14-18)

Acrescento, a seguir, parte da digressão acerca de Tales que figura na obra de Diógenes Laércio, Vidas dos Filósofos. *Algumas das afirmações dessa discussão seguramente são falsas, enquanto muitas, na melhor das hipóteses, duvidosas: não se deve ler a obra como um manual fidedigno das concepções de Tales, mas sim como uma amostra do tipo de material do qual depende, na atualidade, nosso conhecimento referente à filosofia dos pré-socráticos. A passagem a seguir é um bom exemplo da natureza complexa e controversa de boa parte de nossa documentação com respeito aos pré-socráticos – e contém, igualmente, algumas informações importantes e dignas de crédito.*

O pai de Tales (segundo Heródoto, Dúris e Demócrito) foi Exâmias, e sua mãe, Cleobulina, da família de Teleu (de origem fenícia, os mais nobres dos descendentes de Cadmo e Agenor). <Foi um dos Sete Sábios>, segundo Platão, e o primeiro a quem se atribuiu o título de Sábio – durante o arcontado de Demásias em Atenas [582-580 a.C.], período no qual, segundo Demétrio de Faleron, em sua *Relação dos Arcontes*, os Sete Sábios foram de fato designados. Foi inscrito como cidadão de Mileto quando ali chegou juntamente com Neileu, que fora expulso da Fenícia – embora a maior parte das autoridades afirme que era um milésio nativo e de renomada família.

Ao dar por encerradas suas atividades políticas, voltou-se à especulação científica. De acordo com alguns, não legou nenhuma obra escrita; isso porque a *Astronomia Náutica* a ele atribuída consta ser de autoria de Foco de Samos. Contudo, Calímaco reputa-o como o descobridor da Ursa Menor e escreve o seguinte em seus *Iambos*:

> E atribui-se a ele ter mensurado
> as pequenas estrelas da Ursa Maior que orientam as rotas dos fenícios.

De acordo com outros, escreveu somente duas obras, *Do Solstício* e *Do Equinócio*, *julgando que todo o mais era incognoscível*.

É tido por alguns como o primeiro a estudar a astronomia e a ter predito eclipses solares e os solstícios, como afirma Eudemo em sua *História da Astronomia* – razão pela qual é merecedor da admiração de Xenófanes e Heródoto. Heráclito e Demócrito também testemunham em seu favor. Alguns (dentre os quais o poeta Coérilo) dizem ter sido ele o primeiro a postular a imortalidade da alma. Foi o primeiro a descobrir o intervalo entre um solstício e o seguinte, e o primeiro, segundo alguns, a postular que a dimensão do sol corresponde a uma septingentésima vigésima parte <da órbita solar, da mesma forma como a dimensão da lua equivale a sua septingentésima vigésima parte> da órbita lunar. Foi o primeiro a determinar o último dia do mês como sendo o trigésimo. E o primeiro, segundo alguns, a discorrer sobre a natureza.

Aristóteles e Hípias dão conta de que atribuía alma a coisas inertes também, tomando o ímã e o âmbar como indícios desse fato.

Panfila afirma que teria aprendido a geometria com os egípcios e que foi o primeiro a inscrever um triângulo retângulo em um círculo, tarefa para a qual teria sacrificado um boi. (Outros, incluindo Apolodoro, o calculista, atribuem o feito a Pitágoras, que desenvolveu ao máximo as descobertas que Calímaco, em *Iambos*, atribui a Euforbo, o frígio – por exemplo, "escalenos e triângulos" e aquilo que pertence ao estudo da geometria.)

Também imagina-se que tenha emitido excelentes conselhos em questões políticas. Por exemplo, quando os enviados de Creso procuraram os milésios para firmar uma aliança, Tales impediu a concretização desse intento – o que salvou a cidade quando Ciro chegou ao poder. Entretanto, ele próprio assevera, como relata Heráclides, que vivia uma vida solitária como cidadão comum. Dizem alguns que se casou e teve um filho, Cibisto; outros afirmam que permaneceu celibatário, tendo adotado, porém, o filho da irmã – de sorte que ao ser indagado por que não tinha filhos, respondia: "Porque amo as crianças." Dizem também que quando sua mãe insistia em que se casasse, replicava: "É muito cedo"; e que então, quando a mãe tornou a insistir, tendo ele já ultrapassado a flor da idade, respondeu: "É tarde demais." Jerônimo de Rodes, no segundo livro de sua obra *Miscelâneas*, afirma que, desejando demonstrar como é fácil ficar rico, previu que se avizinhava uma boa colheita de olivas, contratou prensadores de oliva e angariou uma extraordinária soma em dinheiro.

Considerava a água o princípio originário de todas as coisas e acreditava que o mundo é dotado de uma alma e pleno de espíritos. Dizem que descobriu as estações do ano e dividiu-as em 365 dias.

Ninguém ensinou-lhe coisa alguma, muito embora tenha ido ao Egito e passado algum tempo com os sacerdotes do lugar. Diz Jerônimo que mediu efetivamente as pirâmides a partir de suas sombras, ao observar o momento em que <nossas sombras> apresentam comprimento idêntico à nossa altura. Segundo Minies, viveu com Trasíbulo, o governante de Mileto.

Existe um célebre episódio sobre um trípode descoberto pelos pescadores e enviado aos Sábios pela gente de Mileto. Conta-se que alguns rapazes da Jônia adquiriram uma rede de alguns pescadores milésios. Ao ser içado o trípode, verificou-se uma disputa, até que os milésios enviaram-no a Delfos. O deus proferiu o seguinte oráculo:

Ó, filhos de Mileto, indagais a Apolo sobre um trípode?
Pois declaro que pertence o trípode àquele que é o primeiro em sabedoria.

Assim, eles o entregaram a Tales. Este, porém, o entregou a outro dos Sábios, e assim foi passado adiante até dar em Sólon, que declarou que o primeiro em sabedoria era o deus, enviando o trípode a Delfos. [Segue-se uma série de diferentes versões do episódio do trípode.]

Em sua obra *Vidas*, Hermipo atribui a Tales aquilo que outros dizem de Sócrates. Tales costumava dizer, conta-se, que era grato à Fortuna por três coisas: primeiro, por ter nascido um humano e não um animal; segundo, por ter nascido um homem e não uma mulher; terceiro, por ter nascido um grego e não um estrangeiro.

Dizem que teria sido tirado de casa por uma mulher idosa para observar as estrelas e caiu numa vala: ao gritar por socorro, a mulher respondeu-lhe: "Imaginas poder conhecer o que existe nos céus, ó Tales, quando não consegues enxergar o que vai adiante de teus pés?" Tímon também o conhece como astrônomo, louvando-o em suas *Sátiras* com as seguintes palavras:

> Assim foi Tales dos Sete Sábios, um astrônomo sábio.

Lóbo de Argos diz que seus escritos se estenderam a duzentas linhas e que em sua estátua estava inscrito o seguinte epigrama:

> Este é Tales, filho da jônia Mileto e que se revelou um astrônomo, o mais eminente de todos em sabedoria.

Acrescenta que seu poema inclui os seguintes versos:

> Não são muitas as palavras que exibem uma opinião sensata:
> procure pela coisa sábia,
> saiba escolher bem;
> pois com isso travará as infatigáveis línguas dos tagarelas.

Os aforismos seguintes são atribuídos a ele. Dentre as coisas existentes, a divindade é a mais antiga – porquanto é não-gerada. O mundo é a mais bela – porquanto é criação da divindade. O espaço é a maior – porquanto a tudo abraça. A mente é a mais ágil – porquanto corre através de tudo. A necessidade é a mais forte – porquanto a tudo controla. O tempo é o mais sábio – porquanto a tudo desvenda. Disse que a morte em nada difere da vida. "Então por que *você* não morre?", indagou-lhe alguém. "Porque não faz a menor diferença", respondeu. Ao ser inquirido sobre o que veio primeiro, o dia ou a noite, respondeu: "A noite veio primeiro – através de um dia." Ao ser indagado se um homem pode furtar-se ao olhar dos deuses se comete uma ação reprovável, respondeu: "Nem mesmo se ele *pensar* em cometer uma ação reprovável." Um adúltero perguntou-lhe se deveria jurar não ter cometido adultério. Respondeu ele: "O perjúrio não é pior que o adultério." Quando indagado sobre o que é difícil, respondeu: "Conhecer a si mesmo"; o que é fácil : "Dar conselho a outrem"; o que é mais agradável: "O sucesso"; o que é divino: "O que não tem início nem fim." Quando lhe indagaram qual a coisa mais estranha que já vira, respondeu: "Um velho tirano." Como conseguimos suportar mais facilmente o infortúnio? – Se virmos nossos inimigos em condição pior. Como podemos viver de maneira melhor e mais justa? – Se nós próprios não fizermos aquilo que reprovamos nos outros. Quem é feliz? – Aquele que tem um corpo saudável, uma alma fecunda e uma natureza educável. Ele diz que devemos lembrar-nos de nossos amigos, tanto os presentes como os ausentes, e que não devemos embelezar nossas faces, mas exibir beleza em nossas práticas. "Não enriqueça por meios ilícitos", diz ele, "e não permita que as palavras o distanciem daqueles que mereceram sua confiança". "Espere de seus filhos as mesmas alegrias que deu a seus pais."

Disse que o Nilo transborda quando suas correntes são atingidas pelos ventos etésios que sopram em sentido contrário.

Em suas *Crônicas,* Apolodoro diz que Tales nasceu no primeiro ano da trigésima nona olimpíada [624 a.C.]. Morreu aos 78 anos (ou, segundo Sosícrates, aos 90); pois morreu por ocasião da qüinquagésima oitava olimpíada [548-545 a.C], tendo vivido durante o reinado de Creso, a quem logrou transportar para a margem oposta do Hális sem se valer de uma ponte, desviando o curso do rio.

Outros homens de nome Tales existiram – cinco, segundo Demétrio de Magnésia em seus *Homônimos*: um orador de Cálatis, dono de um estilo pobre; um pintor de Sícion, de grande talento; o terceiro é muito antigo, contemporâneo de Hesíodo, Homero e Licurgo; o quarto é mencionado por Duris em sua obra *Sobre a Pintura*; o quinto, mais recente e obscuro, é mencionado por Dionísio em seus *Ensaios Críticos*.

Morreu o Sábio de calor, de sede e de fraqueza enquanto assistia a um torneio de ginástica. Era, por esse tempo, um homem avançado em anos. Em seu túmulo lê-se a inscrição:

> Seu túmulo é modesto, sua fama eleva-se aos céus:
> contemplai o sepulcro do sábio e engenhoso Tales.

No primeiro livro de meus *Epigramas* ou *Poemas em Todas as Métricas*, há um epigrama dedicado a ele:

> Quando, certa vez, assistia a um torneio de ginástica, ó
>   Zeus do Sol,
> roubaste Tales, o Sábio, do estádio.
> Louvo-te por o teres levado para junto de ti; pois que o
>   velho homem
> não mais podia enxergar, da terra, as estrelas.

A máxima "Conhece-te a ti mesmo" é de autoria dele, muito embora, em suas *Sucessões,* Antístenes diz ser de Femone e que Quílon apropriou-se dela.

(Diógenes Laércio, *Vidas dos Filósofos* I, 22-28, 33-40)

3. Anaximandro

Assim como Tales, Anaximandro era natural de Mileto. "Afirma Apolodoro de Atenas, em suas *Crônicas*, que tinha sessenta e quatro anos no segundo ano da qüinquagésima oitava olimpíada [547/546 a.C.] e que morreu pouco depois." (Diógenes Laércio, *Vidas dos Filósofos* II, 2) *A darmos crédito a Apolodoro, Anaximandro nasceu em 610 e morreu por volta de 540 a.C. Ao contrário de Tales, escreveu um livro, que posteriormente viria a circular com o título* Sobre a Natureza. *Também produziu um mapa celeste e um mapa-múndi:*

Anaximandro de Mileto, um discípulo de Tales, foi o primeiro homem audaz o bastante para desenhar o mundo habitado sobre uma tábua; depois dele, Hecateu de Mileto, um grande viajante, tornou-o mais preciso, de sorte a merecer grande admiração.

(Agatêmero, *Geografia* I, i)

As principais idéias da obra de Anaximandro Sobre a Natureza *estão sintetizadas por um doxógrafo tardio da seguinte maneira:*

Anaximandro foi um discípulo de Tales – Anaximandro, filho de Praxíades, um milésio. Afirmava ser uma determinada natureza infinita o princípio originário das coisas existentes. Dela originam-se os céus e os mundos que neles existem. É eterna, não envelhece e abarca todos os mundos. Menciona ele o tempo, uma vez que a geração, a existência e a dissolução são determinadas.

Anaximandro dizia que o infinito é o princípio e o elemento das coisas existentes, sendo o primeiro a referir-se a ele pelo nome de princípio. Além disso, há um eterno movimento através do qual os céus se originam.

A terra está suspensa, sem que coisa alguma a sustente, repousando ali onde está em razão da equivalência de suas distâncias com relação a tudo. Sua forma é redonda, circular, como um pilar de pedra. Quanto a suas superfícies, estamos colocados sobre uma delas, enquanto a outra encontra-se no lado oposto. Os corpos celestes são criados como círculos de fogo, separados do fogo no mundo e envoltos pelo ar. Existem certos canais tubulares, ou respiradouros, através dos quais os corpos celestes fazem sua aparição; por conseguinte, dão-se os eclipses quando os respiradouros são obstruídos, enquanto a lua aparece ora crescendo, ora minguando, segundo os canais estejam obstruídos ou abertos. O círculo solar é vinte e sete vezes maior <do que a terra e o círculo> lunar <dezoito vezes maior>. O sol se localiza à maior altura, com os círculos das estrelas fixas mais abaixo.

Os animais são gerados <a partir da umidade> evaporada pelo sol. Os seres humanos assemelhavam-se originalmente a outra espécie animal, a saber, o peixe.

Os ventos são gerados quando os vapores mais sutis do ar se separam, se reúnem e se põem em movimento. A chuva provém do vapor que se eleva das coisas que estão sob o sol. O relâmpago se dá quando o vento se põe em ação e rompe as nuvens.

Nasceu ele no terceiro ano da quadragésima segunda olimpíada [610/609 a.C.].

(Hipólito, *Refutação de Todas as Heresias* I, vi 1-7)

Um segundo relato doxográfico contém alguma informação complementar:

Anaximandro, companheiro de Tales, afirma ser o infinito a causa universal da gênese e da dissolução do universo. A partir dele, diz Anaximandro, foram separados os céus, bem como todos os mundos em geral, infinitos em número. Postulou que a dissolução e, muito anteriormente, a gênese datam de tempos imemoriais, com as mesmas coisas sendo sempre renovadas.

Afirma que a conformação da Terra é cilíndrica e que sua profundidade equivale a um terço da largura.

Diz ele que, na gênese deste mundo, aquilo que, a partir do eterno, é produtivo do calor e do frio se separou, e dele uma esfera de chamas se formou ao redor do ar que circunda a Terra, como a casca em torno da árvore. Quando a esfera se rompeu e foi confinada em alguns círculos, o sol, a lua e as estrelas passaram a existir.

Ademais, diz ele que os seres humanos originalmente nasceram de animais de uma espécie diferente, tendo em vista que os outros animais desde cedo conseguem cuidar de si mesmos, ao passo que os seres humanos são os únicos que requerem um longo período de cuidados; por essa razão, tivesse sido esta sua forma original, não teriam sobrevivido.

([Plutarco], *Miscelâneas,* fragmento 179.2, em Eusébio,
Preparação para o Evangelho I, vii 16)

As idéias mais surpreendentes de Anaximandro estão relacionadas à biologia, à astronomia e à concepção do "infinito". No tocante à biologia, as anotações de Hipólito e do pseudo-Plutarco podem ser complementadas por três outros textos:

Diz Anaximandro que os primeiros animais nasceram na umidade, envoltos em cascas espinhosas. À medida que cresciam, avançavam para partes mais secas, rompia-se a casca e, por um breve período de tempo, viviam uma espécie diferente de vida.

([Plutarco], *Sobre as Idéias Científicas dos Filósofos*, 908 D)

Anaximandro de Mileto afirma considerar que da água e da terra aquecidas surgiram os peixes, ou animais muito semelhantes aos peixes, que os seres humanos neles cresceram e que os embriões foram mantidos em seu interior até a puberdade, quando então os animais semelhantes aos peixes se romperam, deixando emergir os homens e as mulheres já aptos a cuidarem de si mesmos.

(Censorino, *Dos Aniversários* IV, 7)

Os descendentes da antiga Helena efetivamente oferecem sacrifícios a Poseidon, o Ancestral, acreditando terem os homens se originado da substância úmida – tal como o crêem os sírios. Por essa razão reverenciam eles o peixe, como sendo da mesma espécie e da mesma criação que eles próprios. Nesse particular, sua filosofia é mais adequada que a de Anaximandro. Porquanto este assevera não que peixes e homens vieram ao mundo em ambientes idênticos, mas que, de início, surgiu o homem dentro do peixe e que ali foi alimentado – como os tubarões –, somente emergindo e ganhando a terra quando já apto a cuidar de si mesmo. Assim, da mesma forma como o fogo consome a matéria a partir da qual foi gerado (na sua própria mãe e pai, como disse o poeta que inseriu as núpcias de Ceix nos poemas de Hesíodo), assim Anaximandro, tendo declarado serem os peixes a um só tempo pais e mães dos homens, clama para que não nos alimentemos deles.

(Plutarco, *Questões de Convivas*, 730DF)

A teoria astronômica descrita por Hipólito pode ser caracterizada um pouco mais:

Sustenta Anaximandro a existência de um círculo correspondente a vinte e oito vezes o tamanho da terra. É semelhante à roda de um carro, com um aro vazado repleto de fogo, que, em determinado ponto, revela o fogo através de uma abertura, como do tubo de um fole. Este é o sol.
([Plutarco], *Sobre as Idéias Científicas dos Filósofos*, 889F)

Os corpos celestes são aros concêntricos e vazados, repletos de fogo e perfurados. Giram em torno de uma terra estacionária. Aristóteles contribui para a explicação de Hipólito quanto ao caráter estático da Terra:

Afirmam alguns que [a Terra] repousa onde está em razão da equivalência (como, entre os antigos, Anaximandro). Pois não há motivo algum para que aquilo que esteja situado no centro e a igual distância das extremidades deva se mover para cima em lugar de se mover para baixo ou para os lados. Não poderá, contudo, mover-se em direções opostas ao mesmo tempo. Portanto, repousa necessariamente ali onde está.
(Aristóteles, *Sobre os Céus*, 295b11-16)

Quanto ao princípio ou elemento infinito de todas as coisas, temos algumas palavras do livro de Anaximandro, preservadas em uma passagem de Simplício. Trata-se das mais antigas palavras remanescentes da filosofia ocidental. Infelizmente, é impossível – sendo objeto de vigorosa controvérsia entre os estudiosos – determinar precisamente a extensão da citação de Simplício.

Dentre os que sustentam a existência de um princípio originário único, movente e infinito, Anaximandro, filho de Praxíades, um milésio, sucessor e discípulo de Tales, afirmou ser o infinito o princípio e o elemento das coisas existentes. Foi ele o primeiro a introduzir o vocábulo "*princípio*". Afirma tratar-se não da água, tampouco de nenhum outro dos chamados elementos, mas de alguma natureza infinita, diferente, de onde se originam todos os céus e os mundos neles contidos. E as coisas das quais se originam as coisas existentes são igualmente as coisas em que elas são dissolvidas, consoante com o que deve ser. Porquanto devem *prestar contas e reparação umas às outras por suas injustiças, conforme a sentença do tempo* [12 B 1] (ele se pronuncia a esse respeito com palavras um tanto poéticas). É patente que observou a transformação recíproca dos quatro elementos e não desejou fixar nenhum deles como a matéria subjacente, elegendo em vez disso algo à parte. Ele atribui a geração das coisas não à transformação do elemento, mas à separação dos contrários através do eterno movimento.

(Simplício, *Comentário à Física*, 24.13-25)

Simplício explica por que o "elemento" de Anaximandro diferia dos tradicionais quatro elementos (terra, ar, fogo e água). Não explica por que seria ilimitado ou infinito. Uma passagem da Física *de Aristóteles faz alusão a Anaximandro e relaciona algumas justificativas para a crença na infinitude: é possível que uma ou mais dessas justificativas tenham vindo, originariamente, de Anaximandro.*

É com razão que fazem todos [do infinito] um princípio; pois que não é possível a existência deste para propósito nenhum, tampouco ter algum poder exceto o de um princípio. Pois que tudo é ou um princípio ou procedente de um princípio. Para o infinito, no entanto, não há princípio algum – pois que se houvesse, teria um limite. Também é não-gerado e indestrutível, caracterizando-se, portanto, como um princípio. Pois que aquilo que é gerado necessariamente há de ter um fim, e existe um fim a toda destruição. Por conseguinte, conforme digo, aquilo que não tem princípio algum além de si próprio é considerado o princípio de todo o resto e o que a tudo governa... E é também o divino; pois que é imortal e imperecível, como postula Anaximandro e a maior parte dos cientistas da natureza.

A crença na existência de algo infinito advém precipuamente de cinco considerações: do tempo (uma vez que é infinito), da divisão de grandezas (os matemáticos efetivamente fazem uso do infinito); e ainda porque a geração e a destruição deixarão de existir a menos que exista algo infinito do qual aquilo que ganha existência é subtraído; e também porque aquilo que é finito é invariavelmente limitado *por* algo, de sorte que não pode haver um limite [último] se uma coisa deve estar sempre limitada por outra; por fim, e mais importante, existe algo que representa um enigma para todos sem distinção: por não se esgotarem em *pensamento*, os números parecem ser infinitos, da mesma forma como as grandezas matemáticas e a região exterior aos céus. Contudo, se a região exterior é infinita, também o corpo e os mundos parecem infinitos – pois por que deveriam estar aqui e não alhures no vácuo? Por conseguinte, se o corpo se encontra em alguma parte, está em toda parte. Outrossim, sendo infinitos o vácuo e o espaço, também o corpo deve ser infinito – porquanto não há distinção, para as coisas eternas, entre ser possível e ser real.

(Aristóteles, *Física*, 203b6-11, 13-30)

4. Anaxímenes

Anaxímenes foi um contemporâneo mais jovem de Anaximandro e, tal como este, um milésio. As fontes de que dispomos oferecem algumas datas precisas, muito embora sua interpretação seja controversa: podemos satisfazer-nos com a idéia de que Anaxímenes se encontrava em atividade em meados do século VI a.C. Conta-se que foi discípulo de Anaximandro. Quer seja esta uma verdade literal, quer não, sua obra sem dúvida seguiu o mesmo modelo geral que a de Anaximandro. Segundo Diógenes Laércio, ele escreveu em "um estilo jônio simples e conciso" – *em contraste, talvez, com as* "palavras um tanto poéticas" *de Anaximandro.*

Dentre os diversos registros doxográficos de suas doutrinas, o mais completo é aquele fornecido por Hipólito:

Anaxímenes, filho de Euristrato, era também milésio. Afirmava que o ar infinito é o princípio originário do qual provém tudo quanto caminha para a existência, que já existe e que virá a existir, bem como os deuses e as divindades, ao passo que todo o resto provém dos entes por ele gerados. A forma do ar é a seguinte: quando mais uniformemente distribuído ele é invisível, mas se torna perceptível pela ação do calor, do frio, da umidade e do movimento. Encontra-se sempre em movimento; pois as coisas que se transformam não se transformariam caso ele não estivesse em movimento. Pois no momento em que é condensado ou rarefeito seu aspecto se modifica: ao dissolver-se em uma condição mais sutil transforma-se em fogo; os ventos, por sua vez, são ar condensado, enquanto as nuvens são produzidas a partir do ar por meio da compressão. Ao condensar-se ainda mais, forma-se a água; quando mais condensado ainda, forma-se terra, e quando condensado ao mais alto grau, transforma-se em pedras. Assim, os fatores de maior influência na geração das coisas são opostos – frio e calor.

A Terra é plana e flutua no ar; da mesma forma o Sol, a Lua e os demais corpos celestes, todos ígneos, flutuam no ar em razão de sua forma plana. Os corpos celestes originaram-se da Terra, pois da Terra ergueu-se o vapor que, rarefeito, produziu o fogo; e do fogo elevado às alturas formaram-se os corpos celestes. Existem, igualmente, algumas substâncias terrenas na região dos corpos celestes, que orbitam em companhia destes. Afirma ele que os corpos celestes se deslocam não por debaixo da Terra, como supunham alguns, mas em torno da Terra – da mesma forma como um gorro de feltro em torno da cabeça. E o Sol se esconde não porque está passando por sob a Terra, mas por estar encoberto pelas regiões mais elevadas da Terra e em razão de sua maior distância em relação a nós. Os corpos celestes não nos aquecem em decorrência de sua grande distância.

Os ventos são gerados quando o ar é condensado e impelido em movimento. À medida que o ar vai-se aglomerando e ganhando progressivamente densidade, são geradas as nuvens e dessa forma ele se transforma em água. O granizo se forma quando a água despejada das nuvens se solidifica, e a chuva, quando essas mesmas coisas se solidificam em uma forma mais aquosa. O relâmpago ocorre quando as nuvens se partem pela força dos ventos; pois quando se partem, apresenta-se um clarão brilhante e ígneo. Os arco-íris são gerados quando os raios solares se derramam sobre o ar compactado; os terremotos, quando a Terra sofre consideráveis alterações pelo aquecimento e o resfriamento.

Essas são as doutrinas de Anaxímenes. Que floresceu no primeiro ano da qüinquagésima oitava olimpíada [548/547 a.C.].

(Hipólito, *Refutação de Todas as Heresias* I, vii 1-9)

A curiosa referência a gorros de feltro, bem como a noção das estrelas "flutuando" no ar talvez remontem ao próprio Anaxímenes. Aparentemente, o filósofo apreciava esse gênero de analogias: também defendia que o Sol era um corpo "plano como uma folha" e (talvez) que as estrelas estão "encravadas no cristalino como pregos" ([Plutarco], Sobre as Idéias Científicas dos Filósofos, 890D, 889A).

A exposição de Hipólito acerca do caráter plano da Terra pode ser complementada por uma passagem de Aristóteles:

Anaxímenes, Anaxágoras e Demócrito dizem que a forma plana [da Terra] é o que a mantém fixa no lugar. Pois ela não corta o ar que está por debaixo dela, mas sim o cobre como uma tampa. É possível observar tal comportamento nos corpos planos – que não se deslocam facilmente sequer pela ação dos ventos, em razão de sua resistência. Afirmam eles que em função da forma plana, a Terra se comporta de maneira idêntica em relação ao ar que se encontra por debaixo dela (o qual, desprovido de espaço suficiente para se deslocar, permanece como uma massa imóvel na região inferior), tal como a água em uma clepsidra.

(Aristóteles, *Sobre os Céus*, 294b13-21)

Três textos são considerados como contendo algumas das palavras do próprio Anaxímenes.

Ou deveríamos nós, como pensava o velho Anaxímenes, tratar o quente e o frio não como substâncias, mas sim como propriedades comuns da matéria que sobrevêm mediante transformações? Pois afirma ele que a matéria que é concentrada e condensada é fria, ao passo que aquela que é rarefeita e *frouxa* (esse é o termo que emprega) é quente. [13 B 1] Portanto, não é despropositado dizer que o homem exala tanto o quente como o frio de sua boca; pois o hálito é resfriado ao ser comprimido e condensado pelos lábios, mas, quando a boca está relaxada e o hálito é exalado, torna-se quente em decorrência de sua rarefação.

(Plutarco, *O Frio Primordial*, 947 F)

Anaxímenes, filho de Euristrato, um milésio, asseverava ser o ar o princípio originário de todas as coisas existentes; pois que tudo provém do ar e nele torna a se dissolver. Por exemplo, *nossas almas*, diz ele, *sendo ar, nos mantêm unidos, e a respiração e o ar compreendem o mundo todo* ("ar" e "respiração" são empregados no mesmo sentido). [B 2]

([Plutarco], *Sobre as Idéias Científicas dos Filósofos,* 876AB)

Anaxímenes é de opinião que existe um princípio originário único, móvel e infinito para todas as coisas existentes, a saber, o ar. Pois diz ele o seguinte:

> *O ar está próximo do incorpóreo; e, uma vez que somos gerados por um jato de ar, é necessário que este seja ao mesmo tempo infinito e abundante, porquanto jamais se esgota.*
> ([Olimpiodoro], *Sobre a Arte Divina e Sagrada da Pedra Filosofal,* 25)

Na passagem de Plutarco, a única palavra que pode ser atribuída a Anaxímenes é "frouxa", muito embora o conteúdo do texto possa ser anaximeano. O comentário entre parênteses ao fim do pseudo-Plutarco indica que a intenção do autor é citar Anaxímenes; todavia, a citação dificilmente pode ser literal (e seu sentido é obscuro). O "fragmento" citado pelo pseudo-Olimpiodoro é considerado espúrio pela maior parte dos estudiosos.

5. Pitágoras

Temos mais informações acerca de Pitágoras – sua vida, sua personalidade, suas idéias – do que de qualquer outro filósofo pré-socrático. Pois a escola de pensamento à qual deu nome perdurou por mais de um milênio, e diversas obras dos últimos pitagóricos chegaram a nossas mãos. Sob vários aspectos, todavia, Pitágoras é o mais obscuro e desconcertante dentre todos os primeiros pensadores.

O próprio Pitágoras não chegou a dar forma escrita a suas idéias, tampouco o fizeram seus primeiros seguidores. (Tal é a moderna visão ortodoxa; contudo, como veremos, havia discordâncias entre os antigos com referência a esse ponto.) No século V verificou-se uma cisão entre os pitagóricos, cada grupo reivindicando para si a condição de legítimo herdeiro do Mestre. Posteriormente, no século IV, as histórias do pitagorismo e do platonismo ganharam uma estreita vinculação e, como resultado, os registros da filosofia pitagórica tornaram-se impregnados de elementos platônicos. Numa fase ainda mais tardia, diversos documentos pitagóricos foram produzidos e postos em circulação, atribuindo ao próprio Pitágoras, retroativamente, idéias filosóficas de um período mais recente. É difícil penetrar esse emaranhado e descobrir o Pitágoras original.

Não tardaram em se avolumar lendas em torno de seu nome. Se buscarmos desembaraçar os parcos fios de verdade histórica, chegaremos à conclusão de que Pitágoras nas-

ceu na ilha de Samos, por volta de 570 a.C. Cerca de trinta anos mais tarde deixou a ilha, que era governada na ocasião pelo ilustrado tirano Polícrates, e emigrou para Crotona, no sul da Itália. Há indícios de que se tenha tornado uma figura destacada na vida política de Crotona e que tenha suscitado uma certa hostilidade entre os cidadãos. O certo é que foi posteriormente forçado a abandonar a cidade: estabeleceu-se na cidade vizinha de Metaponto, onde morreu.

O presente capítulo reproduz os mais importantes dentre os textos antigos que fazem referência a Pitágoras e descreve as poucas doutrinas que podem ser atribuídas a ele com alguma segurança. Em capítulos subseqüentes trataremos do pitagorismo do século V, além de Hípaso e Filolau, os únicos pitagóricos pré-socráticos acerca dos quais contamos com alguma evidência substancial.

Pitágoras é mencionado por Xenófanes, Heráclito, Íon e (talvez) Empédocles:

Quanto a [Pitágoras] ter sido diferentes pessoas em épocas diferentes, Xenófanes presta testemunho em uma elegia que tem início com o verso:

Buscarei abordar agora um outro tema e indicar o caminho...

O que diz a respeito de Pitágoras é o seguinte:
*E certa vez em que passava por um cãozinho que estava sendo açoitado
Contam que se apiedou do animal e pronunciou as seguintes palavras:
"Parem, não lhe batam; porque é a alma de um estimado amigo –
Eu o reconheci ao ouvir seu ladrido".* [21 B 7]
(Diógenes Laércio, *Vidas dos Filósofos* VIII, 36)

[Heráclito] era singularmente arrogante e desdenhoso, o que, a propósito, é patente em seu próprio tratado, no qual afirma:

*Muita erudição não confere bom senso – de outra forma o
teria conferido a Hesíodo e Pitágoras, bem como a Xenófanes
e Hecateu.* [22 B 40]

(*Ibid.* IX, 1)

Dizem alguns que Pitágoras não legou para a posteridade uma única obra escrita. Pois estão equivocados; de qualquer modo, Heráclito, o cientista natural, com propriedade e veemência desfaz o equívoco ao afirmar:

*Pitágoras, filho de Mnesarco, praticou a investigação mais
do que qualquer outro homem e, fazendo uma seleção desses
escritos, forjou uma sabedoria própria – muito estudo, falso
saber.* [22 B 129]

(*Ibid.* VIII, 6)

Em suas *Tríades,* Íon de Quios afirma que Pitágoras escreveu algumas coisas, tendo-as atribuído a Orfeu.

(*Ibid.* VIII, 8)

Diz Íon de Quios sobre [Ferécides]:

*Ele, portanto, distinguindo-se na coragem e também na honra,
mesmo depois que a morte usufrui em sua alma uma vida
    deleitosa –
se, de fato, Pitágoras é verdadeiramente sábio, e alguém que
    acima de todos
os homens aprendeu e adquiriu conhecimento.* [36 B 4]

(*Ibid.* I, 120)

Empédocles também dá testemunho disso quando diz de [Pitágoras]:

*Entre eles havia um homem de extraordinário saber,
que conquistara a riqueza máxima da inteligência,
um mestre excepcional versado em toda espécie de obra sábia.
Pois quando reunia todas as forças de seu pensamento
facilmente enxergava cada uma e todas as coisas
em dez ou vinte gerações humanas.* [31 B 129]

(Porfírio, *Vida de Pitágoras,* 30)

Pitágoras é mencionado pelo historiador do século V, Heródoto:

Segundo ouvi dizerem os gregos que habitam o Helesponto e o mar Negro, esse Sálmoxis era um mortal e viveu como escravo em Samos – foi escravo de Pitágoras, o filho de Mnesarco. Depois ganhou sua liberdade e acumulou uma grande soma em dinheiro e, uma vez assim aquinhoado, regressou ao seu país natal. Todavia, uma vez que os trácios tinham uma vida miserável e eram um tanto néscios, Sálmoxis, que conhecia o modo de viver dos jônios e hábitos mais civilizados do que aqueles dos trácios (afinal de contas, havia associado com os gregos – e com Pitágoras, que, de modo algum, foi o menos expressivo dentre os sábios gregos), fez erguer um salão onde oferecia banquetes e festejava os cidadãos mais proeminentes. E ensinava que nem ele nem seus convivas e nem tampouco nenhum de seus descendentes jamais morreriam, mas que chegariam a uma terra onde viveriam para sempre, senhores de toda sorte de benesses. No local onde fez e anunciou o que relatei, fez construir uma câmara subterrânea. Quando a câmara ficou pronta, desapareceu do convívio com os trácios, descendo para a câmara subterrânea e ali permanecendo durante três anos. Sua falta foi sentida e prantearam-no como se estivesse morto. Porém, no quarto ano apareceu para os trácios – e, dessa forma, as palavras de Sálmoxis pareceram plausíveis a eles. É o que afirmam ter ele feito. Quanto ao homem e sua câmara subterrânea, nem desacredito da história nem deposito nela grande fé – e creio que Sálmoxis tenha vivido muitos anos antes de Pitágoras.

(Heródoto, *Histórias* IV, 95-96)

Platão menciona Pitágoras uma única vez:

Ora, mas se Homero não prestou serviços públicos, conta-se que tenha presidido, durante sua vida, a educação particular de alunos que amavam sua companhia e que transmitiram a seus descendentes um modo de vida homérico – a exemplo de Pitágoras, que, de sua parte, foi particularmente alvo de afeição por conta disso e cujos sucessores ainda hoje mencionam um modo de vida pitagórico pelo qual parecem sobressair em relação aos outros homens?

(Platão, *República*, 600AB)

Isócrates, o orador, que foi contemporâneo de Platão, oferece o seguinte relato:

Não sou o único nem o primeiro homem a ter observado [a natureza pia dos egípcios]: muitos, assim no presente como no passado, fizeram isso, incluindo Pitágoras de Samos, que foi para o Egito e estudou com os egípcios. Foi ele o primeiro a trazer a filosofia para a Grécia, e seu interesse concentrava-se em particular, de modo mais manifesto do que o de qualquer outra pessoa, em questões relacionadas a sacrifícios e purificações rituais, considerando que mesmo que tal não lhe granjeasse vantagem alguma por parte dos deuses, ao menos lhe traria uma elevada reputação entre os homens. E foi o que aconteceu. Pois de tal modo sobrepujou aos demais em reputação que todos os jovens varões desejaram ser seus discípulos, enquanto aos mais idosos comprazia mais ver seus filhos em companhia dele do que cuidando de seus próprios interesses. Tampouco podemos nós desconsiderar tal julgamento; pois que mesmo hoje em dia aqueles que afirmam ser discípulos dele recebem por seu silêncio maior admiração do que os que contam com a mais alta reputação por sua oratória.

(Isócrates, *Busíris*, 28-29)

Algumas das lendas envolvendo Pitágoras foram reunidas por Aristóteles em sua obra perdida Sobre os Pitagóricos. *A seguir, uma amostra significativa:*

Pitágoras, o filho de Mnesarco, primeiramente estudou matemática e os números, mas depois também se deixou levar pelos milagres operados por Ferécides. Quando, em Metaponto, um navio cargueiro se aproximava do porto e a população orava para que a embarcação atracasse com segurança, em razão de sua carga, ergueu-se ele e proferiu: "Vereis que essa nau carrega um cadáver". De outra feita, em Caulônia, conforme as palavras de Aristóteles, <previu o aparecimento da ursa branca; e Aristóteles> em seus escritos sobre ele narra diversos episódios, incluindo aquele sobre a víbora da Toscana que o ferroou e à qual ele ferroou de volta e matou. Predisse, ainda, aos pitagóricos a contenda que estava a caminho – motivo que o levou a deixar Metaponto sem ter sido notado por ninguém. E enquanto atravessava o rio Casas em companhia de outros, ouviu uma voz sobre-humana dizer "Salve, Pitágoras" – e os que ali se encontravam foram tomados pelo assombro. E certa ocasião apareceu igualmente em Crotona e Metaponto no mesmo dia e no mesmo horário. De certa feita, quando ocupava um assento no teatro, ergueu-se, segundo conta Aristóteles, e expôs à platéia sua coxa, que era forjada em ouro. Contam-se diversos outros episódios paradoxais a seu respeito; porém, como não pretendo ser um mero transcritor, basta de Pitágoras.

(Apolônio, *Histórias Maravilhosas*, 6)

Um vasto corpo de ensinamentos veio a ser atribuído a Pitágoras. Dividem-se eles em duas categorias, a matemático-metafísica e a moral – nas palavras do poeta Calímaco, Pitágoras

foi o primeiro a traçar triângulos e polígonos,
a *bisseccionar* o círculo – e a ensinar aos homens
a abstinência das coisas vivas.
(*Iambos*, fragmento 191.60-62, Pfeiffer)

A maior parte dos estudiosos modernos são justificadamente céticos quanto a essas atribuições, e seu ceticismo nada tem de recente. O melhor comentário da Antiguidade sobre as doutrinas de Pitágoras pode ser encontrado em uma passagem de Porfírio:

Pitágoras angariou uma grande reputação: conquistou muitos seguidores na própria cidade de Crotona (tanto homens como mulheres, uma das quais, Tenao, alcançou alguma notoriedade), e muitos do território estrangeiro próximo, tanto reis como nobres. Ninguém pode precisar com segurança o que dizia àqueles que o acompanhavam; pois que estes guardavam um silêncio fora do comum. Entretanto, tornou-se bastante conhecido de todos que dizia, primeiro, ser a alma imortal; em seguida, que esta se transfigura em outras espécies animais; e, ainda, que há períodos em que tudo aquilo que já aconteceu torna a acontecer, não havendo coisa alguma inteiramente nova; e que todas as coisas vivas deveriam ser consideradas como pertencentes a uma única espécie. Pitágoras parece ter sido o primeiro a introduzir tais doutrinas na Grécia.

(Porfírio, *Vida de Pitágoras*, 19)

A teoria da metempsicose, ou da transmigração da alma, é implicitamente atribuída a Pitágoras por Xenófanes no texto acima citado. Heródoto também faz menção a ela:

Foram os egípcios os primeiros a enunciar a idéia de que a alma é imortal e que, quando o corpo morre, ela se instala em outro animal que naquele momento esteja vindo à luz; e depois de já haver percorrido todas as criaturas da terra, do mar e do ar, torna a entrar no corpo de um homem que naquele momento esteja vindo à luz; e nesse ciclo dispende a alma três mil anos. Alguns dos gregos – uns mais cedo, outros mais tarde – enunciam essa idéia como sendo de sua própria autoria: conheço seus nomes, mas abstenho-me de mencioná-los.

(Heródoto, *Histórias* II, 123)

Os nomes que Heródoto esquivamente se abstêm de mencionar teriam incluído o de Pitágoras. Duas passagens ulteriores merecem ser citadas, ainda que pertençam ao material legendário.

Heráclides do Ponto relata que [Pitágoras] conta de si mesmo o seguinte episódio: veio outrora ao mundo como Atalides e foi considerado o filho de Hermes. Hermes convidou-o a escolher tudo aquilo que desejasse, exceto a imortalidade; assim, pediu ele que, vivo ou morto, pudesse recordar de tudo quanto lhe acontecera. Assim, quando em vida recordava-se de tudo e quando morria guardava a mesma memória. Algum tempo mais tarde veio a ser Euforbo e foi ferido por Menelau. Euforbo costumava contar que no passado fora Atalides e que adquirira de Hermes o dom da recordação, além de aprender sobre a circulação de sua alma – como ela havia circulado, por que plantas e animais havia passado, o que sua alma sofrera no Hades e o que experimentavam outras almas. Quando morreu Euforbo, sua alma transmigrou para Hermotimo, que, por sua vez, quis dar uma prova, de modo que foi para Brânquidas, entrou no templo de Apolo e apontou para o escudo dedicado por Menelau (dizia que Menelau havia dedicado o escudo a Apolo em seu regresso marítimo de Tróia); o escudo, por aquela ocasião, já estava deteriorado e tudo o que restara era o ornamento de marfim. Quando Hermotimo morreu, tornou-se Pirro, o pescador délio; e novamente lembrou-se de tudo – que primeiro fora Atalides, depois Euforbo, depois Hermotimo e então Pirro. Quando Pirro morreu, tornou-se Pitágoras e recordava-se de tudo o que acabo de relatar.

(Diógenes Laércio, *Vidas dos Filósofos* VIII, 4-5)

Pitágoras acreditava na metempsicose e considerava a ingestão de carne algo abominável, afirmando que as almas de todos os animais instalam-se em diferentes animais após a morte. Ele próprio costumava dizer que recordava ter sido, nos tempos troianos, Euforbo, filho de Panto, que foi morto por Menelau. Dizem que certa ocasião em que se encontrava em Argos avistou um escudo dos espólios de Tróia preso à parede e se desfez em lágrimas. Quando os argivos indagaram-lhe o motivo de tal emoção, respondeu que aquele escudo fora utilizado por ele próprio em Tróia quando era Euforbo. Os argivos não lhe deram crédito, julgando que tivesse perdido a razão, mas Pitágoras afirmou que providenciaria um autêntico sinal que comprovasse suas palavras: na parte interior do escudo estava inscrito, em letras arcaicas, o nome EUFORBO. Dada a natureza extraordinária de sua afirmação, insistiram eles em que o escudo fosse removido – e resultou que na parte interior de fato encontrava-se a tal inscrição.

(Diodoro, *História Universal* X, vi 1-3)

A teoria da transmigração foi posteriormente adotada por Empédocles: outros textos serão encontrados no capítulo dedicado a ele.

A idéia da eterna recorrência teve uma larga difusão no pensamento helênico subseqüente. É atribuída aos "pitagóricos" em uma passagem de Simplício:

Também os pitagóricos eram afeitos a dizer que *numericamente* as mesmas coisas se repetem de modo indefinido. Será proveitoso reproduzir uma passagem do terceiro livro da *Física* de Eudemo, no qual ele parafraseia as doutrinas desses filósofos:

> Poderíamos perguntar-nos se é ou não verdade que um mesmo momento possa se repetir, como asseveram alguns. Atualmente dizemos que as coisas são "as mesmas" de diferentes maneiras: as coisas semelhantes em gênero recorrem

claramente – por exemplo, o verão e o inverno e as demais estações e períodos; também os movimentos recorrem de maneira idêntica – porquanto o sol completa os solstícios e os equinócios e os outros movimentos. Mas se formos dar crédito aos pitagóricos e sustentar que as coisas idênticas em número costumam recorrer – que você estará sentado aqui e eu falarei com você, segurando esse bastão, e assim por diante com respeito a todo o resto –, então é plausível supor que o mesmo momento também há de recorrer.

(Simplício, *Comentário à Física*, 732.23-33)

A eterna recorrência, tal como a metempsicose, será encontrada novamente com referência a Empédocles.

6. Alcmeão

Alcmeão era natural de Crotona. A cidade era célebre por seus médicos, tendo o próprio Alcmeão sido um homem da medicina, o primeiro de uma notável sucessão de filósofos-médicos helenos. Não há registro algum de datas com respeito a sua vida; considera-se, porém, que tenha sido um contemporâneo mais jovem de Pitágoras, ativo provavelmente nos primórdios do século V a.C.
A breve notícia sobre Alcmeão por Diógenes Laércio merece ser citada na íntegra:

Alcmeão de Crotona: também ele ouviu Pitágoras. A maior parte de seus ditos concerne à medicina; não obstante, por vezes se debruça sobre a ciência natural também – como quando afirma:
A maior parte das coisas humanas vem aos pares.
Considera-se que tenha sido o primeiro a elaborar um tratado de ciência natural (segundo afirmação de Favorino em sua *História Universal*) e advogado que a lua e tudo quanto existe acima dela possuem uma natureza eterna.
Era filho de Peritus, como ele próprio declara no início de seu tratado:
Alcmeão de Crotona, filho de Peritus, disse o seguinte a Brontino, Leão e Bátilo: No que diz respeito às coisas invisíveis os deuses possuem clareza, mas até onde podem julgar os humanos etc. [24 B 1]

Dizia ele que a alma é imortal e que se move continuamente, como o Sol.

(Diógenes Laércio, *Vidas dos Filósofos* VIII, 83)

Conta-se, em outra parte, que Brontino, Leão e Bátilo teriam sido pitagóricos – sendo Brontino parente do próprio Pitágoras por vínculos matrimoniais.

A "primeira citação" de Diógenes, sobre as coisas virem aos pares, é, em verdade, extraída de um relato de Aristóteles:

Alcmeão defendia doutrinas semelhantes às [dos pitagóricos]. Pois afirma ele que a maior parte das coisas humanas existem em pares, referindo-se não, como eles, a um conjunto determinado de opostos, mas a uma reunião formada ao acaso – como preto e branco, doce e acre, bom e mau, grande e pequeno.

(Aristóteles, *Metafísica*, 986a30-34)

Tais opostos tinham uma aplicação médica:

Afirma Alcmeão que a manutenção da saúde se dá pelo igualitarismo entre as forças – úmido e seco, frio e quente, acre e doce e todo o restante – e que a autrocracia entre elas gera a enfermidade; pois a autocracia de qualquer membro de um par é destrutiva. E a enfermidade sobrevém *por* um excesso de frio ou calor, *de* um exagero ou deficiência alimentar e *no* sangue, *na* medula ou *no* cérebro. Por vezes a enfermidade advém também por causas externas – água de determinada espécie em particular, algo local, fadiga, esforço excessivo ou algum outro fator congênere. A saúde é o amálgama bem-proporcionado das propriedades.

([Plutarco], *Sobre as Idéias Científicas dos Filósofos*, 911A)

As idéias de Alcmeão acerca da imortalidade da alma, mencionadas em Diógenes, são descritas um pouco mais detalhadamente por Aristóteles:

Alcmeão parece ter defendido uma concepção semelhante no que tange à alma. Pois afirma ser esta imortal por guardar semelhança com os imortais – e que a eles se assemelha por estar sempre em movimento. Pois que também os entes divinos estão em perpétuo movimento – a lua, o sol, as estrelas e o céu em sua totalidade.

(Aristóteles, *Sobre a Alma*, 405a29-b1)

Ao mesmo tempo, sustentava que os homens, ao contrário de suas almas, perecem:

Alcmeão atribui a morte dos homens ao fato de não serem capazes de unir o início ao fim – um dito sagaz se lhe atribuirmos um sentido vago, sem buscar imputar-lhe um caráter de precisão.

([Aristóteles], *Problemas*, 916a33-37)

O ensaio de Teofrasto sobre os sentidos contém uma síntese das idéias de Alcmeão acerca da percepção:

Dentre os que não explicam a percepção através da similaridade, Alcmeão foi o primeiro a definir as diferenças entre os animais. Pois afirma que o homem difere dos outros animais pelo fato de somente ele possuir a faculdade de compreender, enquanto os outros podem perceber mas não compreendem. (Supõe que o pensamento e a percepção sejam distintos, e não – como sustenta Empédocles – a mesma coisa.)

Em seguida, discute cada qual dos sentidos. Afirma que se com nossos ouvidos podemos escutar é porque existe um espaço vazio em seu interior que produz ressonâncias: a cavidade soa e o ar ressoa em resposta. Com nossos narizes percebemos os aromas ao mesmo tempo em que inspiramos, levando a respiração em direção ao cérebro. Nossas línguas têm a faculdade de distinguir sabores; pois, sendo macias e cálidas, dissolvem as coisas com seu calor, aceitando e transmitindo-as por serem de textura solta e delicada. Os olhos enxergam através do líquido que os envolve. É patente que contêm fogo; pois quando cravam em algo, chamejam. Enxergam através da parte cintilante e transparente, quando esta produz reflexão – e quanto maior sua pureza, melhor eles enxergam.

Todos os sentidos estão, de alguma forma, ligados ao cérebro. Por esse motivo tornam-se incapacitados se o cérebro for movido ou tirado de posição; porque tal obstrui as passagens através das quais operam os sentidos.

Quanto ao tato, ele não mencionou como ou por que meios trabalha.

São essas as idéias de Alcmeão.

(Teofrasto, *Sobre os Sentidos*, 25-26)

Nesse contexto, merece menção o relato seguinte (muito embora os estudiosos tenham posto em dúvida sua veracidade):

Cumpre-nos discorrer agora sobre a natureza do olho. Sobre esse tema, diversos cientistas, incluindo Alcmeão de Crotona (que se ocupou da ciência natural e foi o primeiro a empreender dissecções)..., publicaram muita coisa de valor.

(Calcídio, *Comentário sobre o Timeu* ccxlvi, 279)

Por fim, temos uma máxima moral isolada:

Afirma Alcmeão de Crotona que é mais fácil nos guardar de um inimigo do que de um amigo.

(Clemente, *Miscelâneas* VI, ii 16.1)

7. Xenófanes

Originário de Cólofon, na Jônia, Xenófanes foi um homem de múltiplas localidades. Poeta peripatético, viajou pela Grécia a recitar poemas de autoria sua e de terceiros. Enfocava os tradicionais temas da poesia – a bebida, o amor, a guerra, os jogos – e também temas históricos. Boa parte de seus versos possui conteúdo filosófico. A tradição posterior considerou-o um legítimo filósofo, o mentor de Parmênides e o fundador da escola eleática de pensamento. Diversos estudiosos modernos puseram em dúvida se teria sido um pensador sistemático, e alguns negaram que tivesse escrito um único poema propriamente filosófico. Seja como for, existem suficientes fragmentos remanescentes a justificar que o chamemos de filósofo – e, a propósito, para justificar que o consideremos um dos primeiros gênios filosóficos da Grécia.

Segundo Diógenes Laércio,

escreveu em versos, tanto elegíacos como iâmbicos, contra Hesíodo e Homero, censurando-os pelo que haviam dito dos deuses. Também recitava seus próprios poemas. Conta-se que teria discordado de Tales e Pitágoras e que teria investido contra Epimênides. Viveu até uma idade avançada, como ele mesmo conta:

> *Ora por sessenta e sete anos*
> *tem meu pensamento se disseminado pelo solo da Grécia;*

e desde meu nascimento outros vinte e cinco devem ser
acrescentados a estes
se é que consigo me pronunciar com fidelidade sobre
essas questões. [21 B 8]
(Diógenes Laércio, *Vidas dos Filósofos* IX, 18)

Segundo seu próprio cômputo, Xenófanes contava 93 anos quando escreveu essas linhas. Conta-se que teria ultrapassado os 100 anos, e o restante de nossos testemunhos sugere que sua vida abarcou o século compreendido entre 580 e 480 a.C.

Nem todos os seus versos que chegaram até nós merecem lugar aqui, mas traduzirei todos os fragmentos remanescentes de conteúdo filosófico. (O fragmento sobre Pitágoras já foi mencionado no capítulo 5.) Grosso modo, *dividem-se eles em três grupos: sobre o conhecimento, sobre os deuses e sobre a natureza.*

A tradição ulterior atribuiu a Xenófanes uma reputação de ceticismo. Tal reputação apoiava-se, basicamente, no primeiro dos três fragmentos seguintes.

Segundo alguns, Xenófanes assume essa posição cética, asseverando que tudo é inapreensível, quando escreve:
E homem algum jamais testemunhou a clara verdade, e
ninguém tampouco poderá
conhecer acerca dos deuses e acerca de tudo quanto falo;
pois ainda que efetivamente consiga expressar-se com
toda verdade,
não obstante, ele próprio não se dará conta de tal; todavia
a crença reina em toda parte. [B 34]
(Sexto Empírico, *Contra os Matemáticos* VII, 49)

Amônio usou como preâmbulo de suas observações, como de hábito, um verso de Xenófanes:
Que se acredite nessas coisas como análogas à verdade, [B 35]
convidando-nos a declarar e dizer aquilo em que acreditávamos.
(Plutarco, *Questões de Convivas*, 746B)

Nenhuma terminação comparativa em -*on* apresenta um penúltimo úpsilon; portanto o *glusson* [mais doce] de Xenófanes é digno de nota:
> *Não tivesse a divindade feito o louro mel, consideraríamos o figo bem mais doce.* [B 38]
> (Herodiano, *Das Singularidades da Linguagem*, 946.22-24)

Xenófanes, contudo, também mencionou de forma moderadamente otimista o progresso do conhecimento humano:

Xenófanes:
> *Não foi desde o início que os deuses revelaram tudo aos mortais, mas no devido tempo, através da investigação, eles aprimoram suas descobertas.* [B 18]
> (Estobeu, *Antologia* I, viii 2)

Nos verbos com terminação em -*si* a penúltima sílaba é naturalmente longa... Todavia, os poetas costumeiramente a tornam breve, como em Xenófanes:
> *Uma vez que todos primeiramente aprenderam de Homero...* [B 10]

e ainda:
> *Como muitas coisas são claras para serem percebidas pelos mortais...* [B 36]
> (Herodiano, *Sobre as Vogais Longas*, 16.17-22)

Entre os fragmentos teológicos muitos contêm uma crítica ferrenha às noções religiosas tradicionais:

[Os mitos dos teólogos e poetas] estão coalhados de blasfêmias; esta é a razão por que Xenófanes, ao criticar Homero e Hesíodo, diz:
> *Aos deuses atribuíram Homero e Hesíodo tudo quanto entre os homens é vergonhoso e digno de censura – roubo, adultério e logro mútuo.* [B 11]
> (Sexto Empírico, *Contra os Matemáticos* IX, 193)

Homero e Hesíodo, segundo Xenófanes de Cólofon,
imputaram numerosos feitos ilícitos aos deuses –
roubo, adultério e logro mútuo. [B 12]

(*Ibid*. I, 289)

Xenófanes de Cólofon, insistindo em que deus é único e incorpóreo, diz:
Existe um deus, maior entre os deuses e os homens,
e que não se assemelha aos mortais nem na forma nem
em pensamento. [B 23]

E ainda:
Os mortais, no entanto, imaginam que os deuses
passam pelo nascimento,
e que possuem as vestes, a fala e as formas como as deles. [B 14]

E ainda:
Mas se as vacas, os cavalos e os leões tivessem mãos
ou conseguissem desenhar com suas mãos e fazer as
coisas que os homens podem fazer,
os cavalos desenhariam seus deuses com formas eqüinas,
as vacas com formas bovinas, e dariam a seus corpos
formas semelhantes às suas próprias. [B 15]

(Clemente, *Miscelâneas* V, xiv 109.1-3)

Acreditam os gregos que os deuses não apenas são dotados de formas humanas como também de sentimentos humanos: da mesma forma que cada raça representa as formas divinas como semelhantes às suas próprias, como diz Xenófanes de Cólofon (os etíopes fazendo-os escuros e de narizes achatados, os trácios, ruivos e de olhos azuis), também inventam-lhes almas semelhantes às suas próprias.

(Clemente, *Miscelâneas* VII, iv 22.1: cf B 16)

Outros fragmentos revelam uma face positiva do pensamento de Xenófanes sobre os deuses, e a doxografia sugere (talvez de maneira anacrônica) que suas idéias eram elaboradas com alguma sofisticação e detalhe.

Se existe o divino, trata-se de uma coisa viva; em sendo vivo, enxerga – pois
> enxerga como um todo, pensa como um todo, ouve como um todo. [B 24]

Em enxergando, enxerga tanto as coisas brancas como as pretas.

(Sexto Empírico, *Contra os Matemáticos* IX, 144)

Diz Teofrasto que Xenófanes de Cólofon, o instrutor de Parmênides, supunha que o princípio originário, ou o universo existente, era único, nem finito nem infinito, nem mutável nem imutável. Teofrasto admite que a relação de suas doutrinas pertence a uma investigação diversa do estudo da natureza; porquanto Xenófanes dizia que tal universo único era a divindade. Demonstra o caráter único da divindade baseando-se no fato de ser ela a mais poderosa entre todas as coisas; pois que se mais de uma houvesse, diz ele, todas teriam de possuir idêntico poder, porém a mais poderosa e melhor entre todas as coisas é a divindade. Demonstrou que ela é não-gerada, baseando-se no fato de que aquilo que é gerado deve sê-lo quer a partir daquilo que lhe é semelhante, quer do que lhe é dessemelhante; contudo, as coisas semelhantes, diz ele, não podem ser afetadas mutuamente (porquanto não é mais conveniente que aquilo que é semelhante deva gerar do que ser gerado pelo que lhe é semelhante) e se é gerada a partir do que lhe é dessemelhante, então aquilo que é seria gerado a partir do que não é. Dessa forma, demonstrou que a divindade é não-gerada e eterna. Não é infinita nem finita, pois é o não-existente que é infinito (não possuindo nenhum começo, meio e fim), ao passo que é muitas coisas finitas, limitadas umas pelas outras. Ele rechaça a mudança e a imutabilidade de forma semelhante: é aquilo que não existe que é imutável (pois que nada além nele se transforma e em nada se transforma ele), ao passo que é muitas coisas que se transformam (pois que uma coisa se transforma em outra). Por conseguinte, quando afirma que a divindade permanece no mesmo estado e não se modifica –

> *Permanece sempre no mesmo estado, sem se modificar
> ao mínimo,
> tampouco lhe é conveniente mover-se ora para cá, ora
> para acolá* [B 26]

– não está querendo dizer que se mantém em repouso dado o caráter estacionário que é o oposto da mudança, mas em virtude do repouso que difere da mudança e da imobilidade. Segundo Nicolau de Damasco em sua obra *Sobre os Deuses*, Xenófanes sustenta que o princípio originário é infinito e imutável e, segundo Alexandre, sustenta que é finito e esférico. Todavia, é evidente, a partir do que expus, que ele demonstra não ser nem infinito nem finito. ([Alexandre supõe que] é finito e esférico porque [Xenófanes] afirma que é semelhante em todas as direções.) E diz que seu pensamento abarca todas as coisas, quando escreve:

> *Mas sem esforços a tudo ele governa com seu pensamento.* [B 25]

(Simplício, *Comentário à Física*, 22.26-23.20)

Os fragmentos que tratam da ciência natural são esparsos e não exigem comentário algum.

Porfírio afirma que Xenófanes sustentava serem o seco e o úmido – isto é, a terra e a água – princípios originários, e cita um exemplo que indica isso:

> *Tudo quanto se desenvolve e é gerado é terra e água.*
> [B 29]

(Filópono, *Comentário à Física*, 125.27-30)

Xenófanes, segundo alguns, sustenta que tudo originou-se da terra:

> *Porquanto todas as coisas provêm da terra e na terra tudo
> encontra seu termo.* [B 27]

... o poeta Homero advoga que tudo originou-se de duas coisas, terra e água... e, segundo alguns, Xenófanes de Cólofon concorda com ele. Pois que afirma:

> *Pois todos fomos criados da terra e da água.* [B 33]

(Sexto Empírico, *Contra os Matemáticos* X, 313-314)

Xenófanes em *Sobre a Natureza*:
> O mar é a fonte da água e a fonte dos ventos;
> pois nem nas nuvens <teria a força dos ventos se originado,
> bafejando para fora> a partir do interior, sem o vasto oceano,
> nem as correntes dos rios nem a água das chuvas que
>   se derramam pelo ar;
> mas é o vasto oceano que gera as nuvens, os ventos
>   e os rios. [B 30]
>   (Escólio de Genebra sobre Homero, *Ilíada* XXI, 196)

Xenófanes considera que a terra não se encontra suspensa, mas que desce *ad infinitum*; pois afirma:
> Da terra, este, o limite superior, é visto aos nossos pés
> próximo ao ar; mas abaixo, ela prossegue rumo ao infinito. [B 28]
>   (Aquiles, *Introdução a Arato*, 4)

Dever-se-ia compreender o sol como "transitando acima", visto que passa sempre por sobre a Terra – como penso que Xenófanes de Cólofon também afirma:
> E o sol, passando acima e aquecendo a terra... [B 31]
>   (Heráclito, *Questões Homéricas*, 44.5)

Diz Xenófanes:
> E em certas grutas [speatessi] a água goteja... [B 37]

Porém, a forma *speas* não ocorre.
(Herodiano, *Das Singularidades da Linguagem*, 936.18-20)

Lembremos que Xenófanes descreve o arco-íris em seus hexâmetros da seguinte maneira:
> O que os homens chamam de Arco-íris é também uma nuvem,
> púrpura, escarlate e amarela para ser contemplada. [B 32]
>   (Eustátio, *Comentário à Ilíada* XI, 24)

Vale a pena acrescentar o breve registro doxográfico transmitido por Hipólito:

Diz ele que nada é gerado ou destruído ou se transforma, e que o universo é uno e imutável. Também afirma que a divindade é eterna, única e homogênea em todos os sentidos, além de limitada, esférica e passível de percepção em todas as suas partes.

O Sol é gerado diariamente a partir de pequenas centelhas que se congregam. A Terra é infinita e não é circundada nem pelo ar nem pelos céus. Existe um número infinito de sóis e luas. Tudo é criado a partir da Terra.

Disse ele que o mar é salgado porque diversas misturas fluem conjuntamente nele. (Metrodoro sustenta que é salgado porque é filtrado na terra, porém Xenófanes considera que a terra mistura-se com o mar.) Afirma que a terra, com o tempo, é dissolvida pela umidade, reivindicando como prova o fato de as conchas serem encontradas na parte intermediária do solo e sobre as montanhas; diz também que nas pedreiras de Siracusa encontraram-se impressões de peixes e algas, em Paros a impressão de uma folha de louro a grande profundidade na rocha, e em Malta formas de todas as criaturas marítimas. Afirma que foram formadas muito tempo atrás, quando tudo estava coberto de lama – as impressões secaram na lama. Todos os homens são destruídos quando a terra é precipitada para o mar transformando-se em lama; eles então começam a renascer – e é este o fundamento de todos os mundos.

(Hipólito, *Refutação de Todas as Heresias* I, xiv 2-6)

8. Heráclito

Heráclito era natural de Éfeso, na Ásia Menor; pertencia a uma família eminente; floresceu por volta de 500 a.C. Seu pensamento e seus escritos eram notórios pela dificuldade: foi cognominado "O Obscuro" e "O Enigmático". Uma anedota, sem dúvida apócrifa, é digna de ser reproduzida:

Conta-se que Eurípides ofereceu [a Sócrates] uma cópia do livro de Heráclito e perguntou-lhe o que pensava a respeito. Ele respondeu: "Aquilo que consigo compreender é esplêndido; e creio que o que não compreendo também é – mas seria necessário um mergulhador délio para alcançar-lhe as profundezas."
(Diógenes Laércio, *Vidas dos Filósofos* II, 22)

A atitude de perplexa admiração por parte de Sócrates foi compartilhada por muitos estudiosos posteriores a Heráclito.
É difícil determinar a melhor maneira de apresentar os fragmentos remanescentes da obra de Heráclito. Os textos gregos são incertos em um número maior de casos do que o habitual; e, uma vez que Heráclito escrevia em prosa, com freqüência é difícil precisar quais palavras – se é que existe alguma –, em uma determinada passagem, seriam de sua autoria. O problema maior, no entanto, está relacionado à organização dos textos; pois qualquer organização insinuará alguma interpretação geral do pensamento de Herá-

clito, e cada interpretação dessa natureza é controversa. (Uma ordenação aleatória não seria a solução; pois tal expediente sugeriria que Heráclito não era em absoluto um pensador sistemático, sugestão que conta com vários defensores entre os eruditos.)

Não será alvo de controvérsia iniciarmos com as primeiras palavras do livro de Heráclito. Depois disso, talvez se mostre mais proveitoso citar dois longos textos doxográficos complementares que, incidentalmente, trazem uma série de fragmentos entranhados em suas linhas. Em seguida, os fragmentos remanescentes serão reunidos sob diversos títulos temáticos.

Primeiramente, então, a passagem de abertura do livro de Heráclito. Esta é mencionada por Aristóteles:

É difícil pontuar os escritos de Heráclito pois não é claro se determinada palavra está ligada ao termo que vem em seguida ou àquele que a antecede. Por exemplo, nas primeiras palavras de seu tratado, onde se lê:
> Deste relato ditado pela razão que se mantém eternamente os homens se mostram alheios ao entendimento,
> [cf. 22 B 1]

é incerto a que se refere o termo "eternamente".

(Aristóteles, *Retórica*, 1407b14-18)

Uma citação mais longa está preservada em Hipólito (ver abaixo) e em Sexto Empírico. Reproduzirei a passagem de Sexto por ser mais completa (muito embora eu tenha alterado tacitamente seu texto uma ou duas vezes à luz dos escritos de Hipólito).

No início de seus escritos sobre a natureza, e apontando em certo sentido para o ambiente, diz [Heráclito]:
> Deste relato ditado pela razão que se mantém eternamente os homens se mostram alheios ao entendimento, tanto antes de ouvirem-no como quando o ouviram por primeira vez. Porquanto muito embora todas as coisas sucedam em conso-

nância com a presente exposição, eles são como principiantes a experimentar as palavras e as ações que exponho, dividindo eu cada coisa segundo sua natureza e revelando-a como é. Outros homens são incapazes de perceber o que fazem quando despertos, da mesma forma como esquecem o que fizeram em sonhos. [B 1]

Uma vez estabelecido assim explicitamente que tudo quanto fazemos ou pensamos depende da participação na ordem divina, prossegue ele, acrescentando um pouco adiante:

Por essa razão, convém seguir aquilo que é comum (i.e., o que é universal – pois "comum" significa "universal"). Mas, embora a ordem seja comum, a maior parte dos homens vive como se possuísse um entendimento próprio. [B 2]

(Sexto Empírico, *Contra os Matemáticos* VII, 132-133)

A primeira passagem doxográfica vem da Refutação de Todas as Heresias. *Nela, Hipólito apresenta o que se presume seja um abrangente sumário das principais doutrinas de Heráclito.*

Afirma Heráclito que o universo é, ao mesmo tempo, divisível e indivisível, gerado e não-gerado, mortal e imortal, Palavra e Eternidade, Pai e Filho, Deus e Justiça.

Dando ouvidos não a mim, mas ao relato, ditado pela razão, é sábio
concordar que todas as coisas são uma única, [B 50]

diz Heráclito. O fato de que todos ignoram isso e discordam da asserção é afirmado por ele da seguinte maneira:

Eles não compreendem como, em diferindo, [o universo] concorda consigo mesmo – um vínculo reverso, como o de um arco e uma lira. [B 51]

Da perene existência de uma razão, sendo o universo e o eterno, ele diz como segue:

Desse relato ditado pela razão que se mantém eternamente os homens se mostram alheios ao entendimento, tanto antes de ouvirem-no como quando o ouviram por primeira vez. Porquanto muito embora todas as coisas sucedam em consonância com a presente imposição, eles são como principiantes a experimentar as palavras e as ações que exponho, dividindo eu cada coisa segundo sua natureza e revelando-a como é. [B 1]

Que o universo é uma criança e um eterno soberano de todas as coisas por toda a eternidade, ele postula da seguinte maneira:

A eternidade é uma criança a brincar, jogando damas: o reino é o reino de uma criança. [B 52]

Que o pai de tudo quanto existe é gerado e não-gerado, criatura e criador, ouvimo-lo dizer:

A guerra é o pai de tudo, o soberano de todos: a alguns ela revelou como deuses, outros como homens; alguns ela faz escravos, outros homens livres. [B 53]

Que <...

...> *vínculo reverso, como o de um arco e uma lira.* [cf. B 51]

Que a divindade não se faz aparente ou visível e que é desconhecida dos homens, ele diz com as seguintes palavras:

O vínculo não-aparente é melhor que o aparente [B 54]

– louvando e admirando a parte desconhecida e invisível desse poder acima da parte conhecida. Que este é visível aos homens e não impossível de ser descoberto, afirma ele com as seguintes palavras:

Louvo mais aquelas coisas que são apreendidas pela visão e pela audição, [B 55]

diz ele – isto é, o visível de preferência ao invisível. <O mesmo> facilmente se depreende das seguintes palavras:

Os homens estiveram iludidos, afirma, quanto a seu conhecimento do que é aparente, da mesma forma como Homero esteve iludido – e foi ele o mais sábio dentre todos os helenos. Pois algumas crianças que estavam matando piolhos enganaram-no dizendo: "Aquilo que vimos e apanhamos deixamos para trás, e o que não vimos nem apanhamos trazemos conosco". [B 56]

Heráclito, assim, confere idêntica posição e valor ao aparente e ao não-aparente, como se o aparente e o não-aparente fossem confessadamente a mesma coisa. Pois, afirma,

O vínculo não-aparente é melhor que o aparente; [B 54]

e:

Louvo mais aquelas coisas que são apreendidas pela visão e pela audição [B 55]

(ou seja, os órgãos) – e não louva o não-aparente mais.

Por conseguinte, sustenta Heráclito que as trevas e a luz, o mal e o bem não são diferentes, mas uma e a mesma coisa. Por exemplo, censura Hesíodo por não conhecer o dia e a noite – pois que o dia e a noite, diz ele, são a mesma coisa, expressando-o como se segue:
> *Mestre de muitos é Hesíodo: estão convictos de que é grande o saber daquele que não reconheceu o dia e a noite – pois ambos são a mesma coisa.* [B 57]

O mesmo se dá com o bem e o mal. Por exemplo, os médicos, afirma Heráclito, *que cortam, cauterizam e atormentam miseravelmente os enfermos são glorificados de todas as maneiras – e não merecem nenhuma paga por parte dos enfermos, porquanto produzem os mesmos efeitos que as enfermidades* [B 58]. E o reto e o torcido, diz ele, são o mesmo:
> *O caminho dos pentes de cardar, afirma, é reto e recurvo* [B 59]

(o movimento do instrumento denominado prensa de parafuso no estabelecimento de um pisoeiro é reto e recurvo, pois que se desloca para cima e em círculo a um só tempo) – é um e o mesmo. E o acima e o abaixo são uma e a mesma coisa:
> *O caminho para cima e para baixo é um e o mesmo.* [B 60]

Diz também que o impuro e o puro são uma e a mesma coisa, e que o potável e o impotável são uma e a mesma coisa:
> *O mar, diz ele, é a água mais pura e a mais impura: para o peixe, é potável e constitui o sustento da vida; para o homem é impotável e mortal.* [B 61]

Diz também explicitamente que o imortal é mortal e o mortal imortal, com as seguintes palavras:
> *Imortais são mortais, e os mortais, imortais: vivendo sua morte e morrendo sua vida.* [B 62]

Fala ainda de uma ressurreição dessa carne visível na qual nascemos, e está ciente de que a divindade é a causa de tal ressurreição – diz ele:
> *Ali dizem que se erguem, tornando-se vigilantes guardiães dos vivos e dos mortos.* [B 63]

Afirma também que um julgamento do mundo e de tudo quanto nele existe surge por intermédio do fogo; pois

o fogo, diz ele, *virá para julgar e sentenciar todas as coisas.* [B 66]
Sustenta que tal fogo é inteligente e que é a causa da ordenação do universo, expressando-o com as seguintes palavras:
O raio a tudo governa [B 64]
(isto é, a tudo dirige) – por "o raio" ele se refere ao fogo eterno, denominando-o necessidade e saciedade [B 65] (o estabelecimento do mundo, segundo ele, sendo necessidade, e a conflagração, saciedade).

Na passagem seguinte expõe todo seu pensamento próprio – e ao mesmo tempo aquele da seita de Neto, o qual mostrei sumariamente ser um discípulo não de Cristo, mas de Heráclito. Pois afirma que o universo criado é, ele próprio, o artífice e o criador de si mesmo:
A divindade é dia e noite, inverno e verão, guerra e paz, saciedade e fome (todos os opostos – é o que pretende dizer); *mas ela se transforma como o óleo de oliva, o qual, ao ser misturado com perfumes, adquire o nome de cada fragrância respectiva.* [B 67]
É patente para todos que os insensatos seguidores de Neto e os defensores de sua seita, ainda que neguem serem discípulos de Heráclito, ao aderirem às opiniões de Neto, evidentemente confessam as mesmas crenças.

(Hipólito, *Refutação de Todas as Heresias* IX, ix 1-x 9)

A Vida de Diógenes Laércio também oferece um registro sintético, com o apoio de citações e paráfrases, do pensamento de Heráclito:

Heráclito, filho de Blóson (ou, conforme dizem alguns, de Heraconte), de Éfeso. Floresceu por ocasião da sexagésima nona olimpíada [504/501 a.C.]. Era extraordinariamente arrogante e desdenhoso, como de fato se depreende claramente de seu próprio tratado, no qual afirma:
Muita erudição não confere bom senso – de outra forma o teria conferido a Hesíodo e Pitágoras, bem como a Xenófanes e Hecateu. [B 40]

Pois afirma que uma só é a coisa sábia, buscar o conhecimento de como todas as coisas são governadas [B 41]. Disse ainda que Homero merecia ser expulso dos jogos públicos e açoitado – bem como Arquíloco. [B 42] Disse também:

> *Deveríamos debelar a violência mais rapidamente do que a um incêndio.* [B 43]

E:

> *As pessoas deveriam lutar pela lei como pelas muralhas da cidade.* [B 44]

Também investe contra os efésios por terem banido seu amigo Hermodoro. Diz ele:

> *Os efésios merecem ser enforcados até o último homem, em sua totalidade: deveriam deixar a cidade para os jovens. Pois baniram Hermodoro, o melhor dentre eles, dizendo: "Que nenhum de nós seja melhor: se existe tal homem, que viva em outra parte e com outra gente".* [B 121]

Quando lhe pediram que compusesse leis para eles, recusou-se alegando que a cidade já fora dominada por uma constituição ímpia. Retirou-se para o templo de Ártemis e se pôs a brincar de dados com as crianças. Quando os efésios se postaram à sua volta, indagou: "Por que esses olhos admirados? Não é mais conveniente fazer isso do que brincar de política convosco?"

Por fim, tornou-se um misantropo, abandonando a cidade para viver nas montanhas, onde alimentava-se de plantas e ervas. Em decorrência disso contraiu hidropisia e regressou à cidade. Perguntou aos médicos, à sua maneira enigmática, se conseguiriam transformar uma copiosa tempestade em seca. Como estes não o compreendessem, enterrou-se em um estábulo, na esperança de que a hidropisia fosse evaporada pelo calor do estrume. Porém não logrou êxito mesmo através de tal expediente, e morreu aos sessenta anos...

Foi uma pessoa notável desde tenra idade: quando jovem, costumava dizer que nada sabia, e quando adulto, que tudo aprendera. Não foi discípulo de ninguém, mas dizia que investigara o íntimo de si mesmo [cf. B 101] e de si mesmo aprendera tudo. Socião informa que há notícia de que teria sido discípulo de Xenófanes, e que Aristão, em seu livro *Sobre Heráclito*, declara que na verdade foi curado da hidropisia, tendo falecido de outra enfermidade. Também Hipóboto diz o mesmo.

O livro de sua autoria que se encontra em circulação versa, de maneira geral, sobre a natureza; divida-se, todavia, em três exposições – uma sobre o universo, uma política e uma teológica. Ele o depositou no templo de Ártemis (tendo, conforme asseveram alguns, escrito de maneira um tanto nebulosa), de sorte que os poderosos pudessem ter acesso aos escritos e que estes não se tornassem facilmente alvo de desprezo pelo povo. Tímon caracteriza-o nos termos seguintes:

Dentre eles, zombeteiro, injuriador da turba,
enigmático, surgiu Heráclito.

Afirma Teofrasto que em razão de seu temperamento impulsivo escreveu algumas coisas num estilo semi-acabado e outras de maneiras diversas em momentos diversos. Como sinal de soberba, Antístenes declara em *Sucessões* que ele abdicou do título de soberano em favor do irmão. Tão elevada reputação arrecadou seu tratado que efetivamente formou discípulos, os chamados heracliteanos.

Suas doutrinas, em linhas gerais, eram as seguintes: todas as coisas provêm do fogo e no fogo se dissipam. Todas as coisas são geradas em concordância com o destino, e as coisas existentes se harmonizam pela transformação dos opostos. Todas as coisas são plenas de almas e espíritos. Também mencionou os eventos que ocorrem no mundo, dizendo que o sol possui a dimensão que aparenta [cf. B 3]. Disse também:
Se percorrermos todos os caminhos, não haveremos de encontrar os limites da alma, tão profunda é sua razão. [B 45]

Declarou que a presunção é uma modalidade de epilepsia, e que a visão é enganosa [B 46]. Por vezes, expressa-se em seu tratado de maneira clara e brilhante, de sorte que mesmo o mais néscio facilmente o compreende e ganha um alargamento da alma; também a concisão e a densidade de seu estilo são incomparáveis.

Vistas em detalhe, são as seguintes suas doutrinas. O fogo é um elemento, e todas as coisas são permutas de fogo [cf. B 90], sendo geradas através da rarefação e da condensação. (Todavia, nada ele expressa com clareza.) Tudo quanto há origina-se da oposição, e o universo flui qual um rio [cf. B 12]. O universo é finito e existe um único mundo [cf. B 30]. É gerado a partir do fogo e é novamente consumido pelo fogo, alternando-se em períodos fixos ao longo da totalidade do tempo. E isso se dá segundo a determinação do destino.

Quanto aos opostos, aquele que conduz à geração é denominado guerra e discórdia [cf. B 80], e aquele que conduz à conflagração é denominado concórdia e paz. A mudança é uma senda que conduz para cima e para baixo [cf. B 60], em consonância com a qual o mundo é gerado. Porquanto ao ser condensado o fogo torna-se úmido, e ao se adensar, transforma-se em água; ao solidificar-se, a água transforma-se em terra – esta é a senda para baixo. Inversamente, a terra se dissolve e dela se origina a água, e da água tudo o mais (a tudo ele remete, com grande propriedade, à exalação liberada pelo mar) – esta é a senda para cima.

São liberadas exalações pela terra e pelo mar, algumas das quais brilhantes e puras, outras escuras. O fogo é intensificado pelas exalações brilhantes, a umidade pelas demais. Ele não indica como é o céu circundante. Mas este abriga calotas, com sua face côncava voltada para nós. As exalações brilhantes ali se reúnem e produzem chamas, que são os corpos celestes. A chama solar é a mais brilhante e a mais quente. Pois que os demais corpos celestes se encontram a maior distância da Terra, motivo pelo qual emitem menor quantidade de luz e calor, ao passo que a Lua, embora mais próxima à Terra, não transita por uma região pura. O Sol, entretanto, repousa em uma região translúcida e incontaminada, e preserva uma distância proporcionada com relação a nós; esse é o motivo por que emite maior quantidade de calor e luz. O Sol e a Lua são eclipsados quando as calotas voltam-se para cima. As mudanças mensais na conformação da Lua dão-se à medida que sua calota gradualmente vai-se voltando. O dia e a noite, os meses, as estações e os anos, as chuvas, os ventos e fenômenos congêneres ocorrem em virtude das diferentes exalações. Quanto à exalação brilhante, quando esta se rompe em chamas no círculo solar, dá origem ao dia, enquanto a exalação oposta, uma vez tendo adquirido força, gera a noite. À medida que o calor da evaporação brilhante ganha intensidade, produz o verão, e à medida que a umidade da escuridão se avoluma, produz o inverno.

Os outros fenômenos ele explica da mesma forma, sem revelar, todavia, a natureza da terra ou mesmo das calotas. Eram estas as suas teorias.

O episódio acerca de Sócrates e sobre o que teria dito ao examinar o tratado (tendo-o recebido das mãos de Eurípides, segundo Aristão) foi por mim recontado na *Vida* de Sócrates. Selêuco, o gramático, entretanto, declara que Cróton relata em seu *Mergulhador* que um certo Crates foi o primeiro a trazer o livro à Grécia, tendo sido ele quem disse que seria necessário um mergulhador délio para nele não se afogar. Alguns intitulam-no *Musas*, outros, *Sobre a Natureza*; Diodoto denomina-o

> Um leme seguro para o objetivo da vida;

outros *Julgamento, Costumes, Voltas, Um Mundo para Todos...*

Em seus *Homônimos*, Demétrio afirma que Heráclito desprezava até mesmo os atenienses, muito embora desfrutasse a mais elevada reputação <entre estes>, e, não obstante fosse desprezado pelos efésios, preferia o que lhe era familiar. Demétrio de Falero também faz menção a ele em sua *Apologia a Sócrates*. Grande número de pessoas ofereceram interpretações de seu tratado: Antístenes, Heráclides de Ponto, Cleanto, Esfero o Estóico, Pausânias (que era chamado o heracliteano), Nicomedes, Dionísio – e, dentre os gramáticos, Diodoto, que declara que o tratado não versa sobre a natureza, mas sim sobre política, e que as observações sobre a natureza figuram ali a título de exemplificações. Jerônimo dá conta de que Citínio, o poeta iâmbico, buscou colocar seu escrito em versos.

(Diógenes Laércio, *Vidas dos Filósofos* IX, 1-3, 5-12, 15)

O restante do capítulo reúne os fragmentos remanescentes, juntamente com alguns textos parafrásticos. Permitam-me enfatizar mais uma vez que a distinção entre citação e paráfrase é freqüentemente difícil de ser demarcada, e que a confiabilidade das supostas paráfrases e citações é muitas vezes incerta. Após duas breves passagens de Estobeu, os textos estão agrupados, grosso modo, por assuntos, sendo que os temas principais foram indicados nas passagens já citadas. Todavia, o enquadramento nesses grupos é largamente arbitrário; outrossim, quando dois textos são citados em conjunto em alguma fonte antiga, mantive-os reunidos ainda que tratando de temas diferentes.

Primeiramente, temos duas séries de citações, ou supostas citações, na Antologia *de João Estobeu.*
Heráclito:
Daqueles cujas palavras pude escutar, ninguém foi tão longe a ponto de reconhecer que o sábio mantém-se afastado de todas as coisas. [B 108]
Mais prudente é ocultar a insensatez do que torná-la pública. [B 109]
Não é aconselhável ao homem alcançar tudo quanto deseja. [B 110]
A enfermidade torna a boa saúde doce e benéfica, o mesmo

faz a fome com a fartura e a exaustão com o repouso. [B 111]
A temperança é a excelência suprema. E sabedoria é dizer a verdade e agir com conhecimento, em consonância com a natureza. [B 112]
O pensamento é comum a todos. [B 113]
A fala sensata deve apoiar-se naquilo que é comum a todos, como a cidade em sua lei – e com confiança ainda maior. Pois que toda lei humana se nutre da lei divina; porquanto esta é tão poderosa quanto deseja, e basta para todos, e prevalece, [B 114]
Sócrates:
A alma possui uma razão que aumenta a si própria. [B 115]
(Estobeu, *Antologia* III, i 174-180)

Heráclito:
Todo homem pode conhecer a si mesmo e pautar-se pelo comedimento. [B 116]
Quando embriagado, o homem deixa-se conduzir por um menino, aos tropeções, sem saber aonde vai, sua alma úmida. [B 117]
Uma alma seca é mais sábia e melhor. [B 118]
(*Ibid.* III, v 6-8)

[Apesar da indicação de Estobeu, B 115 é universalmente atribuída pelos estudiosos a Heráclito e não a Sócrates. Por outro lado, a autenticidade de B 109, B 112, B 113 e B 116 freqüentemente tem sido posta em dúvida.]

O primeiro grupo de textos documenta a atitude de Heráclito ante o comum dos mortais e outros pensadores.

"Que transbordem tuas fontes, e as águas dos rios se derramem pelas ruas" [Provérbios, 5:16]. Pois
a maior parte das gentes não compreende as coisas com que deparam, e tampouco sabem quando aprenderam; mas a si mesmas parece-lhes o contrário, [B 17]
segundo o bom Heráclito. Podemos constatar, como se vê, que também ele reprova os incrédulos.
(Clemente, *Miscelâneas* II, ii 8.1)

O jônio Musas [*i.e.* Heráclito] declara explicitamente que a maior parte dos homens que se consideram sábios seguem os cantadores populares e *obedecem às leis*, desconhecendo que a maior parte dos homens é ímpia e poucos são os bons [cf. B 104], mas que os melhores perseguem a boa fama. Pois

> *os melhores, afirma, elegem uma única coisa como paga de tudo: a fama eterna entre os mortais; a maior parte dos homens, contudo, satisfaz a si mesma tal como os animais,* [B 29]

medindo a felicidade pela pança, pela genitália e pelas partes mais pudendas em nós.

(*Ibid.* V, ix 59.4-5)

Heráclito observa causticamente que algumas pessoas são desprovidas de fé,

> *sem saber escutar ou mesmo falar* [B 19]

– no que, sem dúvida, recebeu ajuda de Salomão: "Se desejas ouvir, aprenderás; e se inclinares teu ouvido, alcançarás a sabedoria" [Eclesiástico, 6:33].

(*Ibid.* II, v 24.5)

O magnífico Heráclito com justiça denuncia energicamente a populaça como insensata e irracional. Pois

> *que discernimento ou juízo,* indaga, *possui ela? Deixa-se levar pelos cantadores populares e toma a multidão como mestre, ignorando que a maior parte dos homens é ímpia e que poucos são os bons.* [B 104]

Assim se pronuncia Heráclito – razão pela qual Tímon o denominava "o injuriador da turba".

(Proclo, *Comentário sobre o Alcibíades* I, 256.1-6)

Os insolentes e os estouvados pouco se beneficiam daquilo que ouvem, enquanto aqueles que são crédulos e ingênuos se vêem prejudicados – confirmando o dito de Heráclito:

> *O homem tolo se põe em alvoroço a cada palavra.* [B 87]

(Plutarco, *Sobre Escutar Preleções*, 40F)

Iâmblico, *Sobre a Alma*: Quão melhor, portanto, é Heráclito, que considera as opiniões humanas como joguetes de criança. [B 70]

(Estobeu, *Antologia* II, i 16)

Dizem alguns que Pitágoras não legou para a posteridade uma única obra escrita. Pois estão equivocados; de qualquer modo, Heráclito, o cientista natural, com propriedade e veemência desfaz o equívoco ao afirmar:
> Pitágoras, filho de Mnesarco, praticou a investigação mais do que qualquer outro homem e, fazendo uma seleção desses escritos, forjou uma sabedoria própria – muito estudo, falso saber. [B 129]

(Diógenes Laércio, *Vidas dos Filósofos* VIII, 6)

Bias também é mencionado por Hiponaxo, como indiquei anteriormente, e o severo Heráclito prestou-lhe especial louvor ao escrever:
> Em Priene viveu Bias, filho de Teutames, cujo valor excede o dos outros. [B 39]

(*Ibid.* I, 88)

Heráclito atribui a Homero a condição de astrônomo, tomando por base este verso [a saber, *Ilíada* XVIII, 251 e *Ilíada* VI, 488]. [B 105]

(Escoliastas A e T a Homero, *Ilíada* XVIII, 251)

A Introdução do orador atrela todos os seus teoremas a esta finalidade [sc. a fraude] e é, segundo Heráclito, o campeão da impostura. [B 81]

(Filodemo, *Retórica* I, 351S)

O segundo grupo de passagens, estreitamente relacionado com o primeiro, indica a atitude de Heráclito em face do âmbito e da natureza do conhecimento humano.

Não obstante, [Celso] pretendeu demonstrar que também

esta era uma ficção que nós [cristãos] tomamos dos filósofos gregos, que afirmavam que a sabedoria humana é uma coisa e a sabedoria divina, coisa diversa. E cita observações de autoria de Heráclito, numa das quais assevera:
> *Pois que a natureza humana não possui discernimento algum, ao contrário da natureza divina;* [B 78]

e em outra:
> *Um homem é tido por tolo por um deus, da mesma forma como uma criança o é por um homem.* [B 79]

(Orígenes, *Contra Celso* VI, xii)

Superior a nós em todos os aspectos, [a divindade] distingue-se particularmente de nós em seus atos; dos atos divinos, contudo, a maioria, segundo Heráclito,
> *escapa ao nosso conhecimento em virtude da ausência de fé.* [B 86]

(Plutarco, *Coriolano*, 232D)

> *Os que buscam ouro*, afirma Heráclito, *escavam insistentemente a terra e pouco encontram.* [B 22]

(Clemente, *Miscelâneas* IV, ii 4.2)

Possivelmente [a divindade] não pretenda que tal harmonia seja encontrada entre os homens. Pois
> *à natureza*, segundo Heráclito, *apraz ocultar-se.* [B 123]

– e tanto mais ao criador da natureza, o qual especialmente reverenciamos e admiramos, porquanto o conhecimento dele não se adquire prontamente.

(Temístio, *Discursos* V, 69B)

Segundo os céticos pirronistas, Xenófanes, Zenão de Eléia e Demócrito eram céticos... Também Heráclito, que asseverou:
> *Evitemos as conjecturas vagas acerca das questões mais importantes.* [B 47]

(Diógenes Laércio, *Vidas dos Filósofos* IX, 73)

Por conseguinte, as palavras do profeta, "Se não acreditares, seguramente não subsistirás" [Isaías 7:9], mostram-se

sobejamente verdadeiras. E Heráclito de Éfeso as estava parafraseando quando observou:
Aquele que não consegue esperar pelo inesperado, não o descobrirá; pois que é inescrutável e de difícil acesso. [B 18]
(Clemente, *Miscelâneas* II, iv 17.8)

Conta Heráclito, como alguém que teria alcançado algo grandioso e nobre que
investiguei meu próprio interior, [B 101]
e dentre os provérbios de Delfos, "Conhece-te a ti mesmo" é considerado o mais divino.
(Plutarco, *Contra Colotes*, 1118C)

Conhecimento e ignorância são as fronteiras da felicidade e da infelicidade. Pois
em muitas coisas devem ser versados os homens filosóficos, [B 35]
segundo Heráclito, e é efetivamente necessário empreender muitas jornadas na busca por sermos bons.
(Clemente, *Miscelâneas* V, xiv 140.5-6)

Heráclito rejeita a percepção ao afirmar, exatamente nos termos seguintes:
Más testemunhas para o homem são os olhos e os ouvidos daqueles cuja alma é estrangeira [B 107]
– ou seja, é característico de uma alma estrangeira fiar-se em percepções não-racionais.
(Sexto Empírico, *Contra os Matemáticos* VII, 126)

Somos possuidores de dois instrumentos naturais, por assim dizer, através dos quais tudo aprendemos e nossos assuntos conduzimos, a saber, a audição e a visão; na concepção de Heráclito, é consideravelmente mais fidedigna – pois
os olhos são testemunhas mais precisas do que os ouvidos.
[B 101a]
(Políbio, *Histórias* XII, xxvii 1)

Por conseguinte, exorta-nos o apóstolo a que "não se apóie vossa fé na sabedoria de homens" que prometem persua-

dir-vos, "mas sim no poder de Deus" [Coríntios I, 2:5], o qual, em si mesmo e sem necessidade de prová-lo, tem o poder de salvar unicamente pela fé.
> *Pois que o mais estimado dos homens conhece e guarda aquilo em que acredita,* [B 28a]

e ainda:
> *a justiça há de sentenciar os que forjam e os que testemunham falsidades,* [B 28b]

como afirma o efésio. Pois que também ele instruiu-se na filosofia estrangeira acerca da purificação através do fogo daqueles que viveram em iniqüidade.
(Clemente, Miscelâneas V, i 9.2-3)

O terceiro grupo de textos pode receber a classificação genérica de "metafísica": esses fragmentos iniciam-se com algumas reflexões gerais acerca da natureza das coisas, exemplificando, em seguida, três aspectos mais específicos do pensamento de Heráclito – sua noção da unidade dos contrários, seu conceito de relatividade e suas idéias sobre a impermanência ou o fluir.

Afirma [Celso] que os antigos referem-se, de maneira enigmática, a uma guerra entre os deuses, como quando Heráclito declara:
> *Devemos ter ciência de que a guerra é comum, que a injustiça é discórdia e que todas as coisas surgem segundo a discórdia e aquilo que deve ser.* [B 80]
(Orígenes, Contra Celso VI, xlii)

Seguramente, a natureza anseia pelos contrários e deles obtém sua harmonia... O mesmo foi dito por Heráclito, o Obscuro:
> *Combinações – todo e não-todo, concorrentes diferentes, concordantes discordantes, de todas as coisas um e de um todas as coisas.* [B 10]

Dessa forma a estrutura do universo – refiro-me aos céus e à terra e ao mundo todo – foi organizada por um pensamento de harmonia através da combinação dos princípios os mais opostos.

([Aristóteles], *Sobre o Mundo*, 396b7-8, 20-25)

No que tange a esse ponto [isto é, a amizade], alguns buscam uma explicação mais aprofundada e mais científica. Diz Eurípides que quando ressequida, a terra anseia pela chuva, e que o céu majestoso, quando repleto de chuva, anseia por desaguar sobre a terra. Heráclito afirma que a oposição é convergente e que a mais bela harmonia origina-se das coisas que diferem [B 8], e que tudo advém segundo a discórdia. [cf. B 80]

(Aristóteles, *Ética a Nicômaco*, 1155b2-6)

O velho Heráclito de Éfeso era tido como inteligente em razão da obscuridade de suas palavras:
As coisas frias se aquecem, o quente esfria, o úmido seca, o ressequido se umedece. [B 126]

(Tzetzes, *Notas sobre a Ilíada*, p.126H)

Aparentemente os antigos empregavam o vocábulo *bios* de maneira ambígua, representando "arco" e "vida". Por exemplo, em Heráclito, o Obscuro:
O nome do arco é bios*; sua função, a morte.* [B 48]

(*Etymologicum Magnum*, s.v. *bios*)

Contudo, o perímetro de uma circunferência tomada em seu todo não mais possui uma direção; porquanto qualquer ponto que dela se considere é, ao mesmo tempo, um início e um fim – pois
início e fim são comuns
no perímetro de um círculo [B 103], segundo opinião de Heráclito.

(Porfírio, *Notas sobre Homero*, em *Ilíada* XIV, 200)

Costuma-se dizer que é indecente se a visão da guerra apraz aos deuses. Contudo, não se trata de indecência; pois que os nobres feitos aprazem aos deuses. Ademais, as guerras e as batalhas parecem terríveis aos nossos olhos, mas aos olhos divinos nada têm de terrível. Pois que o divino opera para que todas as coisas concorram para a harmonia do universo, conduzindo-o favoravelmente – assim Heráclito declara que para o divino todas as coisas são boas e justas, mas que o homem a algumas toma por injustas e a outras por justas. [B 102]

(Porfírio, *Notas sobre Homero*, em *Ilíada* IV, 4)

Não percebeis a verdade da observação de Heráclito de que o mais belo dos símios é feio quando comparado à espécie humana...? [B 82] Acaso não diz Heráclito a mesma coisa, que o mais sábio dentre os homens, se comparado a um deus, parecerá um símio em sabedoria, beleza e tudo o mais? [B 83]

(Platão, *Hípias Maior*, 289AB)

Parece que cada animal tem seu próprio prazer... São diferentes os prazeres de cavalos, cães e homens – por isso afirma Heráclito que os asnos prefeririam o lixo ao ouro [B 9] (porquanto o alimento é mais aprazível aos asnos do que o ouro).

(Aristóteles, *Ética a Nicômaco*, 1176a3, 5-8)

Poeira seca e cinzas... deveriam ser colocadas nos viveiros de modo a permitir que os pássaros neles se polvilhem; pois é assim que limpam estes suas penas e asas, a darmos crédito a Heráclito de Éfeso, que assevera que os porcos se lavam na lama e as aves domésticas na poeira ou nas cinzas. [B 37]

(Columella, *Sobre a Agricultura* VIII, iv 4)

[A ervilhaca] é o pasto favorito dos bovinos e dela se alimentam as reses com prazer. Por isso afirmou Heráclito que se a felicidade residisse nos prazeres corpóreos, deverí-

mos considerar o gado feliz quando descobre alguma ervilhaca da qual se alimentar. [B 4]
(Alberto, o Grande, *Dos Vegetais* VI, ii 14)

Sobre o tema da alma, Cleanto expõe as doutrinas de Zenão [o Estóico] no intuito de compará-las com aquelas de outros cientistas naturais. Afirma ele que Zenão, tal como Heráclito, sustenta ser a alma uma exalação perceptiva. Pois, no propósito de demonstrar que, em sendo exaladas, as almas sempre se renovam, relacionou-as aos rios, dizendo:
> Os que entram nos mesmos rios, são banhados por águas sempre diferentes – e as almas são exaladas das coisas úmidas.
[B 12]
Ora, Zenão, a exemplo de Heráclito, afirma ser a alma uma exalação; sustenta, porém, que é perceptiva, pelos motivos seguintes.
(Ário Dídimo, fragmento Diels 39, citado por Eusébio, *Preparação para o Evangelho* XV, xx 2)

Heráclito, o Obscuro, teologiza o mundo natural como algo nebuloso e sobre o qual se deve conjecturar através de símbolos. Diz ele:
> Os deuses são mortais, os humanos imortais, vivendo sua morte e morrendo sua vida. [cf. B 62]

E ainda:
> Entramos e não entramos nos mesmos rios, somos e não somos. [B 49a]

Tudo o que diz sobre a natureza é enigmático e envolto em alegorias.
(Heráclito, *Questões Homéricas*, 24.3-5)

Pois não é possível entrar duas vezes no mesmo rio, segundo Heráclito, nem tocar duas vezes uma substância mortal sob condição alguma: dada a rapidez e a velocidade de sua mudança, esta se dissemina e novamente se aglutina – ou, antes, não é novamente e depois, mas ao mesmo tempo que ela se aglutina e se dissemina, se aproxima e se distancia. [B 91]

(Plutarco, *Sobre o E em Delfos*, 392B)

As coisas dotadas de movimento circular natural são preservadas e mantêm-se unidas por essa razão – se, a propósito, como diz Heráclito, a bebida de cevada se decompõe é porque não está sendo agitada. [B 125]

(Teofrasto, *Sobre a Vertigem*, 9)

Heráclito, que nos exorta a investigar [o modo como vem a alma se alojar no corpo], pressupõe permutas necessárias entre os contrários e menciona um caminho para cima e para baixo [cf. B 60], e
> *mudando, ela repousa,* [B 84a]

e
> *exaustivo é labutar e ser governado pelos mesmos senhores*
> [B 84b]

– e deixa-nos a conjecturar, omitindo-se de tornar clara sua argumentação para nós, sem dúvida porque devemos investigar por nós mesmos, da mesma forma como ele investigou e encontrou [cf. B 101].

(Plotino, *Enéadas* IV, viii 1)

O quarto grupo reúne outros fragmentos de significado religioso ou teológico.

Heráclito de Éfeso, censurando aqueles que oferecem sacrifícios aos espíritos, afirma:
> *Em vão se purificam eles com sangue quando maculados: como se alguém pisasse na lama e procurasse removê-la com lama. Qualquer homem que presenciasse alguém procedendo dessa forma o tomaria por insano. E oram eles a essas estátuas como se alguém fosse comentá-lo pelas casas, desconhecendo quem são os deuses e os heróis.* [B 5]

Afirmou o mesmo homem sobre os egípcios:

Se são deuses, por que vos afligis? Se vos afligis, não os considereis mais como deuses. [B 127].

(Anônimo, *Teosofia*, 68-69)

Como um lembrete místico de tal acontecimento, são erigidos falos pelas cidades em honra a Dioniso. Pois
> *caso não fizessem uma procissão para Dioniso e não entoassem um peã ao pênis, agiriam da forma mais despudorada, assevera Heráclito, sendo o mesmo que Dioniso, por quem eles se extasiam e celebram seus ritos* [B 15]

– não, considero eu, pela embriaguez do corpo tanto quanto por suas infames doutrinas de licenciosidade.

(Clemente, *Exortação* II, 34 5)

Por conseguinte, Heráclito com razão chamava [as cerimônias fálicas] de antídotos, uma vez que podem curar nossas tribulações e expulsar de nossas almas os infortúnios da vida mortal [B 68]

(Iâmblico, *Sobre os Mistérios* I, 119)

A boca delirante da Síbila, segundo Heráclito, *sem júbilo se pronuncia* [B 92]
ou adorno ou perfume: com o auxílio do deus sua voz se mantém por um milhar de anos.

(Plutarco, *Por que a Pitonisa não mais Profetiza em Verso*, 397AB)

Creio que também vós conheceis o dito de Heráclito de que o rei a quem pertence o oráculo de Delfos não revela nem oculta, mas indica [B 93] – atentai para estas sábias palavras e imaginai que o deus se utiliza aqui da sacerdotisa no que tange à audição, da mesma forma como o sol se utiliza da lua no que tange à visão.

(*Ibid.* 404DE)

Todo animal nasce, floresce e morre em obediência à determinação do divino; pois
> *cada animal é pastoreado por golpes,* [B 11]

nas palavras de Heráclito.

([Aristóteles], *Sobre o Mundo*, 401a8-11)

Talvez consiga um homem furtar-se à atenção do fogo visível, porém não do invisível – pois, conforme diz Heráclito,
como poderia alguém furtar-se à atenção daquilo que jamais se põe? [B 16]
Portanto, evitemos de nos emaranhar em trevas; pois a luz se encontra dentro de nós.

(Clemente, *Pedagogo* II, x 99.5)

Sei que também Platão concorda com Heráclito quando escreve:
Apenas um é o sábio, que consente e não consente ser chamado pelo nome de Zeus. [B 32]
E ainda:
Também é lei seguir a admoestação do uno. [B 33]
E se desejardes reportar-vos ao dito "Aquele que tem ouvidos, que ouça" [Lucas 14:35] vereis o mesmo expresso, em certa medida, nos seguintes termos pelo efésio:
Aqueles que não compreendem quando ouvem, assemelham-se aos surdos: o dito se aplica a eles – embora presentes estão ausentes. [B 34]

(Clemente, *Miscelâneas* V, xiv 115.1-3)

No quinto grupo figuram passagens que se debruçam sobre a psicologia: em sua maioria tratam dos temas correlatos do sono e da morte.

Acaso Heráclito, a exemplo de Pitágoras e Sócrates no *Górgias*, não chama de morte o nascimento quando afirma:
Morte é tudo o que vemos quando despertos, sono é tudo o que vemos quando no leito? [B 21]

(*Ibid.* V, xiv 115.1-3)

Afirma Heráclito que, quando despertos, temos um mundo comum; quando adormecidos, cada qual penetra um mun-

do próprio [B 89] – o supersticioso, contudo, não possui nenhum mundo comum ou próprio.
(Plutarco, *Sobre a Superstição*, 166C)

Somos todos co-artífices laborando para uma única finalidade, alguns avisada e conscientemente, outros desavisadamente – tal como assevera Heráclito, penso eu, que mesmo aqueles que dormem são artífices e co-artífices do que se dá no mundo. [B 75]
(Marco Aurélio, *Meditações* VI, 42)

E quando não está presente a morte em nossos próprios seres? Como diz Heráclito,
a mesma coisa está presente em vida e morte, desperta e adormecida, jovem e idosa; pois que a segunda condição se transforma na primeira e, subseqüentemente, a primeira se transforma na segunda. [B 88]
([Plutarco], *Consolação a Apolônio*, 106E)

O que é dito do sono deve ser compreendido igualmente com referência à morte. Pois que cada uma das condições – uma mais, a outra menos – mostra a ausência da alma, segundo podemos aprender também de Heráclito:
Um homem na noite acende um lume para si, estando sua visão extinta; vivo, ilumina os mortos; desperto, ilumina os que dormem. [B 26]
(Clemente, *Miscelâneas* IV, xxii 141.1-2)

Heráclito parece concordar com [Sócrates no *Fédon*] quando, referindo-se ao homem, diz:
Na morte, estão reservadas ao homem coisas que estes não espera e nas quais tampouco jamais pensou. [B 27]
(*Ibid.* IV, xxii 144.3)

A quem se dirigem as profecias de Heráclito? Aos noctívagos, magos, bacantes, foliões e iniciados. A estes ameaça ele com um julgamento após a morte, a estes profetiza o fogo. Pois que os mistérios celebrados entre os homens contêm ímpias iniciações [B 14]

(Clemente, *Exortação* II, xxii 1-2)

Heráclito está claramente deplorando o nascimento, quando diz:
> Nascidos, anseiam viver e cumprir suas sinas (ou, antes repousar) e deixam uma prole atrás de si, nascida para suas sinas. [B 20]

(Clemente, *Miscelâneas* III, iii 14.1)

[O alimento sem sal] é pesado e nauseabundo ao paladar; pois
> os cadáveres deveriam ser lançados fora mais rapidamente do que o estrume, [B 96]

segundo Heráclito, sendo a carne cadáver ou parte de um cadáver.

(Plutarco, *Questões de Convivas*, 669A)

Escreveu Orfeu:

> A água é morte para as almas,...
> Todavia, da água provém a terra, e da terra novamente a água, e desta a alma, precipitando-se em direção a todo o éter.

Heráclito reuniu as palavras desses versos e escreveu algo como o que se segue:
> Para as almas a morte é tornar-se água, para a água a morte é tornar-se terra; todavia, da terra provém a água e da água, a alma. [B 36]

(Clemente, *Miscelâneas* VI, ii 17.1-2)

Diz Heráclito que para as almas é prazer ou morte tornarem-se úmidas; e que, para elas, a queda para a vida mortal é prazer [B 77]; e, em outra parte, que vivemos sua morte e que elas vivem nossa morte [cf. B 62].

(Numênio, fragmento 30 des Places, em Porfírio, *A Gruta das Ninfas*, 10)

[As almas na lua] são alimentadas por diversas exalações, e Heráclito estava correto ao afirmar que as almas aspiram o odor das coisas no Hades. [B 98]
    (Plutarco, *Da Face na Lua*, 943E)

Com propriedade compara Heráclito a alma a uma aranha e o corpo a uma teia de aranha. Tal como uma aranha, afirma, postada no centro de sua teia, põe-se alerta tão logo uma mosca rompe um dos fios e acorre veloz até o local como que se afligindo pelo fio partido, assim a alma do homem, quando alguma parte de seu corpo se fere, acorre velozmente até o local, como que incapaz de suportar o ferimento ao corpo ao qual se encontra firme e proporcionalmente ligada. [B 67a]
    (Hísdoso, *Sobre a Alma-Múndi de Platão*, 17 V)

O sexto grupo de fragmentos e registros consiste em alguns textos que se debruçam sobre as questões da ciência natural – questões estas que estão esboçadas mais detalhadamente no registro doxográfico da Vida *de Diógenes Laércio.*

Heráclito de Éfeso é claramente dessa opinião [isto é, de que tudo se transmutará em fogo]. Advoga ele a existência de um mundo eterno e de um mundo em perecimento, e tem ciência de que o mundo criado é o primeiro em um determinado estado. Ora, o fato de ter reconhecido a eternidade do mundo cuja singular característica é a totalidade da substância fica evidenciado quando afirma:
> *O mundo, indiferenciado para todos, não foi criado por nenhum deus e nenhum homem; mas sempre foi e sempre será, fogo eterno, sendo aceso e extinto segundo a justa medida.* [B 30]

E sua crença de que é gerado e perecível está indicada nas palavras seguintes:
> *Transformações do fogo: primeiro, mar; do mar, metade é terra, metade clarão.* [B 31a]

– Com efeito, diz ele que, pela razão e pela divindade que a tudo governa, o fogo é transformado, por intermédio do ar, em umidade, a semente, digamos assim, da criação, à qual ele denomina mar; e deste, por sua vez, provém a terra, o céu e tudo o que neles está contido. Mostra ele claramente nas palavras seguintes que estes são novamente restaurados, transformando-se em fogo:
> *O mar se dilui e é restaurado na mesma proporção que existia inicialmente.* [B 31b]

E o mesmo se aplica aos demais elementos.
(Clemente, *Miscelâneas* V, xiv 104.1-5)

Em fases alternadas, o princípio originário cria o mundo a partir de si mesmo e, em seguida, cria a si mesmo a partir do mundo, e
> *todas as coisas,* afirma Heráclito, *são trocadas por fogo, e o fogo é trocado por todas as coisas, da mesma forma como os bens são trocados por ouro e o ouro por bens.* [B 90]

(Plutarco, *Sobre o E em Delfos*, 388DE)

Pareceria despropositado se, enquanto a totalidade do céu e cada uma de suas partes apresentam ordem e razão em suas formas, poderes e períodos, o mesmo não se verificasse nos princípios originários, porém o mais belo dos mundos, conforme as palavras de Heráclito, é qual uma pilha de detritos amontoados ao acaso. [B 124]
(Teofrasto, *Metafísica*, 7a10-15)

Cada qual dos planetas circula em uma esfera própria, como que em uma ilha, e preserva sua posição. Pois
> *o sol não há de transpassar seus limites,* afirma Heráclito, *pois que do contrário, as Erínias, guardiãs da justiça, o surpreenderão* [B 94]

(Plutarco, *Sobre o Exílio*, 604A)

O sol é o vigilante e o guardião de tais períodos, definindo, arbitrando, revelando e iluminando as mudanças e as estações

que trarão todas as coisas, segundo Heráclito. [B 100]
(Plutarco, *Questões Platônicas*, 1007D)

Caso, como se diz, [o sol] é alimentado de igual maneira [que as chamas], fica patente que o sol não apenas, conforme assevera Heráclito, se renova a cada dia [B 6], como é sempre e continuamente novo.
(Aristóteles, *Meteorologia*, 355a 13-15)

Heráclito... [sustenta que o sol] tem a largura de um pé humano. [B 3]
(Estobeu, *Antologia* I, xxv 1g)

A água contribui para a colaboração e a amizade. Heráclito inclusive afirma que não existindo o sol, haveria noite [B 99]; porém podemos dizer que não existindo o mar, seria o homem o mais selvagem e desprovido dos animais.
([Plutarco], *Será Mais Útil o Fogo ou a Água?*, 957A)

Já discuti em outra passagem a questão de se caberia presumir que certos dias são desafortunados ou se Heráclito com razão censurou Hesíodo, que apresenta alguns como bons e outros como maus, por não reconhecer que é idêntica a natureza de cada dia. [B 106]
(Plutarco, *Camilo*, 138A)

Heráclito é melhor e mais homérico (e, a exemplo de Homero, chama de ursa o círculo ártico):
> Os limites da aurora e da noite são a ursa e, no lado oposto à ursa, os umbrais de Zeus fulgurante [B 120]

– porquanto o círculo ártico, e não a ursa, é o umbral do nascer e do pôr-do-sol.
(Estrabão, *Geografia* I, i 6)

Imaginam alguns que a exalação fumegante é odor, uma vez que é composta de terra e ar. Por essa razão afirmou Heráclito

que se todas as coisas que existem se tornassem fumaça, o olfato as distinguiria. [B 7]
(Aristóteles, *Dos Sentidos e seus Objetos*, 443a22-25)

Por fim, existem alguns fragmentos que poderiam ser considerados como pertencendo à filosofia moral e política:

Pois que "A lei não é feita para o homem probo", dizem as escrituras [I Timóteo 1:9]. Assim, Heráclito justificadamente afirma:
> *Não conheceriam o nome da justiça se não existissem tais coisas,* [B 23]

enquanto Sócrates afirma que a lei jamais teria surgido em função dos homens probos.
(Clemente, *Miscelâneas* IV, iii 10.1)

Disse Heráclito que o caráter de um homem é seu destino. [B 119]
(Estobeu, *Antologia* IV, xl 23)

Homens piores saíram-se mais vitoriosos, porém erigir na alma um monumento à vitória sobre a ira – a qual, segundo Heráclito, é difícil combater, pois
> *tudo quanto ela deseja, compra com a alma* [B 85]

– é uma prova de avantajado e vitorioso poder.
(Plutarco, *O Controle da Ira*, 457D)

Em seguida, afirma Heráclito:
> *Deuses e homens honram os que caem em combate.* [B 24]

(Clemente, *Miscelâneas* IV, iv 16.1)

Pois
> *as mais árduas sinas recebem maior quinhão,* [B 25] segundo Heráclito.

(*Ibid.* IV, vii 49.3)

A inveja, o maior dentre os males políticos, dificilmente acomete a idade avançada; pois

os cães ladram para aqueles a quem desconhecem, [B 97]
segundo Heráclito, e a inveja acomete o iniciante nos primeiros passos de seu exercício.

(Plutarco, *Devem os Anciãos Tomar Parte na Política?*, 787C)

Se ouvimos dizer que uma andorinha não faz verão, tu, no entanto, és capaz de fazê-lo – porquanto excedes a todas as demais andorinhas. Pois se, como afirma Heráclito, um homem vale por dez mil se for o melhor [B 49], então seguramente uma andorinha, se bem escolhida, seria considerada equivalente a dez mil outras.

(Teodoro Prodromo, *Cartas* 1 [*Patrologia Graeca* XXXIII, 1240A])

Lembrai-vos sempre da doutrina de Heráclito de que a morte da terra é transformar-se em água, e que a morte da água é transformar-se em ar, e a do ar em fogo, e inversamente. Lembrai-vos também do homem que esquece para onde conduz o caminho [B 71]; e que a maioria está em desacordo com aquilo a que mais freqüentemente está ligada – a razão que governa o universo –, e que aquilo com que depara diariamente parece-lhe estranho [B 72]; e que não deveríamos agir nem falar como os que dormem [B 73] – pois neste caso também imaginamos agir e falar; e que não deveríamos portar-nos como filhos de nossos pais [B 74] – i.e. em simples prosa, à maneira pela qual fomos educados.

(Marco Aurélio, *Meditações* IV, 46)

Parte II

9. *Parmênides*

Parmênides, filho de Pireto, era natural de Eléia, uma colônia grega no sul da Itália. Era de família nobre e conta-se que "organizou seu país natal através das melhores leis, de sorte que a cada ano os cidadãos ainda obtêm dos magistrados o juramento de que estes se conduzirão segundo as leis de Parmênides" (Plutarco, *Contra Colotes*, 1126AB). *Sua cronologia é incerta: os cronistas helênicos situam seu nascimento em 540 a.C., porém uma passagem em Platão (que será citada no capítulo sobre Zenão) sugere que tenha nascido por volta de 515.*
Segundo Diógenes Laércio,

Foi discípulo de Xenófanes, mas não seguiu os passos do mestre. Manteve também vínculos (segundo testemunho de Sócion) com Amínias, filho de Dioquetas, o pitagórico, homem sem posses, mas de boa índole. Preferiu seguir Amínias e, quando este morreu, fez erigir-lhe um santuário, uma vez que provinha de uma família ilustre e abastada, tendo sido conduzido à placidez por Amínias e não por Xenófanes.

(Diógenes Laércio, *Vidas dos Filósofos* IX, 21)

O relato envolvendo Amínias levou alguns estudiosos a procurar (em vão) elementos pitagóricos no pensamento de Parmênides.

Parmênides produziu uma obra de pequena extensão, composta em versos hexâmetros de pouca elegância. Substancial parcela de seus poemas chegou até nós. A obra iniciava com um prólogo alegórico, após o qual o corpo principal do poema dividia-se em duas partes: a primeira parte, o Caminho da Verdade, apresenta as concepções pessoais de Parmênides acerca da verdadeira natureza da realidade, enquanto a segunda parte, o Caminho da Opinião, seguia o tradicional modelo jônico dos trabalhos versando Sobre a Natureza. *O prólogo e a maior parte do Caminho da Verdade sobreviveram ao tempo; do Caminho da Opinião restam alguns fragmentos.*

Cumpre ressaltar desde o início que o poema de Parmênides é, sob vários aspectos, uma obra estranha e enigmática. Temos nele uma exposição cuja segunda parte, o Caminho da Opinião, é confessadamente "enganadora" ou falsa, e ele não explica claramente por que teria escrito tais inverdades. O Caminho da Verdade não se pretende enganador, todavia as doutrinas que advoga são paradoxais ao extremo. Ademais, Parmênides em momento algum é um autor fácil. O significado de seus escritos raramente se revela com clareza à primeira vista, e alguns versos do poema são obscuros ao ponto da ininteligibilidade. Existem também algumas incertezas textuais. Não obstante, Parmênides exerceu, por intermédio de Platão, uma influência ímpar no curso da filosofia ocidental.

O prólogo está preservado em Sexto Empírico, que também oferece uma interpretação alegórica dos versos de Parmênides, a qual me absterei de transcrever.

O amigo de Xenófanes, Parmênides, condenava a razão associada à crença, cujas convicções são frágeis, e, uma vez que também abdicou da confiança nos sentidos, presumia que a razão associada ao conhecimento, ou a razão infalível, constituía o critério da verdade. Assim, no proêmio de sua obra *Sobre a Natureza* escreve ele nos seguintes termos:

*As éguas que me levam tão longe quanto possa aspirar
    meu coração
formavam meu séquito: tinham-me conduzido e colocado
    na célebre trilha
do deus que leva o homem de conhecimento*...*
Ali encontrava-me eu sendo carregado; pois que as sábias
    éguas a mim transportavam,
puxando meu carro, enquanto as donzelas indicavam o trajeto.
O eixo no mancal bramia de seu encaixe
e ardia – pois era conduzido por duas rodas
que giravam em cada extremidade – enquanto as virgens,
    filhas do sol,
se apressavam para acompanhá-lo, tendo deixado a morada
    da Noite
para a luz e arrancado, com as mãos, os véus que lhes
    cobriam a cabeça.
Encontram-se ali os portais das trilhas da Noite e do Dia,
uma verga e uma soleira de pedra a guarnecê-los.
Eles próprios, os portais que a grande altura no éter se
    elevam, são vedados por imponentes portas,
e por toda a noite a vingadora Justiça guarda suas chaves
    alternantes.
A ela as donzelas abrandaram com doces palavras,
persuadindo-a, com habilidade, a remover prontamente dos
    portais a tranca aferrolhada. Retrocedendo em vôo
abriram elas um largo vão entre as portas, girando
em sentido oposto as brônzeas articulações,
ajustadas com cavilhas e chavetas. E através delas
conduziram as virgens o carro e as éguas diretamente à
    ampla estrada.
E a deusa afavelmente acolheu-me, tomando-me
a mão direita nas suas; e assim falou dirigindo-se a mim:
"Jovem varão, companheiro das imortais aurigas
e por estas éguas conduzido à minha morada,
eu te saúdo. Pois que não foi nenhuma sina cruel que te
    lançou em viagem
por essa via (pois é grande sua distância da trilha dos homens),
mas sim o Direito e a Justiça. Deves instruir-te em tudo
    quanto há,
tanto no inabalável cerne da verdade persuasiva,*

*como opiniões dos mortais, em que não reside nenhuma
confiança legítima".* [28 B 1.1-30]
(Sexto Empírico, *Contra os Matemáticos* VII, 111)

Simplício acrescenta outros dois versos:

Diz Parmênides:
*Deves instruir-te em tudo quanto há,
tanto no inabalável cerne da verdade bem torneada,
como na opiniões dos mortais, em que não reside nenhuma
confiança legítima.
Não obstante, aprenderás também estas coisas – como as
aparências
tiveram confiabilidade para, eternamente, a tudo permear.*
[B 1.28-32]
(Simplício, *Comentário a Sobre os Céus*, 557. 24-558.2)

Uma parelha de versos do prólogo é mencionada por Proclo, que cita em seguida outros quatro versos:

Platão distingue explicitamente diferentes modalidades de razão e conhecimento, de acordo com os diferentes objetos de conhecimento. Também Parmênides, muito embora sua poesia o torne obscuro, aponta nessa direção quando afirma:
*Tanto no inabalável cerne da verdade radiante
como nas opiniões dos mortais, em que não reside
nenhuma confiança legítima;* [B 1.29-30]
e ainda:
*Mas vem, e eu te direi – e guarda minhas palavras quando as
escutares –
os únicos caminhos de investigação concebíveis:
o primeiro, que é e não pode não ser,
é o caminho da persuasão (pois que é acompanhado pela
verdade);
o outro, que não é e que não deve ser –
refiro-me a uma trilha destituída de todo conhecimento.* [B 2.1-6]

E:
> *Pois não poderias reconhecer aquilo que não é (pois não cabe fazê-lo), tampouco poderias mencioná-lo.* [B 2.7-8]
>> (Proclo, *Comentário ao Timeu* I, 345.11-27)

[Observe-se que em B 1.29 Sexto, Simplício e Proclo atribuem diferentes adjetivos ao substantivo "verdade".]
O semiverso ao fim do fragmento B 2 pode ser completado, tanto métrica como filosoficamente, por um semiverso preservado em outra fonte:

Em uma data anterior, também Parmênides abraçou esta doutrina, porquanto identificou o ser e o pensamento e não situou o ser entre os objetos sensíveis. Afirmou ele:
> *Pois que as mesmas coisas podem ser pensadas e podem ser.* [B 3]
>> (Plotino, *Enéadas* V, i 8)

Os versos seguintes remanescentes do poema podem ser costurados a partir de duas passagens distintas de Simplício. A primeira, que reúne algumas breves citações de Parmênides, inclui as seguintes frases:

O fato de que existe uma única e mesma razão para tudo, a razão daquilo que é, Parmênides o estabelece nos seguintes termos:
> *Aquilo que é para ser e para pensar deve ser; pois lhe é possível, mas não ao que nada é.* [B 6.1-2]

Ora, se qualquer coisa que alguém diz ou pensa é ser, existirá uma razão de tudo, a razão daquilo que é.
>> (Simplício, *Comentário à Física*, 86.25-30)

A segunda passagem inicia por citar B 2 (exceto quanto ao primeiro verso) e prossegue da seguinte maneira:

O fato de que as coisas contraditórias não são simultaneamente verdadeiras, ele o demonstra nos versos em que apon-

ta o engano daqueles que identificam os opostos. Pois, uma vez tendo asseverado:
> *pois lhe é possível ser,*
> *mas não ao que nada é. Isto te rogo que consideres.*
> *Pois dessa primeira via da investigação <eu te afasto>,* [B 6.1-3]
<ele acrescenta>
> *e também do caminho ao longo do qual os mortais que nada sabem*
> *vagueiam, cabeças duplas; pois que a impotência em seus peitos conduz-lhes o pensamento errante. E deixam-se levar como surdos e cegos, multidões atônitas e desprovidas de discernimento,*
> *para as quais ser e não ser tidos como iguais*
> *e desiguais; e o caminho para todas as coisas retorna a si mesmo.* [B 6.4-9]

(*Ibid.* 117.2-13)

Uma passagem contínua de aproximadamente 66 versos, que abrange, talvez, a totalidade do Caminho da Verdade, pode ser reconstituída com base em três fontes. Os dois primeiros versos são citados por Simplício e, igualmente, muito antes, por Platão:

Quando éramos meninos, meu menino, o grande Parmênides testemunharia contra isso [a saber, a idéia de que aquilo que não é, é] do início ao fim, asseverando constantemente, assim em prosa como em verso, que:
> *Jamais se provará isso, que o não-ser é:*
> *afasta teu pensamento dessa via da investigação.* [B 7.1-2]

(Platão, *O Sofista*, 237A)

A citação de Platão é complementada por Sexto (muito embora o próprio Sexto cite os versos como se estes fossem uma continuidade de B 1):

> *Afasta teu pensamento dessa via da investigação,*
> *e não permitas que o hábito, alicerçado em larga experiência,*
> *te force a esta via percorrer,*

*dirigindo o olhar cego, os ouvidos ressoantes
e a língua; mas julga segundo a razão a prova muito contestada
que te revelei. Somente uma história, um caminho,
 resta narrar agora.* [B 7.2-6]
            (Sexto Empírico, *Contra os Matemáticos* VII, 111)

A citação de Sexto, por sua vez, é complementada por Simplício:

Mesmo ao risco de parecer prolixo, gostaria de transcrever neste comentário os versos de Parmênides sobre aquele que é (não são muitos), tanto para justificar o que afirmei sobre o assunto como em razão da excelência do tratado de Parmênides. Uma vez tendo rechaçado aquilo que não é, escreve ele:
   *Somente uma história, um caminho resta narrar
   agora: aquele que é. E sobre este abundantes são os indícios
   de que, sendo, é não-gerado e imperecível,
   total, único, inabalável e completo.
   Tampouco foi, ou será, uma vez que é agora, todo junto,
   uno, contínuo. Pois que origem se lhe poderá encontrar?
   Como, de onde, se desenvolveu? Que tenha vindo do que não
   é, não admitirei
   que pronuncies ou concebas – pois que não é pronunciável
   ou concebível
   que o não-ser seja. E qual necessidade o teria impelido,
   mais cedo ou mais tarde, a desenvolver-se – tivesse se
   originado de nada?
   Por conseguinte, deve absolutamente ser ou não ser.
   Tampouco a força da convicção permitirá
   surgir daquilo que é outra coisa além de si. Por essa razão
   não relaxou a Justiça seus grilhões para deixá-lo nascer ou
   perecer,
   mas firme o mantém. A decisão nessas questões jaz no seguinte:
   é ou não é. Mas foi decidido, conforme o necessário,
   abandonar uma via inominada (pois que não se trata
   de um caminho verdadeiro), e de considerar a outra como
   sendo e sendo verdadeira.
   Como poderia, então, perecer o que é? Como poderia ter
   sido gerado?*

*Pois em sendo gerado, não é, tampouco é se alguma vez vier
    a ser.
Portanto, a geração é extinta e o perecimento inaudito.
    Tampouco é dividido, uma vez que é totalmente homogêneo
– nem é mais aqui (o que lhe impediria a coesão)
nem menos; mas totalmente pleno do que é.
Por conseguinte, é todo contínuo; pois aquilo que é adere
    ao que é.
    E, imóvel nos limites de grandes cadeias, é sem início
e incessante, uma vez que a geração e a destruição
para longe se afastaram, e a legítima verdade expulsou-as.
O mesmo e o remanescente no mesmo estado, repousa em si
    próprio,
e assim permanece fixo em seu lugar. Pois a poderosa
    necessidade
o mantém encerrado em um limite que o circunda por toda
    volta,
pois é acertado que o que é não deva ser incompleto.
Pois não é carente – do contrário, de tudo careceria.
    O mesmo é pensar e o pensamento de que o ser é.
Pois que desprovido do que é, no qual foi expresso,
não encontrarás o pensamento. Pois que nada é ou será
se não o que é, uma vez que a sorte o agrilhoou de modo
a ser inteiro e imóvel. Por conseguinte, todas as coisas são um
    nome
que os mortais atribuem e confiam em que seja verdade –
geração e perecimento, ser e não ser,
mudança de lugar e alteração no brilho das cores.
    E uma vez existindo um limite último, este se completa
em todos os lados, como uma massa ou uma esfera
    perfeitamente redonda,
igual em todas as direções a partir do centro. Pois que não
    deve ser absolutamente maior
ou menor aqui ou ali.
Pois tampouco existe coisa alguma que não seja,
que pudesse detê-la de alcançar
seu igual, tampouco coisa alguma que seja de tal maneira
    que pudesse estar
mais aqui ou menos ali do que aquilo que é, uma vez que é
    todo, inviolável.*

*Portanto, igual a si mesmo em todos os lados, jaz
  uniformemente em seus limites.
Encerro aqui minha argumentação e reflexões fidedignas
  acerca da verdade. Doravante, assenhora-te das opiniões
  mortais,
dando ouvidos à enganadora ordem de minhas palavras.*
[B 8.1-52]
Eis, pois, os versos de Parmênides sobre o uno. Após os quais, passa a discutir os objetos da opinião, postulando para eles diferentes princípios originários.

(Simplício, *Comentário à Física*, 144.25-146.27)

Consideram-se dois outros pequenos fragmentos como pertencentes ao Caminho da Verdade, muito embora seja difícil identificar o lugar em que deveriam encaixar-se.

Também Parmênides em seu poema especula enigmaticamente sobre a Esperança nos termos seguintes:
*Observa as coisas que, embora ausentes, têm uma sólida
  presença no pensamento;
pois não hás de arrancar o que é de sua ligação com o que é,
nem o dispersando por toda parte no universo
nem o reunindo.* [B 4]
Pois aquele que tem esperança, como aquele que tem fé, enxerga com sua mente os objetos do pensamento e as coisas vindouras.

(Clemente, *Miscelâneas* V, iii 15-5)

Parmênides, conforme observei anteriormente, enxergava o próprio ser naquilo que está separado do todo e no supremo dentre todos os seres, no qual o ser foi primeiramente manifestado; não estava, contudo, desatento para a pluralidade dos objetos inteligíveis. Pois é ele quem assevera:
Pois aquilo que adere ao que é, [B 8.25]
e ainda:
*é indiferente para mim
onde comece, pois para ali deverei retornar,* [B 5]

e em outra parte:
igual a partir do centro [B 8.43]
– em todas essas passagens ele demonstra acreditar na existência de *diversos* objetos inteligíveis.
(Proclo, *Comentário ao Parmênides*, 708.7-22)

Os primeiros versos do Caminho da Opinião estão preservados em Simplício:

Uma vez completada sua exposição do reino inteligível, prossegue assim Parmênides:
*Encerro aqui minha argumentação e reflexões fidedignas acerca da verdade. Doravante, assenhora-te das opiniões
    dos mortais;
dando ouvidos à enganadora ordem de minhas palavras.
Pois elas determinaram em seu entendimento nomear duas
    formas,
uma das quais não deveria sê-lo – e neste ponto
    equivocaram-se.
E distinguiram-nas como opostas em forma e estabeleceram
    sinais para elas,
separadamente uma da outra, de um lado a etérea chama
    do fogo,
suave e muito leve, idêntica a si mesma em todas as direções
e não idêntica à outra; e aquela outra em si mesma
é oposta – a noite obscura, de forma densa e pesada.
Todo esse arranjo verossímil a ti revelo
de sorte que jamais sejas vencido por nenhum pensamento
    mortal* [B 8.50-61]
Ora, ele denomina esse relato uma questão de opinião e o classifica como enganoso não porque seja simplesmente falso, mas porque ele se afastou do inteligível mundo da verdade para o reino perceptível da forma e da aparência. Pouco adiante, tendo discutido os dois elementos, prossegue mencionando a causa ativa:
*Os [anéis] mais estreitos estão repletos de fogo não-misturado,
os seguintes, de noite (sendo, porém, emitida uma porção de
    fogo),
e no centro deles uma deusa que a tudo governa.* [B 12.1-3]

Afirma ser ela efetivamente a geradora dos deuses –
Em primeiro lugar entre todos os deuses ela concebeu o Amor [B 13] etc. Afirma ainda que ela por vezes envia almas da luz para as trevas e por vezes em direção oposta.
É mister escrever extensivamente sobre essa questão, porquanto nos dias que correm as pessoas, de modo geral, ignoram os escritos antigos.
(Simplício, *Comentário à Física*, 38.29-39.21)

É possível obter-se alguma idéia do conteúdo do Caminho da Opinião por intermédio de uma passagem de Plutarco:

Parmênides, no entanto, não aboliu o fogo, a água, os despenhadeiros ou – *pace* Colotes – as cidades da Europa e da Ásia. Afinal de contas, compôs uma cosmologia e, misturando o luminoso e o sombrio como elementos, produz a partir e através deles todos os fenômenos. Muito tem a dizer sobre a terra, o céu, a lua e as estrelas, além de possuir um relato sobre as origens do homem: a exemplo de um velho filósofo natural, que está compondo um livro próprio e não criticando o livro de outrem, não deixou de mencionar coisa alguma de importância.
(Plutarco, *Contra Colotes*, 1114BC)

Simplício citara anteriormente uma versão um pouco mais longa do fragmento B 12:

Os seguintes, de noite (sendo, porém, emitida uma porção de fogo),

e no centro deles uma deusa que a tudo governa.
Pois que rege o odioso nascimento e a cópula de tudo
    quanto há,
enviando o feminino a unir-se com o masculino e, em
    seguida, inversamente,
o masculino com o feminino. [B 12]
(Simplício, *Comentário à Física*, 31.13-17)

Os "anéis" de B 12 são descritos com mais detalhes em uma passagem doxográfica:

Diz Parmênides que existe uma seqüência de anéis entrelaçados, um oriundo do rarefeito, outro do denso, e outros mais entre eles misturados, provenientes da luz e das trevas. O que a todos eles circunda, qual um muro, é sólido, e sob este corre um anel de fogo. Assim como o que vai no centro de todos, em torno do qual corre um anel de fogo. Dos anéis que se misturam, o mais intermédio é o causador de todo movimento e geração para todos os outros: a este denomina ele de deusa regente e detentora da chave, Justiça e Necessidade. O ar é uma secreção da Terra, vaporizado por sua compressão mais violenta. O Sol e o círculo da Via Láctea constituem exalações de fogo. A Lua é uma mistura de ambos – ar e fogo. O éter circunda-os acima de tudo; sob este organiza-se a parte ígnea que denominamos céu, e sob este as regiões espalhadas pela terra.

(Estobeu, *Antologia* I, xxii 1a)

Existem alguns outros parcos fragmentos sobre o Caminho da Opinião. Simplício registra uma curiosidade:

Em meio aos versos é interpolada uma breve passagem em prosa, supostamente de autoria do próprio Parmênides. Lê-se o seguinte:
Em seguida, a este encontram-se o rarefeito, o cálido, a luminosidade, a maciez e a luz; em seguida ao denso são nomeados o frio, a escuridão, o duro e o pesado; pois estes foram separados, cada grupo à sua própria maneira.
(Simplício, *Comentário à Física*, 31.3-7)

Sem dúvida, Simplício tem razão em seu ceticismo quanto à autenticidade desse fragmento em prosa.
Simplício cita o início do Caminho em uma outra passagem; ali acrescenta ele:

E novamente, um pouco adiante:
> *E uma vez que todas as coisas foram nomeadas luz e noite,*
> *e as coisas correspondentes a seus poderes [tendo sido*
>   *nomeadas] individualmente,*
> *tudo está igualmente pleno de luz e de noite invisível,*
> *ambas em igual medida, uma vez que nada participa em*
>   *nenhuma.* [B 9]
>
> (*Ibid.* 180.8-12)

Ambos, contudo [sc. Parmênides e Melisso], referem-se claramente à geração de objetos perceptíveis – Melisso, quando afirma que o frio torna-se quente etc...; e Parmênides, iniciando suas observações sobre objetos perceptíveis, diz que pretende relatar
> *como a Terra, o Sol, a Lua,*
> *o éter comum, a Via Láctea, o Olimpo mais remoto,*
> *e a força cálida das estrelas foram precipitados*
>   *à existência.* [B 11]

E descreveram eles a geração das coisas que nascem e morrem, chegando diretamente até as partes dos animais.
> (Simplício, *Comentário a Sobre os Céus*, 559.18-27)

Uma vez alcançado o verdadeiro ensinamento [sc. o de Cristo], que ouça ele as promessas de Parmênides de Eléia:
> *Conhecerás a natureza do éter e todos os signos*
> *no éter, e a límpida tocha do sol resplandecente*
> *e suas destrutivas ações, e de onde provêm estes,*
> *e tomarás conhecimento dos movimentos circulares da lua*
>   *de redonda face*
> *e sua natureza, e conhecerás também o céu que a circunda –*
> *de onde se desenvolveu e como a necessidade a constrangeu*
>   *e forçou*
> *a manter os limites dos astros.* [B 10]
>
> (Clemente, *Miscelâneas* V, xiv 138.1)

Aquele que nega que o ferro em brasa seja fogo ou que a lua seja um sol – considerando-a, antes, juntamente com Parmênides,

> *outra luz, de brilho noturno, vagando em torno da Terra**
> [B 14] –

não abole o uso do ferro ou a realidade da Lua.
(Plutarco, *Contra Colotes*, 1116A)

Das coisas que há nos céus, por mais numerosas que sejam, somente [a Lua] perambula movida pela necessidade da luz de outro astro, como diz Parmênides,
> *sempre a olhar fixamente os raios do sol.* [B 15]

(Plutarco, *Da Face na Lua*, 929AB)

Duas breves passagens doxográficas merecem ser aqui citadas.

[Parmênides] foi o primeiro a afirmar que a Terra é esférica e que jaz no centro [do universo].
(Diógenes Laércio, *Vidas dos Filósofos* IX, 21)

Parmênides confere à Estrela Matutina a primeira posição na ordem do éter (pensa ser ela a mesma que a Estrela Vespertina). Em seguida a ela vem o sol, sob o qual estão as estrelas, na parte ígnea que ele denomina céu.
(Estobeu, *Antologia* I, xxiv 2e)

A seguir, dois fragmentos sobre biologia, o segundo dos quais subsiste tão-somente em uma tradução latina.

Outros da geração mais antiga também disseram que o varão é concebido na parte direita do útero. Parmênides coloca-o nos termos seguintes:
> *À direita os meninos, à esquerda as meninas.* [B 17]

(Galeno, *Comentário sobre as Epidemias de Hipócrates* XVIIA, 1002K)

Nos livros que escreveu *Sobre a Natureza*, Parmênides assevera que, como resultado da concepção, o homem por vezes nasce tenro ou acetinado. Uma vez que o original grego é em verso, também exprimirei a questão em versos –

pois compus alguns versos latinos, o mais fiel aos dele quanto me foi possível, de modo a evitar uma mistura de linguagens:

> *Quando um homem e uma mulher juntos misturam as sementes do Amor,*
> *uma força que dá forma nas veias a partir de diferentes sangues produz corpos bem construídos preservando a fusão.*
> *Pois se, ao se misturarem as sementes, as forças entram em conflito,*
> *e não se combinam em uma única força no corpo misturado, cruelmente então*
> *afligirão o sexo que está sendo gerado de uma semente dupla.*
> [B 18]

(Célio Aureliano, *Moléstias Crônicas* IV, 9)

Teofrasto apresenta um registro das idéias de Parmênides sobre o pensamento.

Parmênides efetivamente nada disse sobre [os sentidos] – tão-somente que existem dois elementos e que o conhecimento depende de qual elemento é excessivo. Pois, à medida que o calor ou o frio excedem, o pensamento torna-se diferente – melhor e mais puro quando depende do calor, muito embora isso também exija uma certa proporcionalidade:

> *Pois da mesma forma como em cada homem,* diz ele, *está presente uma mistura de membros vagantes,*
> *assim se apresenta a mente para o homem; pois que é a mesma coisa*
> *que pensa – a natureza dos membros – para todo e qualquer homem; pois o que excede é pensamento.* [B 16]

Pois menciona a percepção e o pensamento como sendo idênticos – razão pela qual considera que a memória e o esquecimento derivam dessas coisas através de sua combinação. (Nada além disso, todavia, sobre o que acontece quando há equivalência na mistura – se haverá ou não pensamento e qual será a disposição.) O fato de que faz também a percepção ocorrer através de opostos por si sós fica claro na passagem em que afirma que os cadáveres não percebem a luz, o calor e o som em razão da deficiência de fogo, mas que percebem *efetivamente* seus opostos – o frio, o silêncio e assim por diante. E, em geral, tudo quanto existe possui algum conhecimento.

(Teofrasto, *Sobre os Sentidos*, 3-4)

Por fim, Simplício preserva três versos finais do poema de Parmênides:

Tendo descrito o mundo da percepção, ele acrescenta:
> *Assim, de acordo com a opinião, essas coisas se desenvolveram e agora são, e depois, em seguida a isso, tendo maturado, deixarão de ser: e a cada uma delas os homens atribuíram um nome que lhes é próprio,* [B 19]

(Simplício, *Comentário a Sobre os Céus*, 558.8-11)

10. Melisso

Melisso era proveniente da ilha de Samos. Em 441 a.C. Atenas entrou em guerra contra Samos, enviando uma frota para a ilha. Em algum ponto durante as prolongadas operações, Péricles, o comandante ateniense, desviou alguns de seus navios em uma expedição.

Quando se lançou ao mar, Melisso, filho de Itágenes, um filósofo que se encontrava então em posto de comando em Samos, desdenhando o pequeno número de suas naus ou a inexperiência de seus comandantes, persuadiu seus concidadãos a investirem contra os atenienses. Na batalha que se seguiu, os sâmios saíram vitoriosos. Capturaram muitos homens e destruíram diversas embarcações, obtendo, com isso, o controle marítimo e adquirindo diversos suprimentos que anteriormente não possuíam para o prosseguimento da guerra. Aristóteles afirma que o próprio Péricles fora vencido anteriormente por Melisso em uma batalha naval.
(Plutarco, *Péricles*, 166CD)

Os sâmios seriam por fim derrotados. Melisso, porém, entrara para a história de uma forma nada usual para um filósofo.

O ano da batalha fornece-nos a única data conhecida na vida de Melisso: podemos supor que tenha florescido no terceiro quartel do século V. No âmbito filosófico, foi um seguidor de Parmênides. Seu livro, com efeito, é uma versão modificada, em prosa simples, do poema de Parmênides. Substanciais fragmentos da obra de Melisso chegaram a nossas mãos, em sua totalidade preservados por Simplício. Além desses, temos duas paráfrases de sua argumentação global, a primeira no ensaio Sobre Melisso, Xenófanes e Górgias, *falsamente atribuído a Aristóteles, a outra no comentário de Simplício à* Física *de Aristóteles. Será de utilidade transcrever a segunda enquanto uma propícia introdução aos fragmentos.*

Melisso emprega os axiomas dos filósofos naturais e inicia seu tratado acerca da geração e da destruição nos seguintes termos:

Se não é nada, o que poderia ser dito a seu respeito como se fosse algo? Se é algo, ou bem passou a existir ou bem sempre existiu. Mas se passou a existir, fê-lo ou a partir do existente ou a partir do não-existente. Todavia, não é possível a coisa alguma passar a existir, quer a partir do não-existente (nem mesmo algo diverso que não é coisa alguma, o que dirá algo efetivamente existente) quer a partir do existente (pois neste caso teria existido sempre e nunca passado a existir). O que existe, por conseguinte, não passou a existir. Por conseguinte, sempre existiu. Tampouco o que existe será destruído. Pois o que existe não pode transformar-se seja no não-existente (no que concordam as ciências naturais), seja no existente (pois que neste caso ainda perduraria e não seria destruído). Portanto, sempre existiu e existirá sempre.

Uma vez que aquilo que vem à existência tem um início, o que não vem à existência não tem um início. Porém o que existe não veio à existência. Portanto não tem um início. Por outro lado, o que é destruído tem um fim, e se algo é indestrutível não tem um fim. Por conseguinte, aquilo que existe, sendo indestrutível, não tem um fim. Mas aquilo que não tem nem início nem fim é, na verdade, infinito. Portanto, aquilo que existe é infinito.

Se algo é infinito também será único. Pois que se houvesse duas coisas, essas não poderiam ser infinitas, mas teriam limites que colidiriam uns contra os outros. Contudo, aquilo que existe é infinito. Portanto, não existe uma pluralidade das coisas existentes. Portanto, aquilo que existe é único.

Sendo único, é também imutável. Porquanto o que é único é sempre homogêneo em si mesmo, e o que é homogêneo não pode quer perecer, quer crescer, quer modificar seu arranjo, quer sofrer dor ou aflição. Pois caso se submetesse a qualquer um desses fatores deixaria de ser homogêneo. Pois qualquer coisa que atravessa qualquer mudança, seja de que natureza for, move-se de um determinado estado para um estado diverso. Nada, porém, é diferente daquilo que existe. Por conseguinte, não se modificará. Outrossim, nada quanto existe é vazio; pois o que é vazio é nada, e o que é nada não pode existir. Portanto, aquilo que existe não se move – pois que não tem parte alguma onde se mover se nada é vazio. Tampouco pode contrair-se em si mesmo. Pois que nesse caso seria a um só tempo mais sutil e mais denso do que si próprio, o que é impossível. Antes, o que é sutil é, por essa razão, mais vazio do que o que é denso – mas o que é vazio não existe. Deveríamos julgar se aquilo que existe é pleno ou não observando se o mesmo acomoda ou não outro algo: caso tal não se verifique, é pleno; do contrário, não é pleno. Ora, não sendo vazio, necessariamente será pleno; e, sendo assim, não poderá mover-se – não porque seja impossível mover-se através daquilo que é pleno, como afirmamos no caso de corpos, mas porque a totalidade do existente não pode mover-se quer em direção ao existente (pois que nada existe à parte este), quer em direção ao não-existente (pois o não-existente não existe).

(Simplício, *Comentário à Física*, 103.13-104.15)

Todos os fragmentos remanescentes da dedução de Melisso foram preservados por Simplício.

Melisso mostrou o caráter não-gerado daquilo que existe empregando esse axioma comum [*i.e.*, o axioma de que nada provém do nada]. Escreve ele nos seguintes termos:

Tudo quanto existiu sempre e sempre existirá. Pois caso tivesse sido gerado, antes de ter sido gerado necessariamente nada seria. Ora, nada sendo, de modo algum passaria a ser algo a partir de sua condição de nada. [30 B 1]

(*Ibid.*, 162.23-26)

Melisso expõe a questão como segue:
> *Ora, uma vez que não foi gerado, mas existe, terá existido e sempre existirá, e não tem início nem fim, mas é infinito. Pois tivesse sido gerado haveria de ter um início (pois teria, em algum momento, passado a existir) e um fim (pois teria, em algum momento, cessado de existir). E se não teve início ou fim, mas sempre existiu e para sempre existirá, não tem começo nem fim. Porquanto o que não existe por inteiro não pode existir para sempre.* [B 2]

... Assim como assevera que aquilo que veio a existir é finito em sua existência, afirma que aquilo que sempre existe é infinito em sua existência. Deixa isso claro quando escreve:
> *Mas exatamente como existe sempre, assim também em magnitude deve ser sempre infinito.* [B 3]

Por magnitude não se refere ele a extensão; pois ele próprio demonstra que aquilo que existe é indivisível:
> *Se aquilo que existe foi dividido,* diz ele, *o mesmo está em movimento; mas se está em movimento não tem existência.* [B 10]

Refere-se, antes, por magnitude à eminência de sua realidade. Pois indicou que o sentido de suas palavras é o de que aquilo que existe é incorpóreo ao afirmar:
> *Ora, se existe, deve ser uno; sendo uno, porém, necessariamente não logrará possuir um corpo.* [cf B 9]

E conjuga ele infinitude de existência com eternidade, ao dizer:
> *Nada quanto tem um início e um fim é eterno ou infinito,* [B 4]

de sorte que aquilo que não os tem é infinito.

A partir da infinitude ele inferiu o caráter único, através da noção de que não sendo uno seria limitado por outro algo. [B 5]

(Simplício, *Comentário à Física*, 109.19-110.6)

Em outra parte, Simplício registra a inferência com respeito ao caráter único nas palavras do próprio Melisso:

E se Melisso intitulou sua obra Sobre a Natureza ou Sobre o Existente, fica patente que considerava ser a natureza aquilo que existe e os objetos naturais, i.e., os objetos perceptíveis, as coisas existentes. Possivelmente seja por essa razão que Aristóteles afirmou que, ao declarar uno aquilo que existe, presumiu não haver nada além das substâncias perceptíveis. Pois, dado que aquilo que é perceptível positivamente parece existir, então se aquilo que existe é único, não existirá nada além do que seja perceptível. Melisso afirma:
Pois que sendo infinito será uno. Pois se forem dois, não poderão ser infinitos, mas estarão reciprocamente limitados. [B 6]
(Simplício, Comentário a Sobre os Céus, 557.10-17)

Contudo, uma vez que Melisso escreveu em um estilo arcaico, mas não de maneira obscura, apresentemos essas próprias frases arcaicas de sorte que aqueles que as lerem possam discernir com mais precisão entre as interpretações mais apropriadas. Pois concluindo suas observações anteriores e introduzindo sua interpretação da mudança, afirma Melisso:
Dessa forma, portanto, é eterno, infinito, uno e homogêneo por completo. E não deverá perecer, nem aumentar, nem modificar sua ordem, nem padecer de dor ou sofrer aflição. Pois que sendo sujeito a qualquer um desses fatores deixaria de ser uno.

Pois que alterando-se, necessariamente aquilo que existe não será homogêneo, pois o que existia previamente haverá de perecer e o que não existia passará a existir. Ora, se devesse alterar-se por um único fio de cabelo em dez mil anos, haveria de perecer por completo na totalidade do tempo.

Tampouco pode modificar sua ordem. Pois que a ordem previamente existente não é destruída, como também não passa a existir aquilo que não existia. E, uma vez que nada é acrescido, perece ou se modifica, como poderia algo existente modificar sua ordem? Pois, em sendo modificado seja em que sentido for, iria modificar assim também sua ordem.

Tampouco padece de dor. Pois que se estivesse enfermo não existiria totalmente; porquanto algo que esteja em dor não pode existir sempre, e tampouco possui a mesma força daquilo que é saudável. Tampouco seria homogêneo se devesse padecer de dor; pois que sofreria dor pela perda ou pelo acréscimo de algo, deixando, assim, de ser homogêneo. Tampouco é possível àquilo que é saudável padecer de dor; porquanto a saúde que antes existia viria a perecer e aquilo que anteriormente não existia passaria a existir.

Quanto ao sofrimento de aflição, aplicam-se os mesmos argumentos empregados com respeito à dor.

Tampouco é vazio sob nenhum aspecto. Pois o que é vazio nada é; e assim, nada sendo, não teria existência.

Tampouco se move. Pois que não há meios de se afastar, uma vez que é pleno. Pois em sendo vazio haveria de afastar-se para a parte vaga, mas, uma vez não sendo vazio, não tem lugar algum aonde afastar-se. E não será denso ou sutil. Pois o que é sutil não pode ser tão pleno como o que é denso, mas o que é sutil torna-se, por conseguinte, mais vazio do que o que é denso. Cumpre distinguir entre o que é pleno e o que não é pleno da seguinte maneira: em cedendo em absoluto ou abrigando, não é pleno; em não cedendo ou abrigando, é pleno. Ora, não sendo vazio necessariamente deverá ser pleno. Sendo pleno, portanto, não haverá de mover-se. [B 7]

São essas as palavras de Melisso.

(Simplício, *Comentário à Física*, 111.15-112.15)

A coisa única que postulam como existente, sendo indivisível, não será finita ou infinita à maneira que o são os corpos. Pois Parmênides situa os corpos entre os objetos de opinião, ao passo que Melisso assevera:

Sendo uno, necessariamente não logrará possuir um corpo. Mas tivesse volume, também teria partes e deixaria de ser uno. [cf. B 9]

(Ibid., 87.4-7)

O fragmento final mostra que o livro de Melisso continha uma parte crítica, bem como construtiva.

Melisso, porquanto escreveu em prosa, forneceu um relato mais claro [do que Parmênides] de suas idéias acerca dos [objetos perceptíveis], tanto implicitamente ao longo de sua argumentação como explicitamente na passagem que se segue. Tendo afirmado que aquilo que existe é uno, não-gerado, imóvel e ininterrupto por nenhum vazio, sendo totalmente pleno de si mesmo, prossegue ele:

> Ora, esse argumento é a maior prova de que uma única coisa existe; mas existem ainda as provas que se seguem. Caso existissem múltiplas coisas, essas teriam de possuir as características que apontei para a coisa única. Pois se existe terra, água, ar, fogo, ferro, ouro, coisas vivas e mortas, preto e branco e as demais coisas que os homens afirmam ser verdadeiras – se existem essas coisas e nós enxergamos e ouvimos corretamente, então cada uma delas deve ser tal como pareceu-nos à primeira vista, não podendo mudar ou modificar-se, mas cada uma deve ser sempre exatamente aquilo que é. Contudo, estamos afirmando que enxergamos, escutamos e compreendemos corretamente. Mas o quente parece-nos tornar-se frio, o frio tornar-se quente, o rijo amolecer, enquanto as coisas vivas parecem morrer e ganhar vida a partir do que não é vivo, e todas essas coisas parecem modificar-se, e tudo quanto foi e é agora de modo algum parece homogêneo, pois o ferro, que é rijo, se gasta ao contato com os dedos, da mesma forma como o ouro, as pedras e qualquer outra coisa que aparente ser forte e a terra e as pedras parecem originar-se da água. [[Resultando, com isso, que não percebemos ou conhecemos as coisas existentes.]]*

> Ora, essas coisas não concordam entre si. Pois dissemos que existem muitas coisas eternas com formas e força próprias, porém todas elas parecem-nos alterar-se e modificar-se com relação àquilo que eram a cada vez que são vistas. Fica patente, assim, que não enxergamos corretamente e nem corretamente parecem existir aquelas múltiplas coisas. Pois não se

---

* A frase contida nos colchetes duplos aparece aqui em nossos manuscritos de Simplício; está, porém, claramente deslocada e deveria, como é provável, ser suprimida.

modificariam se fossem verdadeiras, mas cada qual seria tal como pareceu ser; pois nada é mais poderoso do que aquilo que é verdadeiro. E caso se modificassem, aquilo que existe teria perecido e o inexistente teria passado a existir. Dessa forma, portanto, em existindo muitas coisas, estas devem ser tal como o é a coisa única. [B 8]

Melisso, assim, claramente explica por que eles [i.e. Parmênides e Melisso] dizem que os objetos perceptíveis não existem, mas parecem existir.

(Simplício, *Comentário a Sobre os Céus*, 558.17-559.13)

11. Zenão

Zenão era natural de Eléia. Foi amigo e, em certo sentido, discípulo de Parmênides. Nada conhecemos acerca de sua vida e ressentimo-nos da ausência de uma cronologia precisa. Platão narra o episódio de um encontro entre Zenão e Sócrates: muito embora a confiabilidade da narrativa seja objeto de discussão, será proveitoso citar a passagem em toda a sua extensão.

Segundo Antífon, Pitodoro afirmou que Zenão e Parmênides de certa feita vieram [a Atenas] para o festival das Grandes Panatenéias. Parmênides já era um homem avançado em anos, de cabelos brancos, porém de nobre aparência – contava aproximadamente 65 anos. Zenão contava na ocasião por volta de 40, alto e exibindo uma bela figura – dizia-se que teria sido amante de Parmênides. Estavam eles alojados em companhia de Pitodoro, fora dos muros da cidade, no Cerâmico. Ali receberam a visita de Sócrates e alguns outros, ansiosos por ouvir os escritos de Zenão – pois era aquela a primeira oportunidade em que haviam sido levados por eles a Atenas. Sócrates era então muito jovem.

O próprio Zenão leu para eles, enquanto Parmênides casualmente não se encontrava no local. Muito pouco, apenas, restava para ser lido da argumentação, relatou Pitodoro, quando este retornou acompanhado de Parmênides e

Aristóteles (que se tornaria um dos 30 tiranos); de sorte que puderam escutar tão-somente uma pequena parte dos escritos – muito embora o próprio Pitodoro tivesse escutado Zenão anteriormente.

Quando Sócrates terminou de escutá-lo, pediu a Zenão que tornasse a ler a primeira hipótese do primeiro argumento. Terminada a leitura, falou: "O que queres dizer com isso, Zenão? Estás dizendo que se mais coisas existem além de uma deverão ser estas semelhantes e dessemelhantes a um só tempo? Mas isso é impossível – porquanto as coisas dessemelhantes não podem ser semelhantes ou coisas semelhantes ser dessemelhantes."

"Sim", confirmou Zenão.

"De sorte que se é impossível às coisas dessemelhantes tornarem-se semelhantes e às coisas semelhantes serem dessemelhantes, é impossível que mais de uma coisa exista. Porquanto se múltiplas são as coisas que existem, teriam essas propriedades impossíveis. Será esse o objetivo de teus argumentos – contestar, contrariamente a tudo o que reza a opinião comum, que não existe mais coisa do que uma? E consideras cada um de teus argumentos uma prova dessa mesma conclusão, de modo que presumes fornecer tantas provas quantos argumentos compuseste a fim de demonstrar que não existem múltiplas coisas? Será isso o que queres dizer, ou terei compreendido erroneamente tuas palavras?"

"Não", respondeu Zenão, "atinaste perfeitamente a intenção geral do livro."

"Percebo, Parmênides", disse Sócrates, "que nosso Zenão quer estar a ti vinculado não somente através do amor que te dedica como também através de seu tratado. Pois que em certo sentido escreveu o mesmo que tu, muito embora através de alterações busque conduzir-nos erroneamente a imaginar que esteja dizendo algo diferente. Afirmas *tu* em teus poemas que o universo é uno, e apresentas excelentes evidências em favor de tal doutrina. Afirma *ele* que não existem coisas múltiplas e também ele apresenta diversas e persuasivas provas de tal. Um de vós diz que uma única coisa existe, o outro que não existem coisas diversas, e cada um de vós se expressa de tal maneira que pareceis não estar em absoluto dizendo as mesmas coisas, embora estejais *sim* dizendo exatamente as mesmas coisas – algo que parece situar-se acima das cabeças do comum de nós."

"Sim, Sócrates", replicou Zenão; "mas não compreendeste por completo o verdadeiro significado de meu livro. Qual um cão de caça espartano, és perspicaz em perseguir e rastrear minhas palavras. No entanto, primeiramente, não percebeste que meu livro em realidade não é tão presunçoso – não o compus com a intenção que descreves apenas para ocultar o fato das gentes, como se tal fosse um grande feito. Mencionaste um rasgo acidental do livro: em verdade, trata-se de uma espécie de defesa dos argumentos de Parmênides contra aqueles que buscam ridicularizá-lo alegando que, se uma única coisa existe, então sua argumentação conduz a diversas conclusões absurdas e contraditórias. Meu livro combate aqueles que sustentam a existência de múltiplas coisas, objetivando demonstrar que suas hipóteses, a da existência de múltiplas coisas, conduz a conclusões mais ridículas ainda, se examinares com propriedade, do que a hipótese de que somente uma coisa existe. Foi com essa espécie de ambição que o escrevi quando jovem. Uma vez concluída a escrita, alguém furtou-a, de modo que me foi impossível sequer considerar se deveria vir à luz ou não."

(Platão, *Parmênides*, 127A-128D)

O tratado de Zenão consistia em uma série de argumentos destinados a demonstrar que a "hipótese", ditada pelo senso comum, da existência de uma diversidade de coisas conduz ao absurdo. Fontes posteriores afirmam tratar-se, no todo, de 40 argumentos. Substanciais fragmentos de dois desses argumentos chegaram até nós; Aristóteles fornece uma paráfrase crítica de mais quatro; possuímos, ainda, relatos de outros dois.

A totalidade dos fragmentos está preservada no comentário de Simplício à Física. *Simplício discute uma passagem em que Aristóteles refere-se a dois argumentos, o argumento de que "tudo é um" e o argumento "da dicotomia". A passagem foi interpretada de maneiras diversas pelos comentadores de Aristóteles, e as citações de Zenão por parte de Simplício ocorrem na investigação que empreende de tais divergências.*

Diz Alexandre que o segundo argumento, o da dicotomia, é de autoria de Zenão, e que afirma este que se aquilo que existe possui magnitude e é dividido, passará então a ser vários e não mais único, provando com isso a inexistência do uno... Alexandre parece ter adotado a opinião de que Zenão rechaça a coisa única com base nos escritos de Eudemo. Porquanto em sua *Física* afirma Eudemo que:

> Isso, portanto, não existe, muito embora alguma coisa única exista? Tal era o enigma. Conta-se que Zenão afirmou que estaria apto a discorrer sobre o que existe tão logo alguém lhe explicasse o que seria o uno. Intrigava-o, parece, o fato de cada objeto perceptível receber diversas denominações tanto por via de predicação como por ser divisível em partes, ao passo que as grandezas não são absolutamente nada (pois considerava que aquilo que não se avoluma ao receber acréscimo nem decresce quando subtraído não era coisa existente).

Ora, é com efeito provável que Zenão argumentasse em favor de ambos os lados a título de exercício intelectual (razão pela qual é alcunhado "bilíngüe") e que tenha efetivamente publicado argumentos dessa natureza visando propor enigmas sobre o uno. Em seu tratado, porém, que contém uma série de argumentos, demonstra ele em cada caso que todo aquele que afirma a existência de múltiplas coisas incorre em inconsistências.

Existe um argumento no qual demonstra que se múltiplas coisas existem, estas devem ser, a um só tempo, grandes e pequenas – tão grandes a ponto de serem infinitas em magnitude e tão diminutas a ponto de não possuírem magnitude alguma. Demonstra ele aqui que aquilo que é totalmente desprovido de magnitude, massa e volume nem sequer existe. Pois afirma:

> *caso fosse acrescido a qualquer outra coisa não a faria maior. Pois que se é nulo em magnitude, mas recebe um acréscimo, [a outra coisa] nada poderá aumentar em magnitude. Assim, a coisa acrescida será, portanto, nula. E se quando subtraída a outra coisa em nada diminui – e não se avolumará ao ser novamente acrescida – fica evidente que aquilo que foi acrescido e subtraído nada era.* [29 B 2]

O propósito de Zenão ao dizer isso não é refutar o uno, mas demonstrar que as múltiplas coisas possuem uma magnitude – uma magnitude que em verdade é infinita, dado o fato de que, em razão da infinita divisibilidade, haverá sempre algo anterior a qualquer coisa que se tome. E demonstra ele isso tendo primeiro demonstrado que não possuem magnitude idêntica a si mesma e única. (Temístio afirma que a argumentação de Zenão estabelece que aquilo que existe é uno, baseando-se no fato de que o mesmo é contínuo e indivisível; "pois que se fosse dividido", assevera, "não seria uno, rigorosamente falando, em razão da infinita divisibilidade dos corpos". Zenão, todavia, parece antes afirmar a inexistência de múltiplas coisas.)

Sustenta Porfírio que o argumento da dicotomia pertencia a Parmênides, que procurou demonstrar por seu intermédio que aquilo que existe é uno. Escreve nos seguintes termos:

> Parmênides tinha outro argumento, aquele baseado na dicotomia, que pretende demonstrar que aquilo que existe é uma única coisa e, ademais, desprovida de partes e indivisível. Pois que sendo divisível, afirma, divida-se-o em dois – e, em seguida, cada uma de suas partes em dois. Repetindo-se tal operação indefinidamente, é evidente, afirma, que ou bem restarão algumas magnitudes finais, mínimas, atômicas e em número infinito, de forma que, no todo, a coisa será constituída por uma quantidade infinita de *minima*; ou bem deve-

rá desaparecer e dissolver-se no nada, sendo, portanto, constituída de nada. Tais conseqüências, entretanto, são absurdas. Por conseguinte, não será dividido, mas permanecerá uno. Além do que, uma vez que é idêntico em toda parte, se for realmente divisível será divisível em toda parte de maneira idêntica, e nunca divisível em uma parte e indivisível noutra. Admitamos, então, que tenha sido dividido em toda parte. É evidente, mais uma vez, que nada restará, mas que a coisa desaparecerá; e sendo formada de qualquer modo, tornará a ser formada a partir do nada. Pois que se algo permanece é porque ainda não foi dividido em toda parte. Assim, com base nessas considerações também fica patente, diz ele, que aquilo que existe será indivisível, desprovido de partes e uno...

Porfírio está correto ao referir-se aqui ao argumento baseado na dicotomia como introduzindo o uno indivisível via o absurdo conseqüente da divisão; cabe indagar, porém, se o argumento é verdadeiramente de autoria de Parmênides e não de Zenão, como imagina Alexandre. Pois nada no gênero figura nos escritos parmenideanos, e a maioria dos estudiosos atribui o argumento da dicotomia a Zenão – sendo inclusive mencionado como de autoria de Zenão na obra de Aristóteles *Sobre o Movimento* [isto é, *Física*, 239b9]. E por que contestá-lo quando tal é efetivamente encontrado no tratado do próprio Zenão? Pois, demonstrando que, se múltiplas são as coisas existentes, elas serão finitas e infinitas, escreve Zenão nos termos seguintes:

Sendo múltiplas as coisas existentes, é necessário a elas que sejam tantas quantas são, e não em número maior ou menor. Contudo, sendo tão numerosas quanto são, serão finitas. Sendo múltiplas, são infinitas as coisas existentes. Pois sempre haverá outras entre as coisas existentes e, a seu turno, outras tantas entre estas. Assim, infinitas são as coisas existentes. [B 3]

E, dessa forma, comprovou ele a infinitude quantitativa a partir da dicotomia. Quanto à infinitude no que respeita à magnitude, comprovou-a anteriormente no mesmo argumento. Pois tendo provado primeiro que se aquilo que existe não possuísse magnitude alguma nem sequer existiria, prossegue ele:

Mas, se existe, é necessário que cada coisa seja provida de algum volume e magnitude, e que uma de suas partes guarde alguma distância da outra. O mesmo argumento aplica-se à parte diante dela. Porquanto também esta terá uma magnitude, e uma parte sua estará à frente. Ora, é absolutamente o mesmo fazer tal afirmação uma vez e fazê-la eternamente. Pois não haverá nenhuma parte última tal que não mais exista uma parte à frente de outra. Dessa forma, se múltiplas são as coisas existentes, é imperativo para estas serem ao mesmo tempo diminutas e vastas – tão diminutas a ponto de não terem magnitude, e tão vastas a ponto de serem infinitas. [B 1]

Talvez, então, o argumento da dicotomia seja de autoria de Zenão, como advoga Alexandre, embora não esteja rechaçando o uno, mas sim a multiplicidade (ao demonstrar que aqueles que defendem essa hipótese estão fadados a inconsistências), confirmando, assim, a idéia de Parmênides de que o existente é uno.

(Simplício, *Comentário à Física*, 138.3-6, 138.29-140.6, 140.18-141.11)

Aristóteles discute quatro dos argumentos de Zenão na Física. *O registro é conciso, enquanto o texto, em algumas partes cruciais, é incerto.*

É com falácia que argumenta Zenão. Pois se, afirma ele, tudo se encontra sempre em repouso quando num espaço idêntico a si mesmo, e se aquilo que se desloca encontra-se sempre num espaço tal em qualquer instante, então a flecha que se desloca mantém-se imóvel. O que é falso; pois o tempo não é composto de instantes indivisíveis – como tampouco nenhuma outra magnitude.

Os argumentos de Zenão acerca do movimento, que tamanha perturbação causam àqueles que buscam solucioná-los, são em número de quatro.

O primeiro sustenta que nada se move, uma vez que aquilo que se desloca deve primeiro atingir o ponto intermédio da trajetória antes de atingir o final. Já discutimos a questão anteriormente.

O segundo é o chamado argumento de Aquiles. Propõe que o mais lerdo dos entes jamais será alcançado quando correndo ao lado do mais veloz. Pois aquele que persegue deve primeiro atingir o ponto de partida do perseguido, de sorte que o mais lerdo estará, necessariamente, sempre adiante daquele. Trata-se do mesmo argumento que o da dicotomia, diferindo, porém, no sentido de que as magnitudes adicionais não são divididas ao *meio*. Ora, o argumento leva a concluir que o mais lerdo não é alcançado, incorrendo-se no mesmo erro que na dicotomia (em ambos os argumentos segue-se que é impossível alcançar-se o fim se a magnitude for dividida de determinada maneira – embora exista aqui o dado adicional de que nem sequer o mais veloz corredor hipotético alcançará sua meta quando em perseguição ao mais lerdo); por conseguinte, a solução deve ser a mesma. E é falso afirmar que o que vai na frente não é alcançado: não é alcançado *enquanto vai na frente*, mas, não obstante, é *efetivamente* alcançado (conquanto se lhe garanta cobrir uma distância finita).

Esses, pois, são dois dos argumentos. O terceiro, aquele que acabamos de enunciar, pretende que a flecha a se deslocar mantém-se imóvel. Depende da premissa de que o tempo é composto de instantes; pois se tal hipótese não for admitida não se completa a inferência.

O quarto é o argumento acerca dos corpos a se moverem no estádio em sentidos opostos, um número determinado passando por um número idêntico; o primeiro grupo iniciando a partir da extremidade do estádio e o outro a partir do centro; e ambos os grupos movendo-se em velocidades iguais. Na concepção dele, segue-se que a metade do tempo é equivalente ao seu dobro. A falácia consiste em afirmar que magnitudes iguais movendo-se a velocidades iguais, a primeira passando por um objeto em movimento e a segunda por um objeto estacionário, deslocam-se por um idêntico espaço de tempo. Isso, porém, é falso.

Por exemplo, chamemos os corpos estacionários de AA; chamemos de BB aqueles que partem do centro, idênticos em número e magnitude aos primeiros; e chamamos de CC aqueles que partem da extremidade, idênticos em número e magnitude aos primeiros e idênticos em velocidade aos Bs. Segue-se que, ao passarem uns pelos outros, o primeiro B e o primeiro C atingirão a extremidade no mesmo tempo. Segue-se, ainda, que o C passou por todos eles, enquanto o B passou por metade. Por conseguinte o tempo é a metade – pois ambos movem-se ao longo de cada um por um tempo equivalente. Segue-se, concomitantemente, que o primeiro B deslocou-se passando por todos os Cs; pois que o primeiro C e o primeiro B estarão em extremidades opostas ao mesmo tempo (estando, conforme sua asserção, ao longo de cada qual dos Bs por um tempo equivalente àquele pelo qual se encontra ao longo de cada um dos As) – porquanto ambos se movem ao longo dos As por um tempo idêntico. Eis o argumento, e este se apóia na falsidade por nós mencionada.

(Aristóteles, *Física*, 239b5-240a18)

Aristóteles reporta-se à sua discussão anterior do primeiro dos argumentos de Zenão:

O argumento de Zenão pressupõe que seja impossível transpor um número infinito de coisas, ou tocar individualmente um número infinito de coisas, em um tempo finito. Isso, porém, é inverídico. Pois que tanto as distâncias como os tempos – e inclusive todos os *continua* – são tidos com infinitos em dois sentidos: quer por divisão quer em relação a suas extremidades. Assim, não é possível tocar um número quantitativamente infinito de coisas em um tempo finito, mas é *efetivamente* possível tocar coisas infinitas quanto à divisibilidade. Pois que, nesse sentido, o próprio tempo é infinito. Segue-se, portanto, que aquilo que é infinito é transposto em um tempo infinito e não em um tempo finito, e que as coisas infinitas são tocadas não em muitos momentos finitos, mas em infinitos momentos.

(*Ibid.*, 233a21-31)

Os autores posteriores nada acrescentam ao registro aristotélico desses paradoxos. Diógenes Laércio supostamente cita uma frase de Zenão, porém a maior parte dos estudiosos põe em dúvida sua autenticidade:

Zenão rechaça o movimento, dizendo:
Aquilo que se move não o faz nem no lugar em que se encontra nem no lugar em que não se encontra. [B 4]
(Diógenes Laércio, *Vida dos Filósofos* IX, 72)

Dois outros argumentos zenonianos são mencionados por Aristóteles e explicados mais detalhadamente por Simplício:

É evidente que nada pode estar situado em si mesmo enquanto seu lugar primordial. O enigma de Zenão – de que se existem os lugares estes deverão estar *em* algo – não é de difícil solução. Pois nada impede que o lugar primordial de algo esteja situado em outro algo – porém não em si mesmo como em um lugar.

(Aristóteles, *Física*, 210b22-25)

O argumento de Zenão parecia negar a existência de um lugar. Sua proposição dava-se nos seguintes termos: se existem lugares, estes deverão estar situados em algo; pois que tudo quanto existe se encontra em algo. Mas aquilo que se encontra em algo se encontra em algum lugar. Por conseguinte, os lugares estão em lugares – e assim *ad infinitum*. Por conseguinte, não existem lugares... Eudemo relata a concepção de Zenão da seguinte maneira:

> O enigma de Zenão parece conduzir à mesma conclusão. Pois afirma ele que tudo quanto existe se encontra em algum lugar. Mas se os lugares estão entre as coisas que existem, onde estarão situados? Seguramente em outro lugar – e este em outro, e assim por diante.
>
> (Simplício, *Comentário à Física*, 562.3-6, 563.17-20)

A proposição de Zenão – de que qualquer parte de um grão de painço produz um som – é falsa; pois que nada impede que não se produza absolutamente efeito algum, em qualquer espaço de tempo, no ar que toda uma partida desses grãos põe em movimento.

(Aristóteles, *Física*, 250a19-22)

Tendo afirmado que se a totalidade da força movesse a totalidade do peso por uma certa distância durante um certo tempo, não decorre daí que metade da força possa, no mesmo tempo, mover a totalidade do peso por metade – ou qualquer parte – da distância (tampouco será capaz cada parte da força que moveu o peso por completo mover o peso por completo por um tempo e uma distância dados), [Aristóteles] assim soluciona o problema proposto por Zenão de Eléia a Protágoras, o sofista. "Diz-me, Protágoras", falou, "acaso um grão de painço – ou uma décima milésima parte de um grão – produz algum som ao cair?" Protágoras respondeu negativamente. "Porém", disse ele, "acaso uma partida de grãos de painço produz algum som ao cair, ou não?" Quando respondeu que uma partida efetivamente produz um som, Zenão falou: "Neste caso, pois, não haverá uma proporção entre a partida de grãos de painço e um único grão – ou a décima milésima parte de um único grão?" Protágoras assentiu. "Se assim é", disse Zenão, "não haverá semelhantes proporções entre os sons? Pois dá-se com os sons o mesmo que se dá com os agentes que os produzem. E, sendo este o caso, se a partida de grãos de painço produz um som, o grão isolado – e a décima milésima parte de um único grão – igualmente há de produzir um som." São esses os argumentos de Zenão.

(Simplício, *Comentário à Física*, 1108.14-28)

Parte III

Parte III

12. Empédocles

Empédocles era natural de Agrigento, na Sicília. Vinha de uma família próspera e influente – seu avô conquistou uma vitória no hipismo por ocasião dos jogos olímpicos de 496 a.C. Sua cronologia é incerta, uma vez que as diferentes figuras citadas por nossas fontes não se encaixam entre si. Aristóteles supostamente teria afirmado que morreu aos 60 anos: o remanescente de nossos testemunhos sugere que o período compreendido entre cerca de 495 e 435 a.C. pode corresponder, grosso modo, a seu tempo de vida.

Foi aparentemente um indivíduo de certa importância política (a tradição aponta-o como um democrata acerbo), além do que talvez tenha exercido a profissão de médico. Escreveu uma série de obras, todas elas em verso, dentre as quais as de maior relevância seriam ulteriormente intituladas Sobre a Natureza e Purificações. Numerosos fragmentos dessas obras chegaram às nossas mãos, alguns deles consideravelmente extensos; as fontes, contudo, raramente atribuem-nos a um ou outro poema, como raramente indicam a ordem em que teriam figurado no poema original. As questões de atribuição e organização vêm ocupando intensamente os estudiosos, embora pouco progresso tenha sido alcançado.

Traduzirei em primeiro lugar as passagens que seguramente, provavelmente ou t alvez provenham de Sobre a Natureza, e em seguida as passagens que seguramente, provavelmente ou talvez provenham das Purificações. Devo enfati-

zar que várias dentre as atribuições implícitas nas páginas seguintes são altamente incertas.

SOBRE A NATUREZA

A dedicatória e talvez o primeiro verso de Sobre a Natureza chegaram até nós:

Pausânias, segundo Aristipo e Sátiro, era amante [de Empédocles], a quem dedicou *Sobre a Natureza* com as seguintes palavras:
> Ouve, ó Pausânias, filho do sábio Anquito... [31 B 1]

(Diógenes Laércio, *Vidas dos Filósofos* VIII, 60)

Empédocles prometeu a Pausânias notáveis poderes e exortou-o a guardar cuidadosamente seu conhecimento:

Segundo Sátiro, afirma Górgias que ele estava pessoalmente presente quando Empédocles realizou feitos mágicos, e o próprio Empédocles professa o mesmo – e muita coisa além – em seus poemas, nos quais declara:
> Conhecerás as drogas existentes para as enfermidades e
> a defesa contra a velhice, uma vez que somente para ti
> hei de empreender tudo isso. E deterás a força dos
> infatigáveis ventos que varrem a terra e com seu
> sopro dizimam os campos, e ainda, se o desejares,
> atrairás brisas reparadoras. E ao fim da chuva negra
> produzirás uma oportuna estiagem para os homens, e ao
> fim da estiagem veranil produzirás as torrentes de
> água oriundas do éter de que se nutrem as árvores.
> E do Hades trarás a força dos homens mortos. [B 111]

(*Ibid.* VIII, 59)

... Tal, segundo Empédocles, é a geração e a dissolução de nosso mundo e sua composição a partir do bem e do mal.

Afirma que existe, ainda, uma terceira força inteligível que pode, por sua vez, ser formada a partir destas. Escreve ele:
*Pois se as forçares a penetrar teu palpitante espírito
e as vigiares com benevolência e atenções puras, todas
elas permanecerão efetivamente contigo no curso de tua
existência, e delas obterás muitas outras; pois que
elas mesmas hão de crescer, cada qual em seu caráter,
consoante a natureza de cada uma. Mas se te lançares em
busca de coisas de uma diferente espécie e que entre os
homens são inumeráveis, insignificantes e lhes turvam o
discernimento, não tardarão elas em te abandonar
segundo a revolução do tempo, desejosas de regressar à
sua cara estirpe; pois fica sabendo que todas têm
inteligência e são partícipes do pensamento.* [B 110]
(Hipólito, *Refutação de Todas as Heresias* VII, xxix 25-26)

[Empédocles] aconselha Pausânias, à maneira pitagórica, a *guardar* suas doutrinas *em uma mente silenciosa* [B 5]; e, em geral, esses homens consideram divino o silêncio.
(Plutarco, *Questões de Convivas*, 728E)

O entendimento superior de Empédocles depende de uma adequada apreciação das fontes do conhecimento humano:

No que se refere à noção de que o discernimento da verdade não jaz nos sentidos, [Empédocles] escreve o seguinte:
*Pois que estreitos são os recursos dispersos pelos membros,
e muitas são as míseras barreiras que turvam o pensamento.
Tendo visto um pequeno fragmento da vida,
para rapidamente morrer, qual fumaça erguem-se os
 homens e se desvanecem,
persuadidos tão somente do que encontrou cada um
enquanto impelidos em todas as direções. Quem, pois,
 arroga-se ter conhecido o todo?
Assim, tais coisas não se destinam a serem vistas pelos homens,
nem ouvidas nem apreendidas por suas mentes.* [B 2.1-8]

Quanto à noção de que a verdade não é completamente inatingível, mas que pode ser apreendida conquanto a razão humana a alcance, ele a torna clara na seqüência dos versos que acabamos de citar:
Tu, assim, porquanto até aqui vieste,
nada mais aprenderás do que pode alcançar o entendimento
  mortal. [B 2.8-9]
Nos versos seguintes, combate aqueles que dão ares de conhecer mais e postula que aquilo que é captado por intermédio de cada sentido é digno de confiança, contanto que a razão esteja no comando da percepção (muito embora tivesse negado anteriormente a confiabilidade dos sentidos). Pois assevera ele:
Mas, ó deuses, afastai de minha língua a insânia desses homens,
e de bocas santificadas fazei correr uma pura fonte.
E a ti, Musa de vasta memória, virgem de níveos braços,
eu rogo: o que aos mortais é lícito escutar,
a mim envia-me, conduzindo o dócil carro da piedade.
Não te forçará ela a aceitares as flores da fama e da honra
entre os mortais sob a condição que reveles, audaz, além do que
consente a sagrada ordem. E então de fato te assentes nos
  cimos do saber.
Mas vem, atenta com todos os teus sentidos para o modo como
  cada coisa é manifesta:
não confere à visão mais confiança do que é audição
ou ao ouvir ressoante mais do que ao discernimento da língua,
tampouco permite a nenhum dos demais membros por onde
  transita o pensamento
ser privado de confiança, mas pensa no modo como cada
  coisa se manifesta. [B 3]
    (Sexto Empírico, *Contra os Matemáticos* VII, 122-125)

Quanto ao divino, como afirma o poeta de Agrigento,
  não pode ser acercado pelos olhos
  dos homens ou apanhado com suas mãos, por onde a via
  maior de persuasão conduz os espíritos humanos. [B 133]
      (Clemente, *Miscelâneas* V, xii 8 1.2)

Pois a maior parte das pessoas exige provas enquanto garantia da verdade, não se satisfazendo com a simples segurança oriunda da fé:

> Mas enquanto aqueles que são muito maus quando no poder não têm confiança,
> tu, segundo prescrevem os seguros ensinamentos de nossa Musa, deves aprender, tão logo tenhas esquadrinhado o argumento em teu peito. [B 4]

Pois que os homens perversos, afirma Empédocles, costumeiramente almejam deter poder sobre a verdade desacreditando-a.

(*Ibid.* V, iii 18.3-4)

> *Venturoso*,
> parece, pois, segundo Empédocles,
> *aquele que conquistou a riqueza dos divinos pensamentos,*
> *e mísero aquele cujas crenças sobre os deuses são obscuras.*
> [B 132]

(*Ibid.* V, xiv 140.5)

Compare-se a invocação à Musa no fragmento B 3 com:

A justa razão que luta ao lado do Amor é chamada Musa por Empédocles, que a invoca para lutar a seu lado, nos seguintes versos:

> *Se alguma vez, em nome de alguma efêmera criatura, ó Musa imortal,*
> *for de teu agrado tomar ciência de meus esforços,*
> *posta-te novamente agora junto a este suplicante, Calíope,*
> *enquanto revelo um bom testemunho sobre os bem-aventurados deuses.* [B 131]

(Hipólito, *Refutação de Todas as Heresias* VII, xxxi 4)

Sobre a Natureza *desenvolvia uma narrativa complexa e cíclica do universo. Tudo é composto a partir de quatro elementos ou "raízes". Os fatores moventes primordiais são duas forças, Amor e Discórdia. Os elementos se congregam periodicamente em uma Esfera divina e homogênea. A Esfera então se decompõe e é estabelecido o mundo em uma série de estágios. Em seguida esse desenvolvimento se inverte, e o universo vai gradativamente retornando ao estágio de Esfera. O ciclo cósmico gira incessantemente, sem início e sem fim.*

O poema de Empédocles continha repetições e reprises. Isso se mostra claramente nos fragmentos remanescentes, e o próprio Empédocles o admite:

Porém, como diz Empédocles, para que não me imaginem
   unir um título a outro
   sem completar um único percurso em minhas narrativas, [B 24]
trarei minhas notas introdutórias à sua conclusão apropriada.
        (Plutarco, *Sobre o Declínio dos Oráculos*, 418C)

"Duas e três vezes o necessário": um provérbio significando que se deve falar com freqüência sobre o que é necessário. O verso que deu origem ao provérbio é de autoria de Empédocles. Diz ele:
   Pois belo é falar duas vezes sobre aquilo que é necessário. [B 25]
        (Escoliasta para Platão, *Górgias*, 498E)

Dois longos excertos do comentário de Simplício à Física *fornecem valiosas informações acerca da estrutura geral da narrativa cósmica de Empédocles.*

No primeiro livro de sua *Física*, Empédocles discorre sobre o uno e o finitamente múltiplo e sobre a criação, geração e dissolução periódicas via agregação e desagregação nos seguintes termos:
   Uma dupla narrativa empreenderei. Em determinado
      instante tornaram-se uno
   a partir de muitos e, em outro, voltaram a dispersar-se para
      ser muitos a partir do uno.

*Dupla é a gênese das coisas mortais e duplo é o seu
    desaparecimento:
uma é gerada e destruída pela agregação de tudo,
a outra é criada e se dissipa quando tornam a dispersar-se as
    coisas.
E nunca cessa esta sua contínua transformação,
ora convergindo todas num todo por obra do Amor,
ora tornando a afastar-se por obra do ódio da discórdia.
<Assim, conquanto tenham aprendido a formar um uno a
    partir da pluralidade>
e a novamente tornarem-se múltiplas à medida que se
    desagrega o uno,
nessa medida são engendradas, e efêmera é sua existência;
porém, conquanto jamais cessa sua contínua transformação,
nessa medida existem para sempre, imóveis em um círculo.
Mas vem, atenta em minhas palavras; pois o aprendizado à
    mente alarga.
Conforme antes já disse ao revelar os limites de minhas palavras,
dupla é a narrativa que empreenderei. Em determinado
    instante,
tornaram-se uno a partir de muitos e, em outro, voltaram a
    dispersar-se para ser muitos a partir do uno –
o fogo, a água, a terra e as infindáveis alturas do ar,
e a funesta Discórdia à parte eles, em toda parte equilibrada,
e entre eles o Amor, igual em comprimento e largura.
A ele deves contemplar com tua mente: não deves prostrar-te a
    admirá-lo com os olhos.
Ele é tido como ingênuo também nos membros dos mortais,
por cujo intermédio lhes advêm pensamentos de amor e obras
    de concórdia realizam,
chamando-o Alegria pelo nome e de Afrodite,
a quem nunca se viu rodopiando entre eles –
nenhum homem mortal. Ouve a seqüência de meu discurso
    que não engana;
são estes elementos todos iguais e de mesma idade,
mas desempenham diferentes tarefas e cada qual tem índole
    própria;*

> *e alternadamente prevalecem no ciclo do tempo.*
> *E além destes nada mais ganha existência ou cessa de existir.*
> *Pois se fossem continuadamente destruídos deixariam de existir.*
> *E o que poderia acrescer este universo? e de onde poderia este originar-se?*
> *E onde, com efeito, poderia perecer, uma vez que nada é vazio destes?*
> *Porém são estas as coisas existentes e, passando umas pelas outras,*
> *tornam-se diferentes em ocasiões diferentes – e são sempre e incessantemente as mesmas.* [B 17]

Aqui afirma ele que aquilo que provém de muitos – dos quatro elementos – é uno, e demonstra que a existência deste ora se manifesta quando é dominante o Amor e ora quando o é a Discórdia. Pois nenhum deles desaparece por completo, como o demonstra o fato de que são todos iguais e da mesma idade e que nada passa a existir em acréscimo a eles ou deixa de existir. O múltiplo de onde deriva o uno é plural – pois o amor não é o uno, uma vez que também a Discórdia promove-lhes a unidade.

Tendo mencionado as muitas outras coisas, prossegue ele por delinear o caráter de cada uma, chamando ao fogo Sol, ao ar Claridade e Céu, e à água Chuva e Mar. Eis o que diz:

> *Mas vem, considera esses testemunhos de minhas palavras anteriores,*
> *se algo do que tenha dito antes permaneceu incompleto na forma:*
> *o sol, cálido ao olhar e radiante em toda parte,*
> *os divinos corpos, banhados em calor e fulgurante claridade,*
> *a chuva por toda parte sombria e fria,*
> *e a terra, da qual irrompem coisas firmes e sólidas.*
> *No Ódio se apartam e de diferentes formas se revestem,*
> *porém no Amor convergem e são desejados uns pelos outros.*
> *Pois que deles provém tudo quanto foi, é e virá a ser –*
> *árvores brotam, bem como homens e mulheres,*
> *animais selvagens, pássaros, os peixes que habitam as águas,*
> *e até mesmo os deuses, de longa vida e supremos em honra.*

> *Pois são estes os elementos existentes e, passando uns pelos outros*
> *tornam-se diferentes; porquanto pela mistura se permutam.*
> [B 21]

Forneceu ele uma clara ilustração de como diferentes coisas provêm dos mesmos elementos:

> *Da mesma forma como os pintores que decoram oferendas –*
> *homens bem-formados em sua arte pelo talento –*
> *tomam os diversos pigmentos coloridos nas mãos,*
> *e, misturando-os harmoniosamente, alguns mais, outros menos,*
> *transformam-nos em formas que se assemelham a tudo quanto há,*
> *criando árvores, homens, mulheres,*
> *animais, pássaros, peixes que habitam as águas*
> *e até mesmo deuses, de longa vida e supremos em honra:*
> *portanto, não seja tua mente persuadida pelo equívoco de que existe alguma fonte diversa*
> *para as incontáveis coisas mortais que contemplamos.*
> *Mas toma conhecimento claramente disso, tendo de um deus ouvido o testemunho.* [B 23]

Considera ele essas várias coisas, e não tão-somente o Amor e a Discórdia, como presentes no mundo engendrado, conforme fica claro quando afirma que árvores, homens, mulheres e animais foram gerados a partir delas. E transformam-se estas umas nas outras, conforme o demonstra ao afirmar:

> *Alternadamente prevalecem no decurso do ciclo,*
> *e declinam umas nas outras e se desenvolvem em seu turno determinado.* [B 26.1-2]

Indica que mesmo aquilo que é gerado e destruído possui imortalidade em razão da sucessão, quando afirma:

> *Porém, conquanto jamais cessa sua contínua transformação,*
> *nessa medida existem para sempre, imóveis em um círculo.*
> [B 17.12-13]

Também sugere ele a existência de um duplo mundo – um inteligível e o outro perceptível, um divino e o outro mortal, um contendo coisas enquanto paradigmas e o outro enquanto cópias. Demonstrou isso ao afirmar que não somente as coisas engendradas e perecíveis são compostas destas como também os deuses (a menos que tal devesse ser explicado nos termos empregados por Empédocles). Nos versos seguintes, também tu poderás imaginar que está sugerindo um mundo duplo:

Pois que estão todos unidos com suas próprias partes –
Sol e Terra e Céu e Mar –
que deles foram separadas e em coisas mortais se formaram.
Da mesma forma, aquelas que estão mais inclinadas a se
*   misturar*
são feitas semelhantes por Afrodite e amam-se umas às outras.
Contudo, mais hostis são as coisas que mais diferem umas
*   das outras*
em origem, mistura e forma moldada,
de todo desacostumadas de convergirem e profundamente
*   funestas*
*dada sua conflituada gênese porquanto no ódio foram
*   engendradas*.* [B 22]

Demonstra que as partes se harmonizam mesmo nas coisas mortais, mas que no mundo inteligível são mais unidas e
feitas semelhantes por Afrodite e amam-se umas às outras.
[B 22.5]

Muito embora isso se dê em toda parte, as coisas inteligíveis são tornadas semelhantes por obra do Amor, ao passo que as coisas perceptíveis são dominadas pela Discórdia e apartadas em grau maior, subsistindo, na mistura de sua gênese, em formas que são moldadas e copiadas, originadas na discórdia e não habituadas à união umas com as outras.

Também presumiu que a gênese tem lugar em virtude de alguma agregação e desagregação, como o demonstra a primeira passagem que expus:

Em determinado instante, tornaram-se uno
a partir de muitos e, em outro, voltaram a dispersar-se para
*   ser muitos a partir do uno.* [B 17.1-2]

Observemos também sua observação ao fato de que a geração e a dissolução nada são,

*pois tudo o que existe é mistura e permuta das coisas
misturadas.* [B 8.3]
e a devida agregação e dissociação.
(Simplício, *Comentário à Física*, 157.25-161.20)

Muitos imaginam que, segundo Empédocles, o Amor unicamente foi responsável pela formação do mundo inteligível e a Discórdia unicamente pelo mundo perceptível. Em verdade, no entanto, ele confere a ambos funções próprias em toda parte, conforme podemos percebê-lo a partir de suas palavras na *Física*, onde assevera que Afrodite, ou o Amor, é uma causa da composição criativa também deste mundo. Refere-se ao fogo como Hefaísto, Sol e Chama; à água, como Chuva; e ao ar, como Éter. Afirma isso em diversas instâncias, incluindo nos versos seguintes:

*A terra, aproximadamente igual a eles, casualmente veio a ter
com Hefaísto, Chuva e o fulgurante Éter,
ancorados nos primorosos portos de Afrodite,
quer um pouco maior, quer menor entre os maiores.
E deles engendraram-se o sangue e diferentes espécies de
   carne.* [B 98]

Antes destas linhas refere-se ele em outras à atividade de ambos [Amor e Discórdia] junto às mesmas coisas, com as seguintes palavras:

*Quando alcançou a Discórdia a mais funda profundeza
do vórtice, e o Amor ocupa o centro do turbilhão,
todas essas coisas nele convergem para se tornarem uma
   única,
não de súbito, mas agregando-se voluntariamente de
   diferentes direções.
Ao se misturarem, incontáveis espécies de entes mortais se
   derramam.
Muitas, porém, permanecem não-misturadas entre aquelas
   que se misturam —
aquelas que a Discórdia mantém suspensas; pois não se retirou
ainda por completo para os limites mais remotos do círculo,*

*mas partes dela permanecem nos membros, e partes se
afastaram.
E na medida em que incessantemente se afasta, assim progride
o terno e imortal influxo do absoluto Amor.
E de súbito tornam-se mortais aquelas coisas que
anteriormente aprenderam a ser imortais,
e misturadas aquelas que anteriormente não se misturavam,
intercambiando seus caminhos.
Ao se misturarem, incontáveis espécies de entes mortais se
derramam,
ajustadas a toda sorte de formas, maravilhosas de contemplar.*
[B 35.3-17]

Aqui, claramente afirma ele, ao mesmo tempo, que as coisas mortais foram construídas pelo Amor e que a Discórdia não se manteve de todo exclusa das áreas onde predominava o Amor.

Assim, nos versos em que fornece as características de cada um dos quatro elementos, bem como da Discórdia e do Amor, refere-se de modo claro à mistura de ambos – Discórdia e Amor – em todos eles. São os seguintes os versos:

*O sol, cálido ao olhar e radiante em toda a parte,
os divinos corpos, banhados em calor e fulgurante claridade,
a chuva por toda a parte sombria e fria,
e a terra, da qual irrompem coisas firmes e sólidas.
No Ódio se apartam e de diferentes formas se revestem,
porém no Amor convergem e são desejados uns pelos outros.
Pois que deles provém tudo quanto foi, é e virá a ser –
árvores brotam, bem como homens e mulheres,
animais selvagens, pássaros, os peixes que habitam as águas,
e até mesmo os deuses, de longa vida e supremos em honra.*
[B 21.3-12]

Pouco adiante, ele diz:

*Alternadamente prevalecem no decurso do ciclo,
e declinam umas nas outras e se desenvolvem em seu turno
determinado.
Pois são estes os elementos existentes e, passando uns pelos
outros,*

*tornam-se homens e as demais espécies animais,
ora pelo Amor convergindo em uma única harmonia,
ora cada qual pelo ódio da Discórdia sendo apartado,
até que, tendo-se desenvolvido conjuntamente como um uno,
    são completamente subjugados.
Assim, conquanto tenham aprendido a formar um uno a
    partir da pluralidade,
e novamente tornarem-se múltiplos à medida que se desfaz
    o uno,
nessa medida são gerados e efêmera é sua existência;
porém, conquanto jamais cessa sua contínua transformação,
nessa medida existem para sempre, imóveis em um círculo.* [B 26]
Assim, tanto o uno oriundo da pluralidade (que advém por obra do Amor) como a pluralidade oriunda do uno (que ocorre quando predomina a Discórdia) são por ele situados neste mesmo mundo sublunar em que também as coisas humanas são encontradas, deixando claro que em momentos diversos e por períodos diversos ora a Discórdia, ora o Amor predomina.
(Simplício, *Comentário à Física*, 31.31-34.8)

Os fragmentos restantes podem ser mais bem compreendidos como complementos e extensões dos textos citados por Simplício nessas duas passagens.

Determinados versos que aparecem nas passagens revelam que Empédocles estava cônscio das objeções parmenideanas à gênese e à transformação, e que esperava tê-las dirimido. Alguns outros fragmentos possuem um contexto parmenideano.

Então Colotes, como que se dirigindo a um soberano iletrado, lança mão, em seguida, de Empédocles:
> *Outra revelação te farei: não existe nascimento para nenhum ente mortal, tampouco nenhum amaldiçoado termo na morte.
> Pois tudo o que existe é mistura e a permuta das coisas
>   misturadas –
> mas os homens a estas coisas nomeiam nascimento.* [B 8]
> (Plutarco, *Contra Colotes*, 1111F)

Tão distante estava [Empédocles] de subverter o que existe e combater as aparências que nem sequer baniu as expressões da linguagem ordinária: antes, removeu o pernicioso mal-entendido concreto por elas ocasionado, restituindo-as então ao uso corrente, nos versos seguintes:

> *Quando vêm ao éter misturados sob a forma de um homem*
> *ou alguma espécie de animal selvagem, planta, ou*
> *pássaro, as pessoas a isso denominam nascer;*
> *e quando se apartaram, a isso denominam destino*
> *funesto. Não denominam as coisas com justeza, embora*
> *eu próprio também siga tal convenção.* [B 9]

O próprio Colotes cita esses versos, sem atentar, contudo, ao fato de que Empédocles não rechaça os homens, animais, plantas e pássaros, os quais, afirma, são gerados com a mistura dos elementos; e tendo apontado o engano daqueles que a essa agregação e desagregação denominam nascimento, *destino funesto* e *morte cruel* [B 10], não desautoriza o emprego das expressões costumeiras para designar tais fenômenos.

Ora, não creio que Empédocles esteja aqui subvertendo nossa maneira de expressão; antes, conforme afirmei anteriormente, está em substancial desacordo quanto à geração a partir do não-existente, à qual alguns denominam nascimento. E isso ele demonstra com grande clareza nos versos seguintes:

> *Insensatos – pois não é de longo alcance seu pensamento;*
> *supõem eles que aquilo que antes não existia passa a existir*
> *ou que algo possa morrer ou perecer por completo.* [B 11]

São versos de alguém que grita, a plena voz, a todos quantos têm ouvidos, que não está negando a gênese, mas tão-somente a gênese a partir do inexistente, e nem a dissolução, mas tão-somente a dissolução completa, i.e., a dissolução no inexistente. Se desejarmos algo mais suave que a denúncia selvagemente simples, a passagem seguinte poderá levar-nos a acusá-lo de brandura excessiva. Diz Empédocles ali:

*Nenhum homem sábio nessas questões cogitaria
que no tempo que compreende a vida dos homens – o que
    denominam vida –
eles existem e experimentam a enfermidade e o bem-estar,
mas que antes que tivessem sido formados como homens e
    após dissolvidos eles nada são.* [B 15]

São palavras não de alguém que negue a existência daqueles que nasceram e que vivem, mas sim de alguém que considera que tanto aqueles que não nasceram ainda como aqueles que já desapareceram, existem.

(Plutarco, *Contra Colotes*, 1113 AD)

Ademais, ainda que seja totalmente impossível ao inexistente passar a existir e ao existente perecer, por que, todavia, não deveriam algumas coisas ser geradas e outras eternas, como afirma Empédocles? Pois também ele, uma vez admitindo tudo isso – a saber, que

*do inexistente coisa alguma pode vir a existir,
e para o existente é impossível e inexeqüível a destruição –
pois, sempre se manterá onde quer que seja afixado por
    qualquer um* [B 12]

–, afirma, não obstante, a eternidade de determinadas coisas (o fogo, a água, a terra e o ar), ao passo que outras surgem e foram geradas a partir delas.

([Aristóteles], *Sobre Melisso, Xenófanes e Górgias*,
975 a 36-b6)

Da mesma forma, afirma Empédocles que todas as coisas existentes estão continuamente em movimento, à medida que se vão agregando, e que nada é vazio – diz ele:

*Parte alguma do universo é vazia; de onde, portanto, poderia
    algo advir?* [B 13]

E quando elas se agregaram em uma forma única, formando um todo, afirma que

*sob nenhum aspecto é vazio, nem tampouco excessivamente
preenchido.* [B 14]

Pois o que as impede de serem carregadas para os lugares umas das outras e de se moverem contínua e simultaneamente, uma a ocupar o lugar de outra, a outra a ocupar o de outra ainda, e outro algo sempre se colocando no lugar da primeira?

(*Ibid.* 976b23-30)

As quatro "raízes" ou elementos são descritos mais de uma vez.
Empédocles [faz derivar tudo] de quatro elementos:
Ouve primeiro das quatro raízes de tudo quanto há:
o radiante Zeus, a vivificante Hera, Edoneu
e Nésti, que com suas lágrimas alimenta as fontes mortais. [B 6]
(Sexto Empírico, *Contra os Matemáticos* X, 315)

Não existirá tal coisa chamada crescimento, segundo Empédocles – exceto por via de acréscimo; pois o fogo aumenta com o fogo
a terra aumenta seu próprio corpo, e o éter o do éter. [B 37]
Mas trata-se aqui de acréscimos, e não é dessa maneira que se concebe o crescimento daquilo que cresce.
(Aristóteles, *Da Geração e Corrupção*, 333 a 35-b3)

Mais acertado é considerar o éter como contendo e abarcando tudo quanto há, como afirma Empédocles:
E agora te falarei *...*
do qual tudo quanto ora percebemos se originou:
a terra, o encrespado mar, o úmido ar,
e o éter titânico, que a tudo abraça em um círculo. [B 38]
(Clemente, *Miscelâneas* V, viii 48.3)

Consideram alguns que [o termo *anopaia*] é empregado em lugar de "para o alto". Referem-se a Empédocles, que afirma sobre o fogo:
vivamente para o alto [B 51].
(Eustátio, *Comentário à Odisséia* I, 321)

O Amor e a Discórdia são geralmente apresentados como as forças causais gêmeas do universo:

O criador e o promotor da gênese de todas as coisas geradas é a mortal Discórdia, ao passo que a transformação e a partida do mundo das coisas geradas, bem como o estabelecimento do Uno, são obras do Amor. Empédocles sustenta que ambos são imortais, não-gerados e que jamais tiveram um início ou gênese – escreve ele o seguinte:
Pois são tal como eram antes e serão, e tampouco jamais,
  penso eu,
se verá a ilimitada eternidade subtraída de ambos. [B 16]
E quem são ambos? – o Amor e a Discórdia.
  (Hipólito, *Refutação de Todas as Heresias* VII, xxix 9-10)

Possivelmente, ainda que a Discórdia predomine neste mundo e o Amor na Esfera, considera-se que ambos são produzidos por ambos. Não há razão que nos impeça de transcrever alguns dos versos de Empédocles que deixam claro esse ponto:
Retornarei, porém, à senda das canções
que antes trilhei, forjando este discurso daquele:
quando alcançou a Discórdia a mais funda profundeza...
[B 35.1-3]

... Fica patente aqui que, na criação do mundo, a Discórdia retrocede e predomina o Amor, quando este
ocupa o centro do turbilhão, [B 35.4],
isto é, do *vórtice*; por conseguinte, o vórtice existe mesmo quando predomina o Amor. Fica também patente que alguns dos elementos permanecem não-misturados, por obra da Discórdia, ao passo que aqueles que se misturam formam os animais e as plantas mortais, uma vez que o que está se misturando novamente será dissolvido. E, referindo-se à criação desses olhos corpóreos, afirma:

> *dos quais a divina Afrodite moldou infatigáveis olhos,* [B 86]

e pouco adiante:

> *Afrodite, ajustando-os com cavilhas de afeição.* [B 87]

E, ao explicar por que alguns enxergam melhor durante o dia e outros à noite, afirma:

> *Quando de início se formaram conjuntamente nas mãos de Cípris.* [B 95].

– Refere-se às coisas deste mundo, como se pode perceber nos versos seguintes:

> *Se tua certeza de algum modo era deficiente em qualquer uma dessas questões –*
> *de como quando a água, a terra, o éter e o sol*
> *foram misturados, e as formas e as cores das coisas mortais passaram a existir*
> *tão numerosas quanto o são atualmente, ajustadas por Afrodite.* [B 71]

E pouco adiante:

> *Assim Cípris, depois de umedecido a terra com a chuva,*
> *diligentemente moldando formas, entregou-as ao fogo veloz para que endurecessem.* [B 73]

E ainda:

> *Aqueles que são densos no interior, porém frouxos externamente,*
> *encontrando ao acaso tal flacidez nas mãos Cípris...* [B 75]

Os versos acima os transcrevi escolhendo entre os primeiros que me vieram ter às mãos.

(Simplício, *Comentário a Sobre os Céus*, 529.21-530.11)

Pois afirma Empédocles que também aqui [i.e. no mundo sublunar], o Amor e a Discórdia predominam alternadamente sobre homens, peixes, animais e pássaros. Escreve ele o seguinte:

> *Tal é manifesto na massa dos membros mortais:*
> *pois ora pelo Amor se reúnem em um,*
> *membros que o corpo adquire quando a vida florescente está em seu ápice;*

*ora, ainda, apartados pelo perverso Conflito,
cada qual se distancia, errante, pelas margens da vida.
O mesmo se dá também com as plantas, os peixes dos
   mundos aquosos,
os animais que habitam os covis montanheses e as gaivotas
   que cruzam os ares.* [B 20]
(Simplício, *Comentário à Física*, 1124.9-18)

Porém, como o observaram os estudiosos da Antiguidade, por vezes Empédocles atribui poderes causais aos próprios elementos, por vezes invoca a força da necessidade e por vezes dá mostras de reservar lugar, no universo, à ocorrência de eventos casuais.

De maneira geral, o fogo divide e aparta, a água é aderente e retentiva, sustendo e colando em razão de sua umidade. Empédocles fazia alusão a isso sempre que se referia ao fogo como *funesta Discórdia* [cf. B 17.19] e à água como *Amor tenaz* [B 19].
(Plutarco, *O Frio Primordial*, 952A)

[A amizade] reúne, compacta e conserva, congregando os homens através do diálogo e da boa vontade –
   assim como quando o coalho aglutina e liga o leite branco, [B 33]
nas palavras de Empédocles.
(Plutarco, *Sobre Ter Inúmeros Amigos*, 95A)

A umidade delimita o seco, sendo cada qual uma espécie de cola para o outro, conforme asseverava Empédocles em sua *Física*,
   colando cevada com água [B 34]
– e por esse motivo o corpo delimitado é constituído de ambos.
(Aristóteles, *Meteorologia*, 381b31-382a3)

Eudemo considera que o período de imobilidade ocorre sob o domínio do Amor durante a Esfera, quando tudo foi congregado,

onde sequer os ágeis membros do sol são distinguíveis,
[B 27.1]
mas, conforme suas palavras,
dessa forma, retida com firmeza no cerrado envoltório da
Harmonia
está uma redonda Esfera, exultando em seu aprazível
repouso. [B 27.3-4]
Quando a Discórdia novamente começa a predominar, novamente se instaura o movimento na Esfera:
Pois todos os membros do divino se agitaram, um em seguida
ao outro. [B 31]
Qual é a diferença entre dizer "porque essa é a sua natureza" e dizer "por necessidade", sem acrescentar explicação alguma? É o que Empédocles parece afirmar no verso:
Alternadamente prevalecem no ciclo do tempo, [B 17.29]
e, mais uma vez, quando faz da necessidade a causa da geração das coisas:
Existe um oráculo da necessidade, antigo decreto dos deuses,
eterno, selado por amplos juramentos. [B 115.1-2]
Pois afirma que cada qual predomina alternadamente em razão da necessidade e desses juramentos. O mesmo sustenta Empédocles quanto ao predomínio da Discórdia:
Porém quando nos membros se expandiu a Discórdia
e ao ofício se alçou no tempo devido,
a ambos estipulado, alternadamente, pelo amplo
juramento... [B 30]
Ora, diz [Aristóteles] que fazer tal declaração sem explicação alguma equivale a afirmar simplesmente que "essa era sua natureza".

(Simplício, *Comentário à Física*, 1183.28-1184.18)

A Necessidade é não-musical, a Persuasão é musical – esta ama bem mais as Musas, diria eu, do que a Graça de Empédocles e
odeia a intolerável necessidade. [B 116]
(Plutarco, *Questões de Convivas*, 745D)

Diz Empédocles que o ar nem sempre se separa em seu grau máximo, mas segundo a determinação do acaso. De todo modo, afirma ele em sua cosmogonia que
> Ocorria-lhe, então, de estar correndo em determinado sentido, mas com freqüência noutro. [B 53]

Afirma, ainda, que as partes dos animais são preponderantemente formadas pelo acaso.

(Aristóteles, *Física*, 19 6a20-24)

O Éter foi conduzido para as alturas não pela Discórdia, mas, como costuma ele dizer, como que por acaso –
> Ocorria-lhe, então, de estar correndo em determinado
> sentido, mas com freqüência noutro. [B 53]

– e por vezes afirma que o fogo é naturalmente conduzido para o alto, enquanto o éter, diz ele,
> mergulhou com longas raízes terra adentro. [B 54]

(Aristóteles, *Da Geração e Corrupção*, 334 a1-5)

Que [os primeiros cientistas da natureza] possuíam uma certa concepção das coisas ocorrendo por obra do acaso é demonstrado pelo fato de que por vezes empregam o vocábulo – como Empédocles, ao afirmar que o fogo nem sempre se separa para o alto, mas segundo a determinação do acaso. Assim, afirma ele em sua cosmogonia que:
> Ocorria-lhe, então, de estar correndo em determinado sentido,
> mas com freqüência noutro. [B 53]

e alhures:
> ... onde cada qual casualmente se encontrava. [B 59.2]

Afirma, ainda, que a maioria das partes dos animais surgem pelo acaso, como quando escreve:
> A terra, aproximadamente igual a eles, casualmente veio
> a ter..., [B 98.1]

e ainda:
> À chama suave pequena porção de terra coube casualmente
> encontrar, [B 85]

e noutro lugar:
> encontrando ao acaso tal flacidez nas mãos de Cípris. [B 75.2]

Poderíamos colher diversos outros exemplos dessa natureza a partir da *Física* de Empédocles, como:
> Assim, segundo o desígnio do acaso, todas as coisas pensam,
> [B 103]

e um pouco adiante:
> E na medida em que as coisas de mais fina textura
> casualmente caem juntas. [B 104]

Todavia, Empédocles, que parece valer-se do acaso tão-somente em questões pouco relevantes, não merece grande atenção, uma vez que deixou de explicar o que vem a ser o acaso.

(Simplício, *Comentário à Física*, 330.31-331.16)

A divina e homogênea Esfera é descrita em diversos fragmentos.

Sobre a forma que o mundo apresenta quando em processo de ordenação pelo Amor, diz ele o seguinte:
> Não existem dois membros prolongando-se de seu dorso,
> nem pés, nem ágeis pernas, nem órgãos genitais:
> era uma Esfera, idêntica a si mesma de todas as direções. [B 29]

(Hipólito, *Refutação de Todas as Heresias* VII, xxix 13)

> *Mas ela, em todas as direções idêntica a si mesma e completamente ilimitada, uma redonda Esfera, exultando em seu aprazível repouso.* [B 28].

(Estobeu, *Antologia* I, xv 2)

Essa é a razão por que o sábio de Agrigento, em sua crítica aos mitos de deuses antropomórficos narrados pelos poetas, disse – falando em um primeiro momento acerca de Apolo (com o qual se relacionava fundamentalmente sua discussão), mas também, da mesma forma, acerca de todos os deuses –
> Pois nenhuma cabeça humana assenta a seus membros,
> não há dois ramos nascendo-lhe do dorso,
> nenhum pé, nem ágeis pernas, nem hirsutos genitais:

*trata-se meramente de um espírito, santificado e esplendoroso,
cobrindo com veloz pensamento o mundo todo.* [B 134]
(Amônio, *Comentário sobre Da Interpretação*, 249.1-10)

Cumpre atentar a que não se introduza aqui a Discórdia de Empédocles, ou, antes, que não se instigue os velhos Titãs e os Gigantes contra a natureza, ou que não se anseie por contemplar aquele mítico e atemorizante caos e terror, separando tudo quanto é leve e tudo quanto é pesado,
*onde não se distingue quer a radiante forma do sol,
quer a rude força da terra, quer o mar,* [cf. B 2.1-21],
como assevera Empédocles.

(Plutarco, *Da Face na Lua*, 926E)

O desenvolvimento do mundo incluiu uma fase grotesca na qual diversas espécies de monstruosidades ganharam existência:

[Aristóteles] indaga se não poderia ter havido um movimento desordenado que produziu misturas... da espécie que Empédocles afirma terem surgido sob a égide do Amor:
Muitas cabeças sem pescoço brotaram então. [B 57.1]
... Mas como poderia uma "cabeça sem pescoço" e as demais coisas descritas por Empédocles nos versos:
*Braços desnudos erravam a esmo, desprovidos de ombros,
e olhos vagavam solitários, a suplicar por frontes,* [B 57.2-3]
e diversas outras coisas – como poderiam significar *misturas*, quando certamente não exemplificam as misturas das quais se compõem os objetos naturais?... Talvez, porém, Empédocles não esteja querendo dizer que o aparecimento de tais coisas se dá sob o predomínio do Amor (conforme imaginava Alexandre), mas sim no tempo em que a Discórdia ainda não
*se retirou por completo para os limites mais remotos do círculo,
mas partes desta permanecem nos membros e partes se
    afastaram.
E, na medida em que incessantemente se afasta,*

incessantemente progride
o terno e imortal influxo do absoluto Amor. [B 35.10-13]
Portanto, *nesse* mundo os membros, ainda "desmembrados" pela dissociação da Discórdia, vagavam a esmo e desejavam misturar-se uns com os outros.

Mas quando, diz ele, *mais profundamente ao divino uniu-se*
o divino
— quando o Amor conquistou total predomínio sobre a Discórdia —
essas coisas se reuniram onde cada qual casualmente
se encontrava,
e muitas outras foram continuamente geradas em acréscimo
a estas. [B 59]

Empédocles afirmou, assim, que os fenômenos anteriores ocorrem sob a égide do Amor não no sentido de que o Amor já era predominante, mas no sentido de que estava em vias de predominar e ainda exibia coisas não-misturadas e desmembradas.

(Simplício, *Comentário a Sobre os Céus*, 586.6-7, 10-12, 29-587.4, 12-26)

No livro segundo de sua *Física*, antes de discutir a articulação dos corpos masculino e feminino, lemos os seguintes versos em Empédocles:

Ouve, agora, como os rebentos dos homens e das deploráveis
mulheres
ergueram-se durante a noite pelo fogo, enquanto este se separou,
assim – pois não é incerto nem infundado meu discurso.
Primeiramente, formas inteiriças brotaram da terra,
providas de porções tanto de água como de calor.
O fogo as fez germinar, desejoso que estava de juntar-se a seu
semelhante,
e não exibiam ainda seus membros nenhuma forma graciosa,
tampouco nenhuma voz ou o membro próprio dos homens.
[B 62]

(Simplício, *Comentário à Física*, 381.29-382.3)

Empédocles, o cientista da natureza, que também discorre acerca das peculiaridades dos animais, diz que alguns híbridos foram gerados, diferentes na combinação de suas formas, mas interligados pela unidade de seus corpos. São as seguintes suas palavras:

Muitos nasceram com duas cabeças e duplo torso –
bois com feições humanas surgiram e, inversamente,
homens de feições bovinas – criaturas misturadas, parte com
formas masculinas, parte com formas femininas providas de
sinistros genitais. [B 61]
(Eliano, *A Natureza dos Animais* XVI, 29)

Essas coisas – e outras tantas, mais assombrosas – assemelham-se aos monstros de Empédocles, alvo do escárnio de alguns – os *rasteadores de incontáveis mãos* [B 60] e os *bois de feições humanas.* [B 61.2]
(Plutarco, *Contra Colotes*, 1123B)

No âmbito do mundo natural, a "física" de Empédocles, bem como sua "química", apóiam-se numa teoria das emanações e dos condutos:

Consideremos a questão, pois, tendo reconhecido, juntamente com Empédocles, que
emanações há provenientes de tudo quanto já existiu [B 89]
– pois não somente os animais, as plantas, a terra e o mar, como também as pedras, o bronze e o ferro, emitem continuamente inúmeras efluências.
(Plutarco, *Explicações Científicas*, 916D)

Disse Empédocles que em todos os entes sublunares – água, óleo etc. – os condutos e as partes sólidas estão mesclados. Aos condutos qualificou como ocos e às partes sólidas, densas. Ali onde as partes sólidas e os condutos, i.e., as partes ocas e as densas, são proporcionadas de forma tal a passarem umas pelas outras, afirmou ele que tem lugar a mistu-

ra e a combinação (por exemplo, a água e o vinho), mas ali onde são desproporcionadas, asseverou que não se misturam (por exemplo, a água e o óleo); pois afirma:
> *a água combina-se melhor com o vinho, mas com o óleo não combinará.* [B 91]

E, aplicando tal preceito a todos os corpos, buscou explicar a esterilidade das mulas.

([Filópono], *Comentário a Da Geração dos Animais*, 123.13-21)

Uma dieta variada provê a massa do corpo de numerosas qualidades, fornecendo a cada parte aquilo que lhe é adequado; de forma a ocorrer o que Empédocles descreveu:
> *assim o doce apoderou-se do doce e o amargo se lançou sobre o amargo,*
> *o azedo dirigiu-se ao azedo, e o quente acorreu para o quente.* [B 90]

(Plutarco, *Questões de Convivas*, 663A)

Diferentes coisas são adequadas e próprias a diferentes coisas, como as favas e o púrpura, ou o nitro e o alaranjado parecem formar uma combinação de tinturas –
O fulgor do claro alaranjado se mescla ao púrpura escuro, [B 93]
como disse Empédocles.
(Plutarco, *Sobre o Declínio dos Oráculos*, 433B)

Os fragmentos remanescentes de Sobre a Natureza *descrevem o mundo natural. Foram por mim agrupados sob sete classificações temáticas.*

Astronomia

Empédocles expressa a diferença entre ambos de maneira encantadora:
> *O sol de penetrantes dardos e a meiga lua.* [B 40]

(Plutarco, *Da Face na Lua*, 920C)

Apolo é denominado Eleleu porque circula [*elittesthai*] em redor da terra... ou porque orbita em uma massa concentrada de fogo, como afirma Empédocles:
>*Assim, concentrado, orbita ele pelo vasto céu.* [B 41]
>>(Macróbio, *Das Saturnais* I, xvii 46)

A lua em si é invisível, pois, e amiúde oculta o sol, fazendo-o desaparecer –
>*interceptando-lhe os raios,*

nas palavras de Empédocles,
>*enquanto ele navega pelo alto, projetando sobre a terra*
>>*uma sombra*
>*tão vasta quanto a largura da lua de cintilantes olhos.* [B 42]
>>(Plutarco, *Da Face na Lua*, 920C)

Exatamente como os sons que, ao sofrerem reflexão emitem um eco mais abafado que a voz original, e os golpes dos projéteis a ricochetear ferem seus alvos com menos violência,
>*assim a luz, tendo ferido o largo círculo da lua,* [B 43]

derrama-se, frágil e opaca, em direção a nós.
>>(*Ibid.*, 929E)

Vossos estóicos escarnecem de Empédocles quando este afirma que o sol, que é formado ao redor da terra pelo reflexo da luz celestial, por sua vez
>*reflete seus raios sobre o Olimpo com destemor na face.* [B 44]
>>(Plutarco, *Por que a Pitonisa não mais Profetiza em*
>>>*Verso*, 400B)

É noção corrente que a lua esteja mais próxima, uma vez que há quem julgue ser ela, em verdade, um fragmento proveniente do sol – entre eles, Empédocles:
>*Em um círculo ao redor da terra ela transita, luz alheia.*
>[B 45]
>>(Aquiles, *Introdução a Arato*, 16)

[A lua] atinge perfeitamente a terra e, orbitando nas proximidades desta,
gira qual a roda *de um carro,* [B 46]
como o expressa Empédocles.
(Plutarco, *Da Face na Lua*, 925B)

Sagrado [*agues*]: é extraído dos vocábulos derivativos *euagues* ou *panagues*. Empédocles:
Ela observa, na face oposta, o círculo sagrado de seu soberano. [B 47]
(*Anecdota Graeca* [ed. Bekker] I, 337.13-15)

Parte da terra obstrui o sol enquanto este transita por debaixo dela e, segundo as palavras de Empédocles:
A terra produz a noite interpondo-se no caminho da luz. [B 48]
(Plutarco, *Questões Platônicas*, 1006E)

No éter sombrio
da noite desértica e cega, [B 49]
nas palavras de Empédocles...
(Plutarco, *Questões de Convivas*, 720E)

A Terra

Dizem alguns que a região abaixo da terra é infinita (por exemplo, Xenófanes de Cólofon), de sorte que não precisam se dar o incômodo de buscar uma explicação [do porquê de a terra estar em repouso]. Por essa razão, criticava-os Empédocles, afirmando:
Fossem ilimitadas as profundezas da terra e imenso o éter,
conforme levianamente enunciaram as línguas de muitas bocas,
pouco se apercebendo do todo... [B 39]
(Aristóteles, *Sobre os Céus*, 294a21-28)

Existem correntes de fogo debaixo da terra, conforme dizia Empédocles:

Ardem numerosos fogos sob o solo. [B 52]
(Proclo, *Comentário ao Timeu* II, 8.26-28)

Por que aparenta a água ser clara na superfície e negra nas profundezas? Será porque a profundeza é a mãe do negrume, porquanto enfraquece e debilita os raios solares antes que estes atinjam o fundo, ao passo que a superfície, porquanto imediatamente afetada pelo sol, pode receber a brancura da luz? Tal é a doutrina defendida por Empédocles:
No fundo do rio as sombras enegrecem as cores,
e o mesmo se percebe nas cavernas profundas. [B 94]
(Plutarco, *Explicações Científicas*, 39)

É igualmente absurdo a quem quer que seja imaginar, a exemplo de Empédocles, que, ao se afirmar que o mar é o suor da terra [B 55], se está dizendo algo elucidativo.
(Aristóteles, *Meteorologia*, 357a25-26)

Empédocles:
O sal foi compactado, por força dos raios do sol. [B 56]
(Hefesto, *Manual* I, iii 4)

Poseidon é convocado por Íris, que o chama quer para o mar, quer para os deuses, como afirma Empédocles ou outrem qualquer:
Íris traz do mar um vento ou uma copiosa tempestade. [B 50]
(Tzetzes, *Alegorias na Ilíada* XV, 86)

Botânica

Caso o ar continuamente favorecesse as árvores, talvez então até mesmo o que dizem os poetas não soaria desarrazoado – como Empédocles, que diz que, sempre verdejantes e sempre pródigas em frutos [B 77], elas florescem
ao longo do ano com abundantes frutos, graças ao ar. [B 78]

(Considera ele que uma certa composição do ar – a composição primaveril – é comum a todas as estações.)
(Teofrasto, *Das Causas das Plantas* I, xiii 2)

[As plantas] se reproduzem a partir de si mesmas, enquanto as chamadas sementes que produzem não são sêmen, mas embriões – Empédocles expõe isso com propriedade quando afirma:
Assim, as altas árvores primeiro produzem olivas. [B 79]
Pois o que se produz é um embrião.
(Aristóteles, *Da Geração dos Animais*, 731a1-6)

Afirma Empédocles que:
Por essa razão tardam as romãzeiras em frutificar e são excepcionalmente doces as maçãs. [B 80]
(Plutarco, *Questões de Convivas*, 683D)

A concocção parece ser uma espécie de apodrecimento, como o indica Empédocles ao dizer:
O vinho do córtice é água que apodreceu na madeira. [B 81]
(Plutarco, *Explicações Científicas*, 912C)

Zoologia

Estou cônscio de que Empédocles, o cientista natural, empregava o termo *kamasenes* para abarcar todos os peixes em geral:
Como as altas árvores e os peixes [kamasenes] *do mar...* [B 72]
(Ateneu, *Deipnosofistas*, 334B)

Quanto aos animais propriamente ditos, é impossível encontrar-se qualquer criatura da terra ou do ar tão fecunda quanto o são as criaturas do mar. Com isso em mente, escreveu Empédocles:
Conduzindo o cardume não-musical dos férteis peixes... [B 74]
(Plutarco, *Questões de Convivas*, 685F)

Vê-se que o divino, nosso primoroso artífice, como o chamava Píndaro, não enviou o fogo para o alto e a terra para baixo em toda parte, mas a ambos dispôs segundo o exigiam as necessidades dos corpos.
*Tal é encontrado no molusco, nos habitantes marinhos de
    dorso rijo –
sim, e em lapas e tartarugas de epiderme pétrea,*
afirma Empédocles,
onde se vê terra habitando o cimo da carne. [B 76]
(*Ibid.*, 618B)

Alguns animais são armados com chifres, dentes e ferrões,
e, quanto ao ouriço,
diz Empédocles,
pêlos afiados e certeiros eriçam-se em seu dorso. [B 83]
(Plutarco, *Da Sorte*, 98D)

Biologia

Empédocles, consignando a Discórdia e o Amor entre os princípios como causas da forma... define a forma, suponho eu, pela proporção na qual cada uma é forjada; pois faz derivar a carne, o sangue e o restante de uma determinada proporção. No livro primeiro da *Física*, afirma:
*Benévola, a terra, em suas cavidades bem-formadas
acolheu das oito partes duas da brilhante Néstis
e quatro de Hefaístos. E tornaram-se estes alvos ossos,
esplendidamente ajustados entre si pela cola da Harmonia.*
[B 96]
(Simplício, *Comentário à Física*, 300.16-24)

Refiro-me a ossos, cabelos e tudo o mais dessa espécie. Não possuem eles nenhuma denominação comum, não obstante são todos a mesma coisa, por analogia, conforme assevera Empédocles:

*A mesma coisa são cabelos, folhas, a densa plumagem das
aves e as escamas nos membros rijos.* [B 82]
(Aristóteles, *Meteorologia*, 387b1-6)

O corpo do sêmen não pode ser separado, parte no feminino e parte no masculino, como postula Empédocles –
*Porém a natureza dos membros é separada, parte na de um
homem...* [B 63]
(Aristóteles, *Da Geração dos Animais*, 764b15-18)

Se o masculino e o feminino são diferenciados durante a gestação, como afirma Empédocles –
*derramados em locais puros, alguns se desenvolvem como
mulheres, se com o frio deparam...* [B 65]
(*Ibid.*, 723A23-25)

Outros da geração mais antiga também afirmaram que o masculino é concebido na parte direita do útero. Parmênides expressou-o da seguinte maneira:
Na direita os meninos, na esquerda as meninas, [28 B 17]
enquanto Empédocles diz o seguinte:
Pois na parte mais cálida encontrava-se a porção masculina
[B 67]
– e por essa razão são os homens escuros, mais masculinos e mais peludos.
(Galeno, *Comentário às Epidemias de Hipócrates*
XVIIA, 1002K)

Empédocles, o cientista natural, tece alegorias e fala dos
prados fendidos de Afrodite [B 66]
em que tem lugar a geração da prole.
(Escoliasta a Eurípedes, *As Fenícias*, 18)

O leite é sangue concoctido, não sangue podre. Ou bem Empédocles equivocou-se neste ponto ou fez uso de uma metáfora pobre quando afirmou que
No décimo dia do oitavo mês surge o pus branco. [B 68]
(Aristóteles, *Da Geração dos Animais*, 777a8-10)

Quando as porcas vivem e se alimentam em conjunto com os porcos, tal convivência os predispõe à cópula e estimula-lhes o desejo. Empédocles diz o mesmo acerca dos humanos:
> E sobre ele adveio o desejo, *relembrando-o através da visão*.
> [B 64]
> (Plutarco, *Explicações Científicas*, 917C)

Afirma [Empédocles] que a inalação e a exalação ocorrem porque existem determinadas veias que contêm sangue (mas que não estão repletas de sangue), guarnecidas de canais que conduzem para o ar externo, mais estreitos do que as partes da carne, porém mais largos do que aqueles do ar. Por conseguinte, uma vez que o sangue naturalmente se desloca para cima e para baixo, ao deslocar-se para baixo o ar aflui para o interior, ocorrendo a inalação, e ao deslocar-se para cima o ar é expelido do corpo, ocorrendo a exalação. Estabelece ele uma analogia com o que se dá em uma clepsidra:
> *Assim inspiram e expiram todas as coisas: todas são providas de*
> *condutos de carne pobres de sangue e que se estendem por*
> *toda a superfície de seus corpos;*
> *em suas extremidades inúmeros poros perfuram*
> *diretamente a superfície externa da pele, de tal sorte que o*
> *sangue*
> *é retido no interior, embora os canais sejam talhados para*
> *permitir a livre evasão do éter.*
> *Quando o fino sangue deles impetuosamente se afasta,*
> *o ar borbulhante se precipita abaixo em vigorosa onda,*
> *e ao correr de volta, torna a ser exalado. Assim como*
> *quando uma menina*
> *brinca com uma clepsidra de reluzente bronze –*
> *quando cobre o bocal do gargalo com sua mão graciosa*
> *e a mergulha no suave corpo da água prateada,*
> *nenhum líquido penetra o vasilhame, retido*
> *pela massa de ar que pressiona de dentro contra os numerosos*
> *orifícios*

até que ela desobstrua a corrente comprimida. E então,
enquanto o ar se vai, adentra a água em igual proporção.
Assim também, quando ela retém a água nas profundezas
   do bronze,
o bocal e o gargalo sendo bloqueados pela mão humana,
o ar exterior obstinadamente retém a umidade no interior,
junto à entrada do estridente bocal, controlando a superfície,
até que ela afaste a mão. Então, ao contrário do que antes
   se deu,
enquanto adentra o ar, escorre afora a água em igual
   proporção.
O mesmo se dá com o tênue sangue a pulsar pelos membros –
sempre que reflui para o interior,
uma corrente de ar imediatamente se precipita para baixo
   em impetuoso surto,
e quando reflui, torna a ser exalado em igual quantidade.
[B 100]
(Aristóteles, *Da Respiração*, 473b1-474a5)

Percepção

Empédocles [sustenta que a alma] é composta por todos os elementos e que cada um destes constitui, efetivamente, uma alma. Afirma ele:
Pois com terra enxergamos terra, com água enxergamos água,
com o éter radiante éter, com o fogo flamejante fogo,
o amor com o amor e a discórdia com a lúgubre discórdia.
[B 109]
(Aristóteles, *Tratado sobre a Alma*, 404b11-15)

Empédocles parece considerar, conforme mencionei anteriormente, que por vezes conseguimos perceber quando a luz abandona os olhos. De qualquer forma, diz ele o seguinte:
Como quando alguém, pretendendo empreender uma
   jornada, prepara um lume,

uma chama de fogo chamejante pela noite invernal,
preparando uma lanterna como proteção contra todos os ventos,
que detém a corrente quando sopram os ventos,
permitindo, porém, o transpassar da luz para o exterior,
  pois mais delicada é sua textura,
e ilumina o chão com seus infatigáveis raios:
assim, então, o fogo ancestral, aprisionado nas membranas
e tecidos finos, jaz oculto nas arredondadas pupilas;
retêm elas a água profunda que lhes flui ao redor,
mas permitem a passagem do fogo por ser este de mais
  delicada textura.[B 84]
Por vezes, afirma, enxergamos dessa maneira e, por vezes, através das efluências emitidas pelos objetos percebidos.
(Aristóteles, *Dos Sentidos e Seus Objetos*, 437b23-438a5)

Segundo Empédocles,
de ambos [a saber, olhos] *provém uma única visão.* [B 88]
(Estrabão, *Geografia* VIII, v 3)

Acaso os cães de caça, como diz Empédocles,
rastreando com suas narinas os fragmentos de membros
  animais, [B 101.1]
seguem as emanações deixadas pelos animais na matéria?
(Plutarco, *Explicações Científicas*, 917E)

Por que razão os cães de caça não farejam os rastros quando a lebre está morta?... Quando em vida, eles os percebem porque o odor é continuamente exalado pelo animal; mas quando morto, cessa a efluência do odor. Pois que o odor não é deixado atrás, do modo como assevera Empédocles,
sai de suas patas na relva macia. [B 101.2]
([Alexandre], *Problemas*, 22.7)

A respiração é uma causa do olfato, não em si mesma, mas acidentalmente, como se percebe com clareza no caso dos animais e nos fatos que acabamos de mencionar. Entretan-

to, ao fim de sua obra, Empédocles – como que imprimindo-lhe seu selo – fala como se aquela fosse a causa:
Assim,
todas as coisas são dotadas de respiração e olfato. [B 102]
(Teofrasto, *Sobre os Sentidos*, 22)

Pensamento

Empédocles dá mostras de tratar o sangue como o órgão do entendimento:
Alimentado em um mar de sangue revolto
onde o que os homens denominam pensamento é
especialmente encontrado
– pois o sangue que corre à volta do coração é pensamento
para o homem. [B 105]
(Porfírio, em Estobeu, *Antologia* I, xlix 53)

Em geral, supunha-se que o pensamento era percepção e a percepção uma alteração... Assim afirma Empédocles que nossos pensamentos se modificam quando se modifica nossa disposição:
Pois avulta a sabedoria do homem segundo o que está
presente. [B 106]
E em outra parte afirma que:
Quanto mais se tornam diferentes, tanto mais seus
pensamentos exibem sempre diferentes objetos. [B 108]
(Aristóteles, *Metafísica*, 1009b12-13, 17-21)

O pensamento depende da similaridade, a ignorância da dissimilaridade, como se o pensamento fosse equivalente ou semelhante à percepção. Pois tendo enumerado as maneiras pelas quais reconhecemos cada coisa por sua semelhança com outra, no final ele acrescenta que desses similares
todas as coisas são conjugadas e construídas,
e através deles pensam e sentem prazer e sofrimento. [B 107]

Eis a razão por que o pensamento se dá sobretudo através de nosso sangue; pois neste os elementos das partes encontram-se mais bem misturados.
(Teofrasto, *Sobre os Sentidos*, 10)

Purificações

As Purificações eram endereçadas aos cidadãos de Agrigento, a cidade natal de Empédocles. Sua franca saudação a eles chegou-nos às mãos:

Conta Heráclides que a mulher que não respirava encontrava-se em tal estado que seu corpo permaneceu sem hálito e sem pulso por trinta dias. Por essa razão Heráclides chama [Empédocles] ao mesmo tempo de médico e vidente, apoiando-se também nos versos seguintes:

Ó amigos que habitais a grande cidade da luminosa
  Agrigento
nas alturas da cidadela, observando as nobres ações,
eu vos saúdo; um deus imortal, não mais um mortal,
caminho eu, por todos honrado, como me cabe,
coroado de fitas e guirlandas floridas.
Tão logo chegado a uma florescente cidade
sou recebido por homens e mulheres. Seguem-me eles
aos milhares, indagando onde jaz a senda da abastança:
alguns anseiam por profecias, outros, acometidos de
  enfermidades
de toda sorte, rogam por uma palavra curativa. [B 112.1-2, 4-11]
(Diógenes Laércio, *Vidas dos Filósofos* VIII, 61)

Diz Empédocles [dos cidadãos de Agrigento]:
Honoráveis portos para estrangeiros, ignorantes de toda e
  qualquer iniqüidade.[B 112.3]
(Diodoro, *História Universal* XIII, lxxxiii 2)

Os gramáticos são cegos nessas questões – e também no que tange aos versos compostos sobre eles. Lemos em Empédocles:

> Eu vos saúdo; um deus imortal, não mais um mortal,
> caminho eu, por todos honrado. [B 112.4-5]

E ainda:

> Mas por que invisto eu contra eles como que logrando algo
>   extraordinário
> ao provar que estou acima de homens tão perecíveis? [B 113]

Os gramáticos e o comum dos leitores pensarão que as palavras do filósofo foram movidas por jactância e desdém pelos outros homens – disposições estranhas até mesmo a alguém moderadamente versado em filosofia, o que dirá a um homem da estatura de Empédocles.

(Sexto Empírico, *Contra os Matemáticos* I, 302-303)

Eis que me ocorre prestar solene louvor ao poeta agrigentino que compôs um hino à fé nestas palavras:

> Amigos meus, sei que contêm verdade os episódios
> que passarei a narrar; árduo e indesejável, porém,
> é para os homens o afluxo da confiança a suas mentes. [B 114]

(Clemente, *Miscelâneas* V, i 9.1)

O tema central das Purificações *era a queda dos espíritos de um estado original de bem-aventurança e suas subseqüentes punições. A introdução da narrativa está preservada em Plutarco:*

Nas primeiras linhas de sua filosofia, diz Empédocles a título de proêmio:

> Existe um oráculo da necessidade, antigo decreto dos deuses,
> segundo o qual sempre que alguém incorre em erro e
>   mancha, temeroso, seus caros membros
> – um daqueles espíritos agraciados com longa vida –
> há de vagar três vezes dez mil anos longe dos bem-aventurados.

*Este é o caminho que ora percorro, fugitivo que sou dos
deuses e uma alma errante.* [B 115.1, 3, 5-6, 13]
Mostra ele, então, através de sua própria condição, que não apenas ele como todos nós aqui vivemos como imigrantes, estrangeiros e fugitivos. Porquanto não é o sangue, amigos meus, nem tampouco a mistura de nossa respiração (assevera ele) que garante a substância e o princípio de nossas almas: desses elementos é composto o corpo, nascido na terra e mortal; porém a alma aqui chegou proveniente de outra parte – e denomina ele nascimento, o mais dócil dos termos, à jornada para terras estrangeiras.

E, o que é sobremodo verdadeiro, a alma foge e vagueia, impelida pelos éditos e pelas leis dos deuses... Quando atada ao corpo, não consegue lembrar ou recordar.

de que honra e de que elevada bem-aventurança [B 119]
decaiu ela, tendo trocado não Sardes por Atenas, nem tampouco Corinto por Lemnos ou Ciro, mas os céus e a lua pela terra e por uma vida terrena. E então se lamenta e sofre qual uma frágil planta a fenecer, quando aqui é ligeiramente deslocada de um lugar para outro.

(Plutarco, *Sobre o Exílio*, 607CE)

Temos uma descrição mais detalhada dos mesmos acontecimentos na exposição da filosofia de Empédocles elaborada por Hipólito. (Os versos citados por Plutarco são normalmente fundidos com aqueles de Hipólito e vertidos no fragmento único, B 115.)

Acerca de seu próprio nascimento, pronuncia-se Empédocles nos termos seguintes:
A eles também eu ora pertenço, fugitivo que sou dos deuses e uma alma errante, [cf. B 115.13]
isto é, denomina divino ao uno e sua unidade, na qual existia ele antes dali ser arrancado pela Discórdia e vir habitar entre a multiplicidade de coisas neste mundo da Discórdia. Pois, diz ele:
Na insana Discórdia confiei [B 115.14]

– por Discórdia, insana, perturbada e instável, Empédocles se refere ao criador deste mundo. Pois tal é a sentença e a necessidade imposta às almas arrancadas do uno, criadas e forjadas pela Discórdia. Diz ele:

> <...> *todo aquele que, tendo incorrido em erro, comete perjúrio*
> *– um daqueles espíritos agraciados com longa vida* [B 115.4-5]

(às almas ele chama de "espíritos de longa vida" por serem imortais e viverem longas vidas)

> *– há de vagar três vezes dez mil anos longe dos*
> *bem-aventurados.* [B 115.6]

(Chama bem-aventurados àqueles que são reunidos, pelo Amor, da multiplicidade para a unidade do mundo inteligível.) Diz ele que estes, então, devem vagar e

> *tornar-se, em seu tempo devido, todas as espécies de mortais,*
> *trocando um penoso caminho de vida por outro;* [B 115.7-8]

pois as almas caminham de um corpo para outro, alteradas e punidas pela Discórdia e impedidas de se manterem em união. Pelo contrário, sofrem as almas toda sorte de punição nas mãos da Discórdia enquanto vão passando de um corpo a outro:

> *O poder etéreo, afirma, precipita as almas ao mar,*
> *o mar cospe-as para o alto em direção à terra, a terra em*
> *direção aos raios*
> *do radiante sol, e o sol as lança em direção aos turbilhões do*
> *éter:*
> *cada qual as recebe de outro: todos as odeiam.* [B 115.9-12]

Tal é a punição que lhes impõe o criador, como um ferreiro a remodelar o ferro, retirando-o do fogo para mergulhá-lo na água. Pois o éter é o fogo, de onde o criador arremessa as almas em direção ao mar, e a terra é o chão; assim, ele está dizendo: "da água para o chão, do chão para o ar". Eis o que ele diz:

> *...a terra em direção aos raios*
> *do radiante sol, e o sol as lança em direção aos turbilhões*
> *do éter:*
> *cada qual as recebe de outro: todos as odeiam.* [B 115.10-12]

Nossas almas, portanto, são odiadas, torturadas e punidas neste mundo, de acordo com Empédocles, e depois reunidas pelo Amor, que, benévolo, se condói de seus lamentos e das tumultuosas e vis disposições da insana Discórdia; não tarda ele em conduzi-las para longe do mundo e de talhá-las adequadamente para o uno, laborando para afiançar que tudo, sob sua condução, atinja a unidade.

Sendo tais as disposições da fatal Discórdia neste mundo dividido, Empédocles exorta seus seguidores a absterem-se de todas as coisas vivas; pois afirma que os corpos dos animais que ingerimos são moradas de almas punidas. E ensina àqueles que prestam ouvidos a essas suas palavras a demonstrarem autocontrole em seu trato com as mulheres, de modo que não venham a tornar-se co-artífices e colaboradores nos expedientes criados pela Discórdia, em seu contínuo esforço de destruir e anular o trabalho do Amor. Esta, segundo Empédocles, é a lei suprema que rege a ordenação do universo. Diz ele:

Existe um oráculo da necessidade, antigo decreto dos deuses, eterno, selado por amplos juramentos [B 115.1-2]

– por necessidade refere-se ele à mudança da unidade para a multiplicidade promovida pela Discórdia e da multiplicidade para a unidade, promovida pelo Amor; e por deuses, conforme afirmei, refere-se ele às quatro divindades mortais (fogo, água, terra e ar) e às duas imortais, que são não-geradas e vivem em eterno combate entre si: a Discórdia e o Amor.

(Hipólito, *Refutação de Todas as Heresias* VII, xxix 14-23)

Depois da queda os espíritos atravessam, portanto, diversas encarnações. Empédocles abraça aqui a doutrina pitagórica da metempsicose.

O destino ou natureza que determina a metempsicose em si recebe de Empédocles a denominação de espírito que
reveste em um irreconhecível manto de carne [B 126]
e empresta às almas sua nova roupagem.

(Porfírio, em Estobeu, *Antologia* I, xlix 60)

Empédocles diz que a melhor mudança para um humano é tornar-se um leão, se acaso a morte vier transformá-lo em um animal, e um loureiro, caso seja transformado em planta. Eis o que diz a respeito:
> *Entre os animais selvagens, tornam-se leões, que habitam as*
>   *montanhas e dormem no chão,*
> *e loureiros, entre as árvores de densas copas.* [B 127]
>   (Eliano, *A Natureza dos Animais* XII, 7)

Acima de tudo, [Empédocles] abraça a idéia de metempsicose, afirmando:
> *Pois no passado já fui menino e menina,*
> *e um arbusto, um pássaro e um silente peixe marinho.* [B 117]

Asseverou que todas as almas transmigram para toda espécie de animal.
           (Hipólito, *Refutação de Todas as Heresias* I, iii 2)

Empédocles também afirma que as almas dos sábios tornam-se deuses. Eis o que escreve:
> *No final tornam-se videntes, rapsodos, médicos*
> *e príncipes entre os homens que habitam a terra;*
> *erguendo-se então como deuses, cumulados de honras.* [B 146]
>   (Clemente, *Miscelâneas* IV, xxiii 150.1)

Se vivermos de forma santificada e justa, seremos abençoados aqui e mais abençoados ainda quando tivermos daqui partido, não possuindo a felicidade por um certo período de tempo, mas capazes de repousar pela eternidade
> *compartilhando o lar e a mesa dos demais imortais,*
> *aliviados dos padecimentos humanos, infatigáveis,* [B 147]

como se lê no poema filosófico de Empédocles.
           (*Ibid.* V, xiv 122.3)

O ciclo de encarnações encerra-se, portanto, em um retorno à bem-aventurança. Entretanto, a vida neste mundo por ora é desditosa:

Heráclito evidentemente vilipendia a geração... e Empédocles claramente concorda com ele, quando diz:

> *Chorei e lamentei quando vi o estranho lugar.* [B 118]

E ainda:
> *Pois às coisas vivas transformou em cadáveres,*
> *modificando-lhes as formas.* [B 125]

E ainda:
> *Ai de ti, miserável raça de desafortunados mortais,*
> *de que conflitos e que gemidos foste gerada.* [B 124]
>
> (*Ibid.* III, iii 14.1-2)

Os pitagóricos e, depois deles, Platão declararam que o mundo era uma gruta ou caverna. Pois em Empédocles as forças que conduzem as almas afirmam:

> *A esta gruta coberta somos chegadas.* [B 120]
>
> (Porfírio, *A Gruta das Ninfas*, 8)

Pois o homem desce e abandona o rincão da bonança, como narra Empédocles, o pitagórico:

> *fugitivo dos deuses e uma alma errante,*
> *na insana Discórdia confiei.* [B 115.13-14]

Porém ascende e reconquista sua antiga condição se escapar às coisas terrenas e ao *lugar sem júbilo* [B 121.1], como o mesmo homem diz,

> *onde habitam o Assassínio, a Ira e todas as tribos dos demais Flagelos.* [B 121.2]

Aqueles que caem nesse lugar

> *vagueiam nas trevas pelos prados da Ruína.* [B 121.4]
>
> (Hiérocles, *Comentário aos Versos Áureos*, XXIV 2)

Não é verdade, como diz Menandro, que

> Junto a cada homem está colocado um espírito,
> desde o instante de seu nascimento. Um guia valoroso para sua existência.

A verdade, antes, está nas palavras de Empédocles: dois destinos ou espíritos comandam e governam a cada um de nós desde que nascemos –
> *lá estavam a Terra e o Sol, cujo olhar se alça ao longe,*
> *a sangrenta Discórdia e a Harmonia de suave semblante,*
> *a Beleza e a Feiúra, a Velocidade e o Vagar,*
> *a desejável Verdade e a Obscuridade de olhos negros.* [B 122]
> (Plutarco, *Da Tranqüilidade da Alma*, 474BC)

Segue-se, então, o nascimento dos chamados Titãs. Eles devem representar as diferenças entre as coisas. Pois que Empédocles enumera-os em termos científicos –
> *O Nascimento e a Morte, o Sono e a Vigília,*
> *o Movimento e o Repouso, a Grandeza mui-coroada*
> **e a Baixeza, o Silêncio e a Fala*.* [B 123]

além de vários outros – ele está nitidamente indicando a multiplicidade das coisas.

(Cornuto, *Teologia*, 17)

Vosso próprio poeta, Empédocles de Agrigento, afirma o mesmo:
> *Por essa razão, açoitado por males cruéis,*
> *jamais aliviarás teu coração dos míseros padecimentos.* [B 145]
> (Clemente, *Exortação* II, xxvii 3)

As Purificações *aparentemente continham também a descrição de uma Utopia ou Idade de Ouro:*

Ao narrar o nascimento dos deuses, indica também Empédocles suas concepções acerca de sacrifícios, quando afirma:
> *Não havia entre eles nenhum deus Ares, nem Tumulto,*
> *nem era Zeus soberano, nem Crono, nem Poseidon,*
> *mas Cípris era a rainha –*

isto é, o Amor –
> *a quem adoravam com sagradas imagens,*
> *animais pintados e óleos de fino aroma,*

com oferendas de mirra pura e incenso de penetrante
fragrância, vertendo no solo libações de louro mel [B 128.1-7]
– costumes que mesmo nos dias correntes ainda são preservados entre certas pessoas, numa condição como que de vestígios da verdade.
Porém seus altares não eram banhados com o infame
assassínio de touros. [B 128.8]
(Porfírio, *Da Abstinência* II, 21)

Tais oblações [isto é, vegetarianas] agradavam à natureza e a cada sentido da alma humana –
Porém seus altares não eram banhados com o infame
assassínio de touros,
sendo esta a mais grave transgressão entre os homens:
privar-lhes da vida e ingerir seus nobres membros. [B 128.8-10]
(*Ibid.* II, 27)

Empédocles dá testemunho disso quando diz de [Pitágoras]:
Entre eles havia um homem de extraordinário saber,
que conquistara a riqueza máxima da inteligência,
um mestre excepcional, versado em toda espécie de obra sábia.
Pois quando reunia todas as forças de seu pensamento
facilmente enxergava cada uma e todas as coisas
em dez ou vinte gerações humanas. [B 129]
(Porfírio, *Vida de Pitágoras*, 30)

Pois a razão, que conduz à virtude através da filosofia, invariavelmente torna o homem coerente consigo mesmo, livre de reprimendas a si próprio e pleno de paz e boa vontade para consigo –
não há cisão e nenhum conflito funesto em seus membros.
[B 27a]
(Plutarco, *Filósofos e Príncipes*, 777C)

Empédocles emprega o termo [*ktilos*] para se referir às coisas mansas e dóceis:
Eram todos mansos e afáveis para com os homens,

*assim os animais selvagens como os pássaros; e ardia o lume
da bondade.* [B 130]
(Escoliasta a Nicandro, *Theriaca*, 452)

No segundo livro das *Purificações* de Empédocles, podemos encontrar o alfa longo, segundo fica claro a partir de uma comparação crítica – pois utiliza o termo *manoteros* como se fosse *tranoteros*:
*Dentre aqueles que, com raízes mais cerradas na parte inferior
e escassos* [manoteros] *ramos, vicejam...*
(Herodiano, *Da Acentuação em Geral*, fragmento)

O episódio da queda e a doutrina da metempsicose tiveram implicações no âmbito da ética prática.

Como todos de alguma forma presumem, existe, por natureza, uma justiça e uma injustiça comuns, mesmo na ausência de uma comunidade e de éditos... É o que afirma Empédocles acerca de não tirar a vida de criaturas animadas: não se trata de algo que para alguns seja justo e para outros injusto,
*mas uma lei válida para todos, que se estende
pela vastidão do ar e pela ilimitada luz.* [B 135]
(Aristóteles, *Retórica*, 1373b6-9, 14-17)

Pitágoras, Empédocles e o restante dos italianos afirmam que guardamos um laço de parentesco não apenas uns com os outros e com os deuses, mas também com os animais irracionais. Pois existe um espírito único que permeia o mundo todo como uma espécie de alma e que eles nos une. Eis por que, se lhes tiramos a vida e ingerimos sua carne, cometemos uma injustiça e um ato impiedoso, porquanto estamos tirando a vida de um nosso aparentado. Assim, esses filósofos exortavam-nos à abstenção da carne... Escreve Empédocles algures:
*Não detereis o assassínio de torpe ressonância? Não percebeis
que vos dilacerais uns aos outros na insensatez de vosso
entendimento?* [B 136]

E:
> *Um pai toma nos braços o filho cuja forma se modificou*
> *e o mata em meio a preces, o insensato, enquanto a vítima dirige*
> *súplicas de compaixão a seu algoz. Mas eis que este, surdo a seus clamores,*
> *mata-o em casa e prepara um abominável banquete.*
> *Assim também um filho se apodera do pai, e as crianças de sua mãe:*
> *privam-nos da vida e ingerem sua própria carne.* [B 137]
> (Sexto Empírico, *Contra os Matemáticos* IX, 127-129)

Uma vez que ninguém é isento de pecados, somente podemos reparar os erros cometidos no passado com respeito à alimentação através de purificações posteriores. Isso acontecerá se guardarmos o horror em nosso pensamento e gritarmos energicamente, fazendo coro com Empédocles:
> *Ai de mim, que não me aniquilou primeiro o impiedoso dia,*
> *antes que, com meus lábios, tivesse cometido o terrível ato de devorar carne.* [B 139]
> (Porfírio, *Da Abstinência* II, 31)

Parece que não apenas deveríamos, juntamente com Empédocles,
> *abster-nos por completo das folhas do loureiro,* [B 140]

como também poupar todas as demais árvores.
> (Plutarco, *Questões de Convivas*, 646D)

O equívoco quanto a não ingerir favas parece ter surgido porque em um poema de Empédocles, que seguia os ensinamentos de Pitágoras, lemos o seguinte verso:
> *Míseros, consumados míseros, mantei as mãos longe das favas.* [B 141]
> (Aulo Gélio, *Noites Áticas* IV, xi 9)

[A discussão de Gélio acerca da proibição ao ato de ingerir favas aparece citada na íntegra no capítulo 13.]

Os quatro últimos e pequenos fragmentos são de localização e significado incertos.

O ensinamento das doutrinas de Platão requer, em primeiro lugar, uma espécie de purificação, i.e., um adestramento desde a infância nos temas pertinentes. Pois, segundo Empédocles, deveríamos
de cinco fontes cortar com o bronze inflexível, [B 143]
e nos lavar; e Platão afirma que a purificação advém de cinco ramos de estudo.
(Téo de Esmirna, *Matemática*, 15.7-12)

[A metáfora pode envolver uma transferência] de espécie para espécie: por exemplo,
extraindo a vida com bronze [B 138]
ou
cortando com bronze inflexível [cf B 143],
onde "extrair" é empregado no sentido de "cortar" no sentido de "extrair", sendo que ambas as formas designam e "cortar" o "tirar a vida".
(Aristóteles, *Poética*, 1457b13-16)

Idêntica [construção gramatical] é também encontrada em Empédocles, quando este diz:
A ele, nem os salões cobertos de Zeus, portador do cetro... [B 142]
(Papiro de Herculano 1012, coluna XVIII)

Entre todas as coisas, o dito de Empédocles
abster-se do mal [B 144],
considerei importante e divino.
(Plutarco, *O Controle da Ira*, 464B)

13. O Pitagorismo do Século V

Os seguidores de Pitágoras na Itália meridional aparentemente se organizaram em sociedades secretas – uma espécie de franco-maçonaria. Eram praticantes de um certo tipo de vida comunitária; pois

[Pitágoras], segundo Timeu, foi o primeiro a dizer que os haveres de amigos devem ser mantidos em comum e que amizade é sinônimo de igualdade. E seus discípulos contribuíam, com seus bens, para um fundo comum.
(Diógenes Laércio, *Vidas dos Filósofos* VIII, 10)

Pitágoras foi uma figura reverenciada, sendo-lhe atribuída toda sorte de coisas: a expressão pitagórica "Ele próprio o disse" tornou-se proverbial. Os pitagóricos praticavam um silêncio invulgar e suas doutrinas esotéricas não eram divulgadas entre o comum dos homens.

Há quem diga que a sociedade nutria algumas ambições e interesses de ordem política. Em meados do século V assaltou-os um período calamitoso.

Naquela época, nas regiões da Itália então conhecidas como Magna Grécia, os locais de reunião dos pitagóricos foram incendiados, seguindo-se uma turbulência estrutural generalizada – um evento previsível, uma vez que os líderes de cada pólis haviam sido, pois, inadvertidamente assassina-

dos. As cidades gregas dessas regiões viram-se tomadas por carnificinas, revoluções e tumultos de toda espécie.
(Políbio, *Histórias* II, xxxix 1-3)

Os pitagóricos sobreviventes se dispersaram, alguns deles estabelecendo-se, por fim, na Grécia continental.

Em algum estágio primitivo, os seguidores de Pitágoras cindiram-se em dois grupos: os acusmatici, *ou aforistas, e os* matematici, *ou cientistas.*

Eram duas as modalidades de sua filosofia; pois que havia duas espécies de estudiosos que a praticavam, os aforistas e os cientistas. Os aforistas tinham permissão do outro grupo para serem pitagóricos, mas não permitiam que os cientistas fossem pitagóricos, alegando que o estudo destes inspirava-se não em Pitágoras, mas em Hípaso. (Dizem alguns que Hípaso era natural de Crotona e outros, que vinha de Metaponto.)

A filosofia dos aforistas consiste em aforismos não-comprovados e não-debatidos que regulam a ação do indivíduo segundo determinados preceitos, e buscam preservar os outros ensinamentos transmitidos [por Pitágoras] na qualidade de doutrinas divinas. Não pretendem dizer coisa alguma de novo, tampouco consideram que devam dizer o que quer que seja, mas sustentam que são mais aptos ao saber aqueles dentre seus membros que aprenderam maior número de aforismos.

O conjunto desses chamados aforismos divide-se em três tipos: alguns deles indicam o que vem a ser determinada coisa; outros, qual a expressão máxima de determinada coisa, e outros, como se deve ou não proceder.

Aqueles que indicam o que vem a ser determinada coisa são da seguinte espécie: Quais são as Ilhas dos Bem-Aventurados? – O sol e a lua. – O que vem a ser o oráculo de Delfos? – O *tetractys*, ou a harmonia na qual cantam as sereias.

Os que tratam da expressão máxima de determinada coisa: O que é o mais justo? – O sacrifício. – O que é o mais sábio? – O número (e, em segundo lugar, aquilo que atribui nomes às coisas). – Qual a mais sábia de nossas criações? – A medicina. – O que há de mais primoroso? – A harmonia. – O que é mais poderoso? – A sabedoria. – Qual o bem maior? – A felicidade. – Qual o dito mais verdadeiro? – Que os homens são infortunados...

Os aforismos indicando como se deve ou não proceder são da seguinte espécie: o indivíduo deve procriar (pois deve deixar servidores dos deuses em seu lugar); o indivíduo deve calçar primeiro o pé direito; não se deve caminhar pelas estradas principais, mergulhar coisas nas fontes ou banhar-se em balneários públicos (porquanto em todos esses casos não se pode saber se os demais companheiros são puros). E há outros como: não se deve ajudar quem quer que seja a livrar-se de um fardo (pois não devemos tornar-nos promotores da indolência), mas ajudá-lo a arcar com seu fardo. Não se deve copular visando a procriação com uma mulher que esteja usando ouro. Não se deve falar no escuro. As libações aos deuses devem ser vertidas pela parte do cálice mais próxima ao cabo – para melhor selar o juramento e para que ninguém venha a beber do mesmo lugar. Não se deve exibir a imagem de um deus como um selo no anel, a fim de que esta não venha a ser profanada; pois é uma imagem que se deve erguer no lar. Não se deve mover ação penal contra a própria esposa; pois ela é uma suplicante (eis por que nas cerimônias nupciais as mulheres são conduzidas a partir do interior da casa e pela mão direita). Não se deve oferecer galispo branco em sacrifício; pois este é um suplicante, consagrado à Lua (razão pela qual representa a hora). Não se deve dar conselhos que não sejam para o bem de quem os recebe; pois aconselhar é sagrado. O trabalho é benéfico; os prazeres de toda espécie são perniciosos; pois aqueles que vêm em busca de punição devem ser punidos. É preciso oferecer sacrifícios e adentrar os templos com os pés descalços. Não se deve virar para o lado no interior de um templo; pois não se deve tratar os deuses como digressões. É benéfico submeter-se a jejuns, receber ferimentos na fronte e depois morrer: o oposto é mau. As almas humanas se instalam em todos os animais, exceto naqueles aos quais é lícito sacrificar; eis por que se deve ingerir tão-somente os animais sacrificais próprios a serem ingeridos e nenhum outro animal.

Alguns dos aforismos são dessa natureza. Os mais abrangentes, todavia, estão relacionados aos sacrifícios em ocasiões diversas, ao modo como devem ser oferecidos, às demais formas de honrar-se os deuses, à nossa retirada desta vida, e ao sepultamento e como devemos ser sepultados. Em alguns casos é acrescida uma explicação – por exemplo, que é preciso procriar para deixar um servo dos deuses em nosso lugar. Outros aforismos, porém, não trazem explicação alguma. Quanto aos acréscimos, alguns serão considerados como atribuídos de maneira natural, outros como sendo artificiais – por exemplo, quando se diz que não se deve despedaçar o pão, por ser desvantajoso com respeito a nosso julgamento no Hades. As explicações conjecturais acrescidas a tais aforismos não são pitagóricas, mas provêm de certos indivíduos alheios ao círculo que empreendem sofisticadas tentativas de apresentar-lhes razões conjecturais. Por exemplo, no caso que acabamos de mencionar (por que não se deve despedaçar o pão), alguns alegam que não se deve partir aquilo que promove a reunião das pessoas (nos idos antigos, após a introdução do costume estrangeiro, todos os amigos reuniam-se em torno de uma única fatia de pão), outros, que não se deve fazer um tal juramento no início, despedaçando e esfarelando o pão.

Por sua vez, todos os aforismos que tratam de como se deve ou não proceder estão concentrados no divino, sendo o divino sua fonte. Em seu conjunto, o modo de vida que pregam é organizado com vistas à obediência ao divino. É esse o fundamento lógico de sua filosofia. Pois consideram um despropósito que os homens busquem o bem em outra fonte que não os deuses: é como se alguém vivesse em uma monarquia e prestasse serviço a algum subalterno entre os cidadãos, ignorando o soberano de todos – o que, segundo eles, é exatamente o que fazem os homens. Pois, uma vez que a divindade existe e reina soberanamente sobre tudo quanto há, é evidente que devemos pedir pelo bem ao soberano; pois todos oferecem boas coisas àqueles a quem amam e em quem se comprazem, e o oposto àqueles perante os quais apresentam disposição contrária.

(Iâmblico, *Sobre o Modo de Vida dos Pitagóricos*, 81-87)

Existem numerosos outros registros dos aforismos pitagóricos e dos hábitos de comportamento a que obedeciam. Um dos mais antigos é encontrado em Heródoto:

[Os egípcios] não trazem objetos de lã para dentro de seus templos e tampouco são sepultados com estes: tal atitude afronta o sagrado. Nesse sentido, estão de acordo com aqueles que são chamados órficos e pitagóricos. Pois que constitui uma afronta ao sagrado, para os partícipes desses rituais, serem sepultados em vestes de lã. Existe uma narrativa sacra que conta a esse respeito.

(Heródoto, *Histórias* II, 81)

É provável que a fonte principal de Iâmblico tenha sido Aristóteles. Sabemos que Aristóteles escreveu também sobre as práticas pitagóricas ligadas à dieta alimentar. Existia uma antiga controvérsia envolvendo essa questão. A seguir, transcrevemos um dos textos que abordam o assunto:

Uma opinião falsa, e que há longo tempo perdura, ganhou terreno e cresceu em força – a opinião de que Pitágoras, o filósofo, não se alimentava de carne e que também se abstinha de favas (que os gregos denominam *kuamoi*). Compartilhando de tal opinião, o poeta Calímaco escreveu:

Mantende vossas mãos longe das favas, um penoso alimento:
tal como recomendava Pitágoras, assim também clamo eu.
Compartilhando a mesma opinião, escreveu Cícero o seguinte no livro primeiro de sua *Arte Divinatória*:

> Assim, aconselha Platão que nos recolhamos com os corpos em uma disposição tal que nada seja capaz de tornar a mente dispersa ou perturbá-la. Essa é a razão por que se acredita que os pitagóricos são proibidos de comer favas, que causam considerável flatulência, sendo, pois, inimigas dos que buscam paz de espírito.

É o que afirma Cícero. Todavia, o estudioso da música, Aristoxeno, um leitor superlativamente aplicado dos antigos escritos e discípulo de Aristóteles, o filósofo, assevera, em seu livro dedicado a Pitágoras, que vegetal algum participava mais amiúde da alimentação de Pitágoras do que as favas, pois estas acalmam e aliviam delicadamente os intestinos. Eis suas próprias palavras:

> Pitágoras apreciava as favas acima de todos os outros vegetais; pois dizia que eram a um só tempo confortantes e laxativas – essa é a razão por que fazia particular uso destas.

O mesmo Aristoxeno também relata que [Pitágoras] tinha o hábito de sugar o leite de porcas e oferecer cabritos de tenra idade. Aparentemente obteve essa informação do pitagórico Xenófilo, amigo seu, e de alguns outros homens mais idosos cuja época se aproximava mais da de Pitágoras. Em sua comédia *As Pitagóricas*, Alexis, o poeta, também faz a mesma observação com respeito aos animais.

O equívoco quanto à não ingestão de favas parece ter-se originado graças a um poema de Empédocles, seguidor dos ensinamentos de Pitágoras, em que o seguinte verso é encontrado:

Míseros, consumados míseros, afastai vossas mãos das favas.
[31 B 141]

Pois a maior parte das pessoas presumia que o vocábulo "favas" estivesse sendo empregado, como normalmente o é, em referência ao vegetal. Porém aqueles que se debruçaram mais atentamente e de forma mais investigativa sobre os poemas de Empédocles asseveram que na passagem referida o termo "favas" significa os testículos: eram eles denominados favas, de maneira velada e simbólica, ao estilo pitagórico, por serem os causadores da gestação [o termo grego *kuein*, "gestar", é alegoricamente relacionado a *kuamos*] e imprimirem o ímpeto para a reprodução humana. No referido verso, portanto, não pretende Empédocles que os indivíduos se abstenham da ingestão de favas, mas dos excessos nos prazeres carnais.

Também Plutarco, que desfruta considerável autoridade em questões eruditas, afirma, no livro primeiro de seu *Sobre Homero*, que Aristóteles escreveu exatamente o mesmo acerca dos pitagóricos – a saber, que não se abstinham de alimentar-se de animais (exceto algumas espécies de carne). Considerando que tal revelação é motivo de surpresa, transcrevo as palavras do próprio Plutarco:

> Aristóteles afirma que os pitagóricos abstêm-se de entranhas, coração, águas-vivas e algumas outras coisas dessa espécie, mas que se alimentam do restante.

(A água-viva é uma criatura marinha a qual denominamos ouriço-do-mar.) Em seu escrito *Questões de Convivas*, no entanto, afirma Plutarco que os pitagóricos igualmente se abstêm dos salmonídeos.

(Aulo Gélio, *Noites Áticas* IV, xi 1-13)

Tais práticas eram facilmente alvo de escárnio. Diversas comédias do século IV – a exemplo de As Pitágoras, *de Alexis – ridicularizavam o modo de vida pitagórico. A seguir apresentamos dois exemplos.*

Alexis em *Os Tarentinos*:
– Os pitagóricos, ao menos é o que se conta,
não se alimentam de carne nem de coisa alguma
que tenha vida; *também* são os únicos que não bebem vinho.
– Mas Epicárides come cães,
e é um pitagórico. – Ah, mas primeiro ele os mata
e, portanto, não têm mais vida.

Pouco adiante, ele diz:
— Pitagorismos, apetitosos
argumentos e pensamentos bem picados
são seu alimento. É este o seu pão cotidiano:
uma única fatia para cada um e um copo
d'água. Isso é tudo. — Dieta
digna de um cárcere! Será que todo homem sábio
deve viver dessa forma e submeter-se a tais sofrimentos?
— Não: esses vivem como reis se comparados com outros.
Acaso desconheces que Melanípide é um deles, e também Faon
e Pirômaco e Fano? *Estes* ceiam
a cada quatro dias de um único copo de farelo.

                                                 (Ateneu, *Deipnosofistas*, 161BC)

Em *O Pitagórico* [Aristófono] diz:
Quanto a passar fome e não comer nada,
imagine que está diante de Titímalo ou Filípide.
Por beberem água eles são rãs; por gostarem de tomilho
e vegetais, são lagartas; por não se banharem, urinóis;
por permanecerem ao relento por todo o inverno, melros;
por suportarem o calor e matraquearem ao meio-dia,
cigarras; por não deitarem vistas sobre o óleo de oliva,
nuvens de poeira; por perambularem ao amanhecer,
sem sapatos, grous; por jamais dormirem, morcegos.

                                                         (*Ibid.*, 238CD)

Entre os cientistas, ou matematici, *situam-se Hípaso e Filolau, aos quais são dedicados capítulos próprios. Citarei aqui alguns textos de caráter mais genérico enfocando a vertente matemática da filosofia pitagórica. A passagem mais importante vem de Aristóteles.*

À mesma época que [Leucipo e Demócrito] e anteriormente a eles, os chamados pitagóricos dedicaram-se à matemática: foram eles os primeiros a fazer uso dela e, tendo sido formados nessa disciplina, a imaginar que seus princípios fossem os princípios de todas as coisas existentes. Uma vez que os números são por natureza os primeiros dentre esses princípios, e uma vez que julgaram perceber nos números diversas semelhanças com as coisas existentes e que são geradas (bem mais do que no fogo, na terra e na água) – por exemplo, que tal modificação de números é a justiça, tal outra a alma e a razão, tal outra a oportunidade, e assim por diante para tudo quanto há (e também observaram que as modificações e proporções de harmonias dependem de números): como, portanto, todas as outras coisas se lhes afigurassem como tendo sido moldadas, em sua natureza, em bases numéricas, enquanto os números pareciam ser as primeiras coisas de toda a natureza, imaginaram eles que os elementos dos números fossem os elementos de tudo quanto existe, e que o firmamento fosse, por inteiro, harmonia e número. Tudo quanto nos números e harmonias era concorde com as propriedades e as partes dos céus e com a totalidade do mundo criado, foi por eles reunido e organizado em um sistema; e se alguma lacuna se fizesse notar algures não tardavam em suprimi-la com acréscimos, de tal modo que o conjunto de sua teoria resultasse coerente. Por exemplo, uma vez que o número dez é tido como perfeito e que abarca a totalidade da natureza dos números, advogam eles que os corpos que transitam pelos céus são em número de dez; e uma vez que tão-somente nove são visíveis, conceberam, pois, a contraterra como sendo o décimo.

Já apresentei um registro mais detalhado dessas questões em outra parte: meu propósito aqui é compreender, também no caso dos pitagóricos, quais os princípios originários por eles postulados e como estes se coadunam com as causas que descrevi. Também eles crêem, evidentemente, ser o número um princípio originário quer enquanto matéria para as coisas existentes, quer enquanto suas propriedades e estados; sustentam que os elementos do número são o ímpar e o par, um destes sendo finito e o outro infinito; que o número 1 é derivado de ambos os elementos (pois é ao mesmo tempo par e ímpar) e que os números derivam do número 1; e que o firmamento inteiro, como já disse, são números.

Outros membros da mesma escola afirmam que os princípios são em número de dez e que se apresentam em pares coordenados: limite-infinito, ímpar-par, unidade-quantidade, direito-esquerdo, masculino-feminino, repouso-movimento, retilíneo-curvilíneo, luz-trevas, bem-mal, quadrado-retangular... O modo como [tais princípios] se relacionam aos tipos de causa que descrevi não é indicado de maneira clara por eles. Aparentemente, contudo, dispõem os elementos sob a égide da matéria; pois afirmam que são inerentes às substâncias que a partir deles são compostas e moldadas.

(Aristóteles, *Metafísica*, 985b23-98a26, 986b4-8)

Aristóteles informa que os pitagóricos "dedicaram-se" à matemática. Alguns autores posteriores atribuem a eles consideráveis progressos matemáticos. Por exemplo:

Eudemo, o peripatético, atribui aos pitagóricos a descoberta desse teorema (o de que os ângulos internos de todo triângulo equivalem a dois ângulos retos), e afirma que demonstram da seguinte maneira sua proposição: seja ABC um triângulo e seja traçado o segmento DE passando por A, paralelamente a BC. Então, uma vez que BC e DE são paralelos, os ângulos alternos são equivalentes; assim, DAB é igual a ABC e EAC a ACB. Seja acrescido BAC em comum. Então, os ângulos DAB, BAC e CAE, *i.e.*, os ângulos DAB e BAE, dois ângulos retos, equivalem aos três ângulos dos triângulos ABC. Portanto os três ângulos do triângulo equivalem a dois ângulos retos.

(Proclo, *Comentário a Euclides*, 379.1-16)

O mais célebre elemento da matemática pitagórica é o teorema ainda hoje conhecido como teorema de Pitágoras:

"Em um triângulo retângulo o quadrado da hipotenusa equivale à soma dos quadrados dos catetos": a darmos ouvidos àqueles que se comprazem em recordar a antiga história relacionada ao tema, veremos que atribuem esse teorema a Pitágoras, afirmando que teria sacrificado um boi por ocasião de sua descoberta.

(*Ibid.*, 426.1-9)

O episódio é geralmente alvo de descrédito; muitos estudiosos da atualidade, aliás, são propensos a considerar que os pitagóricos pouco contribuíram para o aspecto técnico da matemática.

Segundo Aristóteles, aplicaram os números à astronomia. No capítulo dedicado a Filolau teremos oportunidade de redescobrir a "contraterra". Aqui, em outro excerto de Aristóteles, figura a teoria da Música das Esferas:

Fica claro a partir disso que a afirmação de que [os corpos celestes] produzem uma harmonia enquanto se movem, sendo concordes os seus sons, constitui uma teoria interessante e engenhosa, todavia falsa. Alguns imaginam que quando corpos de tal dimensão se movem devem necessariamente produzir um som, uma vez que tal se verifica com os corpos em nosso meio, ainda que desprovidos da mesma magnitude e que não se movam com tal velocidade. Quando o Sol e a Lua, e também os astros de mesmo número e volume, movem-se com velocidade, é impossível que não produzam um som de extraordinária magnitude. A partir desse postulado, e supondo que suas velocidades, a julgar por suas distâncias, estão na mesma proporção que os acordes, afirmam eles que uma vez que os corpos celestes se movem em círculo, produzem eles um som harmônico. Considerando que parece injustificável que não ouçamos tal som, atribuem eles a causa disso ao fato de que o ruído nos acompanha desde o instante de nosso nascimento, de sorte que não pode ser identificado por referência ao seu contrário, o silêncio (pois que o som e o silêncio são discriminados por referência mútua). O homem, assim, se encontra em idêntica condição aos ferreiros, cujo hábito torna-os impermeáveis ao som.

(Aristóteles, *Sobre os Céus*, 290b12-29)

Será proveitoso acrescentar quatro outras passagens de Aristóteles neste ponto, três referentes à cosmogonia e uma acerca da alma.

Todos quantos são tidos como responsáveis por uma significativa contribuição à [filosofia natural] dedicaram-se ao estudo do infinito e todos o postulam como uma espécie de princípio originário das coisas existentes. Alguns, tal como os pitagóricos e Platão, fazem dele um princípio em si, presumindo que o infinito existe em si enquanto uma substância e não como atributo de alguma outra coisa. Os pitagóricos situam-no entre os objetos perceptíveis (pois não sustentam a separação dos números), e afirmam que o espaço exterior aos céus é infinito.

(Aristóteles, *Física*, 203a1-8)

Também os pitagóricos afirmavam a existência do vazio e que este penetra os céus oriundo do sopro infinito, como se os céus efetivamente aspirassem o vazio que diferencia os entes naturais, sendo uma espécie de separação e distinção entre coisas contíguas. Sustentam eles que tal ocorre primeiramente entre os números; pois o vazio diferencia-lhes a natureza.

(Ibid., 213b22-27)

No livro quarto de sua *Física*, Aristóteles escreve:

> Também os pitagóricos afirmavam a existência do vazio e que este penetra os céus oriundo do sopro infinito, como se os céus o aspirassem.

E no livro primeiro de sua obra *Sobre a Filosofia de Pitágoras*, escreve que o céu é uno e que do infinito absorve o tempo, o sopro e o vazio que diferencia eternamente os lugares de cada coisa.

(Estobeu, *Antologia* I, xviii 1C)

O que sustentam os pitagóricos parece ter o mesmo significado. Pois alguns deles asseveravam que as partículas de poeira no ar são alma, enquanto outros, que aquilo que as move é alma. Já explicamos como podemos percebê-las em incessante movimento, ainda que reine a mais completa tranqüilidade.

(Aristóteles, *Sobre a Alma*, 404a16-20)

Os aforistas e os cientistas parecem encontrar um ponto de convergência no campo do misticismo numérico. Alguns pitagóricos entretinham-se no jogo dos números com extravagante detalhismo:

Nem sequer determinaram eles de que forma os números são a causa das substâncias e de sua existência. Serão eles limites (tal como o são os pontos das grandezas espaciais)? – Eis como Eurito determinou qual número corresponde a cada coisa (este é o número do homem, aquele é o número do cavalo) – moldou ele as formas de plantas com pequenas pedras, da mesma forma como as pessoas dispõem números em quadrados e retângulos.

(Aristóteles, *Metafísica*, 1092b8-13)

O centro da numerologia era ocupado pelo tetráctis ou "conjunto de quatro", consistindo nos quatro primeiros números, cuja soma equivale à dezena. O dez é o número perfeito: nele estão contidas as importantes proporções musicais, e pode ser disposto de modo a formar um triângulo perfeito:

```
      o
     o o
    o o o
   o o o o
```

Os pitagóricos supostamente juravam
Em nome daquele que à nossa geração transmitiu o *tetráctis*, fonte das raízes da natureza em incessante fluxo.
(Iâmblico, *Sobre o Modo de Vida dos Pitagóricos*, 162)

14. Hípaso

Hípaso foi um pitagórico. Diferentes fontes atribuem-lhe diferentes locais de nascimento, e não dispomos de quaisquer dados cronológicos a seu respeito. Parece provável que sua atividade tenha transcorrido em meados do século V. Tratava-se de um pitagórico heterodoxo, talvez um rebelde, sendo tido como o primeiro dos matematici *ou cientistas pitagóricos. Simplício trata-o como um cosmogonista pré-socrático convencional:*

Hípaso de Metaponto e Heráclito de Éfeso também sustentavam que [o universo] é uno, movente e finito; todavia fizeram do fogo o princípio originário, afirmando que as coisas existentes são produzidas a partir do fogo através de condensação e rarefação, dissolvendo-se no fogo novamente, sendo este seu substrato natural único.
(Simplício, *Comentário à Física*, 23.33-24.4)

É escassa nossa informação com respeito aos aspectos mais nitidamente pitagóricos do pensamento de Hípaso. Vale transcrever dois relatos, muito embora nenhum deles mereça crédito absoluto. No primeiro, o nome de Hípaso aparece associado à teoria musical:

Um certo Hípaso construiu quatro discos de bronze de tal forma a apresentarem, todos, idênticos diâmetros, sendo, porém, a espessura do primeiro um terço maior que a do segundo, metade maior do que a do terceiro e duas vezes a do quarto; e ao serem tangidos produziam um som harmônico.

(Escólio a Platão, *Fédon*, 108D)

O relato claramente pretende atribuir a Hípaso a descoberta das proporções musicais fundamentais, 4:3, 3:2 e 2:1.

O segundo relato está relacionado às supostas conquistas matemáticas dos pitagóricos. Citarei duas passagens:

Acerca de Hípaso, dizem que foi um dos pitagóricos, e, por ter sido o primeiro a divulgar e a construir a esfera dos doze pentágonos, pereceu no mar como um homem ímpio. Adquiriu a reputação de tê-la descoberto, embora tudo pertença a Aquele Homem (assim referem-se a Pitágoras, jamais o chamando pelo nome).

(Iâmblico, *Sobre o Modo de Vida dos Pitagóricos*, 88)

Dizem alguns que a divindade puniu aqueles que tornaram públicas as doutrinas de Pitágoras. Porquanto aquele que revelou a construção do vigintângulo pereceu no mar como um homem ímpio. (O vigintângulo é o dodecaedro, uma das chamadas cinco figuras sólidas, quando se estende para formar uma esfera.) Outros afirmam que foi o homem que se pronunciou sobre a irracionalidade e a incomensurabilidade que sofreu tal destino.

(*Ibid.*, 247)

O dodecaedro é o quinto dos cinco sólidos regulares; tem doze faces, cada uma das quais é um pentágono regular. A referência à irracionalidade e à incomensurabilidade é novamente geométrica: o diâmetro de um quadrado é irracional, ou incomensurável com relação ao lado; ou seja, se cada lado possui uma unidade de comprimento, não existe fração do tipo n/m *que forneça a extensão do diâmetro. Alguns estudiosos aceitam a hipótese de que essas duas descobertas geométricas foram efetivamente de autoria dos pitagóricos e que tenham tido alguma importância filosófica para eles; já outros mostram-se céticos nesse particular.*

15. Filolau

Filolau provavelmente nasceu em Crotona na década de 470 e pertenceu ao círculo dos pitagóricos. Quando a escola pitagórica de Crotona foi destruída e seus membros dispersos, retirou-se para a Grécia continental, passando algum tempo em Tebas. É impossível datar esses eventos com precisão, mas é evidente que Filolau floresceu no final do século V a.C.

São várias as passagens que possuímos supostamente oriundas dos escritos de Filolau. Muitos estudiosos consideraram-nas espúrias; numerosas falsificações pitagóricas foram coligidas no mundo antigo, das quais grande parte ainda hoje sobreviveu. Recentemente, todavia, o parecer dos eruditos sofreu uma mudança, e ao menos algumas das passagens são largamente aceitas como genuínas. No capítulo presente, omitirei os textos incontestavelmente espúrios e incluirei apenas aqueles aos quais o novo consenso se mostra inclinado a aceitar.

Uma das obras de Filolau recebeu ulteriormente o título Sobre a Natureza. *Sua frase de abertura chegou até nós:*

Em sua obra *Homônimas*, Demétrio afirma ter sido Filolau o primeiro entre os pitagóricos a publicar um tratado com o título *Sobre a Natureza*. Até se inicia com as seguintes palavras:

A natureza no mundo foi construída de elementos ilimitados e limitados, tanto a totalidade do mundo como tudo quanto nele existe. [44 B 1]
        (Diógenes Laércio, *Vidas dos Filósofos* VIII, 85)

[O termo grego aqui traduzido por "ilimitado" em outras versões aparece como "infinito". O contraste com "limitados" torna a tradução alternativa preferível.]

Estobeu transcreve uma seqüência de passagens que, a despeito da diferença no título, pertencem provavelmente a Sobre a Natureza.

Da obra de Filolau, *Sobre o Mundo*:
    Necessariamente as coisas existentes devem ser ou limitadas ou ilimitadas, ou limitadas e ilimitadas. Mas não podem ser apenas ilimitadas. Ora, sendo evidente que as coisas existentes não provêm nem unicamente de elementos limitados nem unicamente de elementos ilimitados, torna-se claro que o mundo e as coisas que nele existem foram formados tanto de elementos limitados como ilimitados. Também os fatos o confirmam: alguns deles, provenientes de elementos limitados, limitam; outros, provenientes de elementos limitados e ilimitados, tanto limitam como não limitam; e alguns, provenientes de elementos ilimitados, são evidentemente ilimitados. [B 2]

    E tudo *quanto se conhece possui um número – pois do contrário coisa alguma poderia ser concebida ou conhecida.* [B 4]

    Ora, o número tem duas formas próprias, o par e o ímpar (e uma terceira, par-ímpar, mistura de ambas); e de cada forma existem diversas configurações que cada coisa em si representa. [B 5]

    Com respeito à natureza e à harmonia dá-se o seguinte: a essência das coisas, sendo eterna, e a própria natureza admitem o conhecimento divino e não o humano – exceto que seria impossível a qualquer uma dentre as coisas existentes e por nós conhecidas ter passado a existir caso não subsis-

tisse a essência dos elementos dos quais se formou o universo, tanto as coisas limitadas como as coisas ilimitadas. E, uma vez que os princípios remanescentes não eram nem similares nem homogêneos, teria sido impossível para eles, por conseguinte, organizarem-se, não tivesse sobrevindo uma harmonia (qualquer que tenha sido o modo como surgiu). Ora, as coisas semelhantes e homogêneas não tinham necessidade alguma de uma harmonia; mas as coisas dessemelhantes, não-homogêneas e ordenadas de maneira desigual devem necessariamente estar ligadas por uma harmonia se estiverem destinadas a manter-se unidas no mundo. [B 6a]

A extensão de uma escala é uma quarta e uma quinta. Uma quinta é maior que uma quarta em um tom; pois do topo da escala até o meio existe uma quarta, do meio até a base uma quinta, da base até a terceira uma quarta, da terceira até o topo uma quinta; e entre o meio e a terceira existe um tom. Uma quarta equivale a 3:4, uma quinta a 2:3, uma oitava a 1:2. Portanto, a escala é composta por cinco tons e dois semitons, uma quinta de três tons e um semitom, uma quarta de dois tons e um semitom. [B 6b]

A primeira coisa a ter sido conectada, a unidade, no centro da esfera é denominada coração. [B 7]

(Estobeu, *Antologia* I, xxi 7-8)

As observações aritméticas em B 4 e B 5 encontram ressonância nos relatos seguintes:

Platão nos ensina diversas doutrinas notáveis acerca dos deuses por meio de formas matemáticas, enquanto a filosofia dos pitagóricos se utiliza desses expedientes para ocultar os mistérios de suas doutrinas divinas. Pois tal é o caso ao longo do *Discurso Sagrado*, nas *Bacantes* de Filolau e na totalidade do ensinamento de Pitágoras acerca dos deuses.

(Proclo, *Comentário a Euclides*, 22.9-16)

Todas as chamadas ciências matemáticas são como espelhos fiéis nos quais os traços e as imagens da verdade inte-

ligível são refletidos. Mas, acima de tudo, é a geometria que, segundo Filolau, sendo a origem e o país natal das demais ciências, volve e eleva a mente que está purificada e delicadamente liberta da percepção.
(Plutarco, *Questões de Convivas*, 718E)

Sustentam os pitagóricos que a razão [é o parâmetro da verdade] – não a razão em geral, mas sim a razão matemática, a qual, como Filolau costumava dizer, porquanto pondera acerca da natureza do universo, possui uma certa afinidade com esta (pois o semelhante é naturalmente apreendido pelo semelhante).
(Sexto Empírico, *Contra os Matemáticos* VII,92)

Em outra parte, teremos ocasião de investigar mais a fundo como, quando os números são seqüencialmente elevados ao quadrado, seguem-se resultados não menos plausíveis – por natureza e não por convenção, como assevera Filolau.
(Iâmblico, *Comentário à Introdução à Aritmética de Nicômaco*, 19.21-25)

Entre os pitagóricos encontraremos diferentes ângulos consignados a diferentes deuses. Assim tornou Filolau o ângulo de um triângulo sagrado a alguns, o de um quadrado a outros, e assim por diante, consignando o mesmo ângulo a diferentes deuses e diferentes ângulos aos mesmos deuses segundo seus diferentes poderes.
(Proclo, *Comentário a Euclides*, 130.8-14)

Também Filolau atribuiu, de maneira plausível, o ângulo de um triângulo a quatro divindades – Crono, Hades, Ares e Dioniso –, uma vez que inclui no âmbito destes a totalidade da ordenação quádrupla dos elementos acima, quer derivem estes dos céus, quer dos quatros segmentos do zodíaco. Pois Crono contribui com todas as substâncias úmidas e frias, Ares com todas as naturezas ígneas, enquanto Hades

conserva a totalidade da vida terrena e Dioniso supervisiona a criação úmida e quente (da qual o vinho, sendo úmido e quente, é um símbolo). Todos eles são distintos no que tange a suas ações secundárias, mas estão unidos entre si. Por essa razão Filolau os reduz à unidade sob um único ângulo.
(*Ibid.*, 167.1-14)

Temos ainda alguns outros fragmentos:

A magnitude é divisível à infinitude, porém apenas finitamente extensível; a pluralidade, por outro lado, é extensível à infinitude, porém apenas finitamente divisível – embora por natureza, no que se refere a seus conceitos, ambas sejam infinitas e, portanto, impossíveis de serem cientificamente apreendidas. Pois
> não haverá absolutamente conhecimento possível se tudo for ilimitado, [B 3]

como afirma Filolau.
(Iâmblico, *Comentário à Introdução à Aritmética de Nicômaco*, 7.18-25)

As Bacantes de Filolau:
> O mundo é uno. Sua gênese teve início no centro, e do centro para o alto e para baixo na mesma direção; e o que se encontra acima do centro está em perfeita oposição àquilo que se encontra abaixo. Pois para aqueles que se encontram embaixo a parte inferior se assemelha à superior, e assim por diante; pois cada qual guarda idêntica relação com o centro, sendo apenas invertidos. [B 17]

(Estobeu, *Antologia* I, xv 7)

Compare-se aqui o conceito da "contraterra", que já apareceu no capítulo 13:

Filolau, o pitagórico, sustenta que o fogo é central (porquanto é o coração do universo), seguindo-se a contraterra

e, em terceiro lugar, a terra que habitamos, que está localizada e orbita em oposição à contraterra (razão pela qual os habitantes daquela terra não são vistos pelos habitantes desta).
([Plutarco], *Sobre as Idéias Científicas dos Filósofos*, 895E)

Filolau também tinha algo a dizer sobre temas da biologia. Além de um pequeno fragmento, vale transcrever dois relatos parafrásticos.

São quatro os princípios originários dos animais racionais, como afirma Filolau em sua obra *Sobre a Natureza* – cérebro, coração, umbigo e órgãos genitais:

A cabeça, o princípio do pensamento; o coração, da alma e da percepção; o umbigo do enraizamento e do primeiro crescimento; os órgãos genitais, da inseminação e da geração. O cérebro representa o princípio originário do homem; o coração, do animal; o umbigo, da planta; os genitais, de todos conjuntamente (pois tudo viceja e cresce a partir da semente). [B 13]
([Iâmblico], *Aritmética Teológica*, 25.17-26.3)

Em geral [os pitagóricos] consideram que o bem-estar e a alegria dependem da saúde e negam que a saúde dependa quer do bem-estar, quer da alegria. Alguns dentre eles – incluindo Filolau – chamavam o *tetráctis*, seu mais solene juramento, o qual, segundo sua doutrina, forma o número perfeito, o princípio originário da saúde.
(Luciano, *Sobre o Prosternar-se ao Discursar em Público*, 9)

Filolau de Crotona sustenta que nossos corpos são formados a partir do calor. Pois não contêm nenhuma parcela de frio, conforme argumenta a partir de considerações como as que seguem. O sêmen é quente e é o que constitui <os animais>; o local em que é depositado o sêmen, i.e. <o útero>, é mais quente e semelhante a ele; <aquilo que

guarda semelhança com determinada coisa possui o mesmo poder que a coisa semelhante>; porém, uma vez que aquilo que constitui os animais não contém nenhuma parcela de frio e que o local em que <é depositado> não contém nenhuma parcela de frio, torna-se patente que o animal que está sendo formado será, também, de mesma natureza. A fim de comprovar seu postulado, ele apresenta o seguinte argumento: imediatamente após o parto o animal inspira o ar externo, que é frio, e em seguida o expele, como se estivesse saldando uma dívida. Pois anseia pelo ar externo a fim de que, ao inspirá-lo, seu corpo, que é mais quente, possa ser resfriado. A formação de nossos corpos, assevera ele, depende desse tipo de coisas.

Afirma que as enfermidades ocorrem em razão da bile, do sangue e da fleuma, e que são estes os princípios originários das enfermidades. Afirma que o sangue se adensa quando a carne é comprimida internamente e que se rarefaz quando as veias da carne sofrem um alargamento. Sustenta que a fleuma é composta a partir da urina. Diz ser a bile uma descarga oriunda da carne. <O mesmo> homem faz uma observação paradoxal sobre esse tema: afirma que a bile não é encontradiça nas proximidades do fígado e que, no entanto, é uma descarga da carne. Outrossim, enquanto a maioria afirma que a fleuma <é fria>, supõe ele que ela é quente por natureza. Pois que é denominada fleuma a partir do verbo *phlegein* [arder] e, por conseguinte, os agentes inflamantes agem por sua participação na fleuma. Estes, presume ele, são os princípios originários das enfermidades; outras causas adicionais são os excessos de calor, alimento ou resfriamento e deficiências <nos mesmos ou> de fatores semelhantes.

(Anônimo Londinensis, *Escritos Médicos* XVIII, 8-XIX 1)

Por fim, existem duas passagens, de propósito diferente, enfocando a ética.

Cumpre recordar as palavras de Filolau; pois diz o seguinte o pitagórico:
Atestam os antigos teólogos e profetas que a alma foi lançada ao corpo a título de punição e que nele está sepultada como em um túmulo. [B 14]
(Clemente, *Miscelâneas* III, iii 17.1)

Determinados pensamentos e sentimentos – ou ainda as ações baseadas em tais pensamentos e sentimentos – não se encontram em nosso poder, mas, como afirmou Filolau, há razões que são mais fortes do que nós.
(Aristóteles, *Ética a Eudemo*, 1225a30-33)

16. Íon de Quios

Íon, filho de Orcômenes, veio da ilha egéia de Quios, porém passou boa parte de sua vida em Atenas, onde desfrutou a amizade de diversas figuras proeminentes da política e da literatura. Nasceu por volta de 485 a.C. e morreu por volta de 425. Foi festejado em seu tempo como poeta e dramaturgo, tendo sua primeira tragédia sido produzida em Atenas por volta de 450.

Íon já foi citado em relação com Pitágoras, merecendo, porém, um breve capítulo dedicado exclusivamente a ele.

Compôs diversos poemas e tragédias, além de um tratado filosófico intitulado *Tríade*. Calímaco afirma que sua autoria é motivo de controvérsia, e em algumas cópias é intitulado *Tríades*, no plural (segundo Demétrio de Cépsis e Apolônides de Niquéia). Lê-se no tratado:

> *Aqui tem início meu relato: todas as coisas somam três e nada existe além ou aquém dessas três coisas. De cada uma delas a excelência é tríplice: inteligência, força e sorte.* [36 B 1]

(Harpocrácio, *Léxico*, s.v. Íon)

Possuímos, no máximo, outra breve informação acerca do pensamento filosófico de Íon. É bem possível que Plutarco esteja se referindo ao Tríade *quando narra que*

Íon, o poeta, na obra que escreveu sem métrica e em prosa, sustenta que a sorte, embora algo profundamente diverso da sabedoria, produz frutos muito semelhantes.
(Plutarco, *Da Sorte dos Romanos*, 316D)

17. Hípon

A cronologia de Hípon nos é desconhecida; todavia foi satirizado pelo poeta cômico Cratino na década de 420, tendo sua atividade, portanto, supostamente se desenvolvido pelo final do século V. Cratino atacou-o por impiedade, e a certa altura granjeou o epíteto de "ateu". Aristóteles considerava-o um pensador vulgar: "Não se cogitaria incluir Hípon entre esses homens, dada a fragilidade de suas idéias" (Metafísica, 984a3). Entretanto, um fragmento de seus escritos sobreviveu ao tempo, e o filósofo merece uma ou duas páginas.

Simplício fornece um breve registro da doutrina de Hípon acerca da natureza subjacente das coisas:

Daqueles que sustentam ser o princípio originário único e movente ([Aristóteles] chama-os cientistas naturais, no sentido estrito), alguns asseveram que ele é finito. Assim, Tales, filho de Exâmias, um milésio, e Hípon, que na verdade é considerado como tendo sido um ateu, afirmaram que o princípio originário é a água. Ambos foram levados a essa crença pelas evidências da percepção. Pois o calor vive da umidade, as coisas mortas ressecam, as sementes de tudo quanto há são úmidas e todo alimento é suculento (cada coisa é naturalmente alimentada pelo elemento do qual é constituída). A água, porém, é o princípio originário da umidade natural e conserva todas as coisas úmidas. Essa é a

razão por que imaginaram ser a água o princípio originário de tudo e declararam que a terra repousa sobre água.
(Simplício, *Comentário à Física*, 23.21-29)

Tudo indica que Hípon tenha escrito, com alguma extensão, acerca de temas biológicos, e suas especulações nesse campo guardavam alguma relação com sua crença quanto ao princípio originário das coisas. A seguir, um excerto:

Hípon de Crotona considera que somos dotados de uma umidade adequada em virtude da qual temos a faculdade de perceber e em razão da qual vivemos. Quando essa umidade se encontra em uma condição adequada, o ente é saudável; quando resseca, o ente deixa de perceber e morre. Por essa razão, os homens idosos são secos e é débil sua percepção – porque lhes falta umidade. Da mesma forma, as solas dos pés não têm qualquer percepção, por serem desprovidas de umidade. Tal é a extensão de suas considerações acerca dessas questões.

Em outro livro, afirma o mesmo filósofo que aquilo que denomina umidade sofre alterações em razão do excesso de calor e do excesso de frio, introduzindo, dessa forma, as enfermidades. Afirma que a umidade se altera quer no sentido de tornar-se mais úmida, ou mais seca, ou adquirir uma textura mais densa ou mais fina, quer em outros sentidos. Assim explica ele as enfermidades – sem nomear, todavia, as enfermidades que sobrevêm.
(Anônimo Londinensis, *Escritos Médicos* XI, 22-42)

O fragmento remanescente está preservado em um escólio, ou nota, ao manuscrito de Genebra da Ilíada *homérica. Homero refere-se ao "Oceano, do qual fluem todos os rios, todos os mares, todas as nascentes e os poços profundos". O escólio cita o parecer do estudioso Crates nos termos seguintes:*

Então, no livro terceiro [de seus *Estudos Homéricos*, Crates] afirma que os cientistas naturais ulteriores também concordavam em que a água que circunda a terra na maior parte de sua extensão é o Oceano, e que deste provém a água fresca. Hípon:
> *Todas as águas potáveis provêm do mar. Pois os poços dos quais bebemos certamente não são mais fundos do que o mar. Do contrário, a água não viria do mar, mas de alguma outra parte. Na verdade, porém, o mar é mais profundo do que as águas. Ora, todas as águas situadas acima do mar provêm do mar.* [38 B 1]

Homero professou a mesma opinião.

(Escólio de Genebra a Homero, *Ilíada* XXI, 195)

18. Anaxágoras

Anaxágoras nasceu em Clazômenas, na costa da Ásia Menor, aproximadamente em 500 a.C. Passou grande parte de sua vida em Atenas, onde foi companheiro de Péricles, o principal estadista do período, e Eurípides, o poeta trágico. As datas que marcam sua estadia em Atenas são motivos de controvérsia: talvez o mais provável é que tenha chegado à cidade em 480 e ali permanecido até por volta de 430, quando foi julgado sob falsas acusações e condenado. Fugiu de Atenas, estabelecendo-se em Lâmpsaco, na Tróade, onde morreu, na condição de honorável estrangeiro, em 428.

Conta-se que Anaxágoras escreveu um único livro, o qual aparentemente conteria um estudo completo do mundo natural nos antigos moldes milésios. Era tido como um "seguidor" de Anaxímenes e não pode haver muita dúvida de que estivesse buscando reviver, no período pós-parmenideano, o esforço empreendido pelos milésios no período da inocência intelectual.

Os fragmentos remanescentes do livro de Anaxágoras tratam quase exclusivamente da parte mais genérica e abstrata de seu pensamento. O universo de Anaxágoras teve início como uma massa indiferenciada de matéria. A mente trabalhou, então, a massa, dando origem ao mundo articulado. As matérias de Anaxágoras são contínuas, não atomizadas. O desenvolvimento cósmico não produz e não pode produzir nenhuma matéria "pura" – toda matéria invaria-

velmente contém uma "porção" ou "fração", por menor que seja, de todas as demais matérias. Essa é a concepção geral das coisas transmitida pelos fragmentos. Estes podem ser complementados com base na doxografia, que fornece informações superficiais acerca das teorias científicas mais específicas de Anaxágoras.

Simplício é, mais uma vez, nossa principal fonte. Grande parte do que atualmente passa por fragmentos de Anaxágoras são reconstituições modernas baseadas em diferentes passagens de Simplício. Os fragmentos serão aqui apresentados na forma desmembrada em que foram preservados. Embora isso redunde em alguma repetitividade, fornecerá um retrato adequado da fonte documental.

No livro primeiro de sua *Física*, afirma Anaxágoras que as matérias uniformes, infinitas em quantidade, se separaram de uma mistura única, estando todas as coisas presentes em todas e sendo cada uma delas caracterizada pela propriedade prevalecente. Deixa isso claro no livro primeiro de sua *Física*, em cujo início lemos:

Juntas se encontravam todas as coisas, infinitas tanto em quantidade como em pequenez – pois que também o pequeno era infinito. E quando juntas se encontravam todas as coisas, nenhuma delas era distinguível em razão de sua pequenez; pois o ar e o éter prevaleciam sobre todas as coisas, sendo ambos infinitos – pois em todas as coisas estes são os maiores, tanto em quantidade como em dimensão. [59 B 1]

E, pouco adiante:

Pois o ar e o éter estão se separando da massa circundante. E o que circunda é infinito em quantidade. [B 2]

E, pouco adiante:

Sendo assim, cumpre aceitar que em tudo quanto se congrega estão presentes muitas coisas de toda espécie e sementes de todas as coisas, dotadas de toda espécie de formas, cores e sabores. [cf. B 4a]

Antes, porém, que se tivessem separado, diz ele, *quando juntas se encontravam todas as coisas, nem mesmo uma cor*

sequer era distinguível; pois isso impedia-o a mistura de todas as coisas – do seco e do úmido, do quente e do frio, do luminoso e do sombrio, além da presença ali de muita terra e sementes, infinitas em quantidade, sob nenhum aspecto semelhantes umas às outras. Também no que tange às outras coisas, nenhuma se assemelha a nenhuma outra. [B 4b]
Deixa ele patente que nenhuma das matérias uniformes é gerada ou destruída, mas que são sempre as mesmas:
Sendo essas coisas assim dissociadas, cumpre reconhecer que todas as coisas não são nem menos, nem mais numerosas. Porquanto é impossível a elas serem mais numerosas do que todas, sendo todas sempre iguais. [B 5]
Eis o que afirma sobre a mistura e as matérias uniformes. Quanto à mente escreveu o que segue:
A mente é algo infinito e autônomo, que não foi misturado com coisa alguma, mas existe só, por si e para si. Pois se não existisse por si, mas estivesse misturada com alguma outra coisa, participaria de todas as coisas, caso estivesse misturada a alguma delas. Pois em tudo quanto há está presente uma parcela de tudo, conforme já explicitado por mim anteriormente, e as coisas com ela misturadas a impediriam de controlar o que quer que fosse da maneira como o faz sendo efetivamente só e por si. Pois que ela é a mais fina de todas as coisas e a mais pura, detentora de todo o conhecimento acerca de tudo e dona da maior das forças. E tem a mente a faculdade de controlar todas aquelas coisas, tanto grandes como pequenas, dotadas de alma. E controlou a mente toda a revolução, de sorte que foi a primeira a revolver-se. E primeiramente começou a revolver-se em uma área exígua, e no momento se revolve com mais amplitude, havendo de se revolver mais amplamente ainda. E reconhece a mente todas as coisas que estão a misturar-se, separar-se e dissociar-se. E a tudo ordenou a mente – o que viria a existir, o que existia, o que ora existe e o que virá a existir – bem como também essa revolução na qual se movem os astros, o sol, a lua, o ar e o éter que se separam. Porém a própria revolução promoveu-lhes a separação. E o denso está se separando do rarefei-

to, o frio do quente, o luminoso do sombrio e o seco do úmido. E são muitas as partes de muitas coisas, porém nada se separa ou dissocia por completo de nenhuma outra, à exceção da mente. Toda mente, quer grande, quer pequena, é semelhante. Nada além é semelhante, mas cada coisa em particular é e foi, de modo mais patente, aquelas coisas que mais contém. [B 12]

O fato de que o filósofo pressupõe um duplo mundo, um inteligível e o outro (derivado deste) perceptível, é evidente tanto por aquilo que já citamos como pelo que segue:

A mente, *que sempre existe, certamente*, é onde todas as demais coisas também se encontram – na massa circundante, nas coisas que se congregaram e nas coisas que se separaram. [B 14]

Uma vez tendo asseverado que:

Estão presentes, em tudo quanto se está combinando, diversas coisas de toda espécie, além de sementes de todas as coisas, dotadas de toda sorte de formas, cores e sabores, e que os homens *foram condensados, assim como todos os animais que têm alma,*

prossegue ele:

e os homens *possuem cidades habitadas e bens construídos, tal como se dá conosco, e está presente entre eles um sol, uma lua e o restante, tal como se dá conosco, e a terra produz muitas coisas de toda espécie para eles, as mais úteis das quais eles recolhem para suas moradas e utilizam.* [B 4a]

As palavras "tal como se dá conosco", por ele empregadas mais de uma vez, demonstram que está sugerindo um outro mundo, à parte o nosso. Não considera que seja perceptível e anterior ao nosso no tempo, tal como o demonstram as palavras "as mais úteis das quais eles recolhem para suas moradas e utilizam" – pois disse "utilizam" e não "utilizavam". Tampouco está se referindo a um estado corrente de coisas semelhante ao nosso com outras casas, pois não diz que "o sol e a lua estão presentes para eles assim como para nós", mas sim "um sol e uma lua, tal como se dá conosco", como que tendo em mente um sol e uma lua dife-

rentes. Se tal é ou não verdadeiro, todavia, é uma questão que exige mais investigação.
(Simplício, *Comentário à Física*, 155.21-157.24)

Logo no início de seu livro, [Anaxágoras] sustenta que as coisas eram infinitas:
> *Juntas se encontravam todas as coisas, infinitas tanto em quantidade como em pequenez.* [cf. B 1]

Entre os princípios não existe nem um mínimo, nem um máximo:
> *Pois quanto ao pequeno, diz ele, não existe um grau mínimo, mas existirá sempre um menor. Pois o que é não pode não ser. E também para o grande haverá sempre um maior, sendo igual ao pequeno em quantidade. Em relação a si mesma, todavia, cada coisa é, a um só tempo, grande e pequena.* [B 3]

Pois se tudo está contido em tudo e tudo se separa de tudo, então daquilo que é tomado como a mínima coisa algo menor há de separar-se, enquanto aquilo que é tomado como o maior foi separado de algo maior do que si mesmo. Afirma claramente o filósofo que:
> *Em tudo está presente uma parcela de tudo exceto a mente – e em algumas coisas também a mente se faz presente.* [B 11]

E ainda:
> *Outras coisas possuem uma parcela de tudo quanto há, porém a mente é algo infinito e autônomo, que não foi misturado com coisa alguma.* [cf. B 12]

Em outra parte ele o expressa nos termos seguintes:
> *Ora, uma vez que são idênticas as parcelas do grande e do pequeno em quantidade, também por essa razão estarão todas as coisas contidas em todas; tampouco podem separar-se, possuindo todas uma parcela de tudo. Dado que é impossível a existência de uma coisa mínima, as coisas não podem separar-se ou passarem a existir por si mesmas, mas, tal como no início, também agora todas as coisas estão juntas. Todas as coisas contêm até mesmo muitas das coisas que estão se separando, em igual quantidade tanto nas maiores como nas menores.* [B 6]

Anaxágoras também estipula que cada qual das matérias uniformes perceptíveis se forma e é caracterizada em virtude da composição de coisas semelhantes. Pois afirma:
> Mas cada coisa em particular é e foi, de modo mais patente, aquelas coisas que mais contém. [cf. B 12]

Também parece dizer que a mente busca dissociá-las, mas que não obtém êxito.
(Simplício, *Comentário à Física*, 164.14-165.5)

Afirma Anaxágoras no início de seu tratado:
> Juntas se encontravam todas as coisas, infinitas tanto em quantidade como em pequenez – pois que também o pequeno era infinito. E quando juntas se encontravam todas as coisas, nenhuma delas era distinguível em razão de sua pequenez. [cf. B 1]

E:
> Cumpre aceitar que todas as coisas se faziam presentes no todo. [cf. B 4b]

Talvez por "infinito" ele se referisse àquilo que a nós é inacessível e incognoscível; pois é o que se depreende da frase
> de sorte que desconhecemos a quantidade, quer em palavra quer em ação, das coisas que se estão separando. [B 7]

(O fato de considerá-las limitadas na *forma* ele o deixa claro ao sustentar que a mente as conhece todas.)
(Simplício, *Comentário a Sobre os Céus*, 608.21-28)

[Aristóteles] não estava se referindo a Anaxágoras, segundo Alexandre, ainda que Anaxágoras tenha incluído a mente entre os princípios originários – talvez, diz ele, por não lhe atribuir nenhum papel na gênese das coisas. É patente, porém, que faz *efetivamente* uso dela, dado que afirma que a geração nada mais é do que uma separação, que a separação ocorre através do movimento e que a mente é responsável pelo movimento. Pois é isso o que diz Anaxágoras:
> E quando a mente começou a mover as coisas, as coisas separaram-se de tudo quanto estava em movimento, e tudo quan-

> *to aquela mente pôs em movimento foi dissociado. E à medida que se moviam e se dissociavam, a revolução fazia com que se dissociassem ainda mais.* [B 13]

[Aristóteles] isenta-se de mencionar Anaxágoras, porquanto Anaxágoras não fez da mente uma forma de dimensão material (que é o objeto de sua investigação aqui), mas sim uma causa da dissociação e ordenação, separada das coisas que estão sendo ordenadas e pertencente a uma ordem diversa daquela das coisas em processo de ordenação. Pois

> *A mente,* diz ele, *é algo infinito e autônomo, que não foi misturado com coisa alguma, mas existe só, por si e para si.* [cf. B 12]

E acrescenta a razão para tal. Possivelmente seja esse outro motivo por que [Aristóteles] isenta-se de mencionar Anaxágoras – pois sua mente não parece criar as formas, mas sim dissociá-las quando estas existem.

(Simplício, *Comentário à Física*, 300.27-301.10)

Anaxágoras de Clazômenas parece ter concebido para todas as formas três instâncias diferentes. Primeiramente, elas estão reunidas em uma unidade inteligível – como quando afirma:

> *Juntas se encontravam todas as coisas, infinitas tanto em quantidade como em pequenez.* [cf. B 1]

E diz ainda:

> *Antes, porém, que se tivessem separado essas coisas, quando juntas estavam todas as coisas, nem mesmo uma cor sequer era distinguível; pois isso era impedido pela mistura de todas as coisas – do seco e do úmido, do quente e do frio, do luminoso e do sombrio, além da presença ali de muita terra e sementes, infinitas em quantidade, sob nenhum aspecto semelhantes umas às outras. Sendo assim, cumpre-nos aceitar que todas as coisas se encontravam presentes no todo.* [B 4b]

(E essa totalidade será a única coisa existente em Parmênides.)

Em segundo lugar, concebeu-as em uma dissociação intelectual a partir da qual foi moldada a dissociação em que estamos imersos. No livro primeiro de *Sobre a Natureza*, pouco depois do início, Anaxágoras afirma o seguinte:

> Sendo assim, cumpre aceitar que estão presentes, em tudo quanto se está combinando, diversas coisas de toda espécie, além de sementes de todas as coisas, dotadas de toda sorte de formas, cores e sabores, e que os homens foram condensados, assim como todos os animais que têm alma. E os homens possuem cidades habitadas e bens construídos, tal como se dá conosco, possuindo, ainda, um sol, uma lua e o restante, tal como se dá conosco, e a terra produz muitas coisas de toda espécie para eles, as mais úteis das quais eles recolhem para suas moradas e utilizam. Assim me pronunciei acerca da separação, pois esta não terá ocorrido tão-somente conosco mas também em outra parte. [B 4a]

Para alguns, sem dúvida, o filósofo não parecerá estar contrastando uma dissociação geradora com uma dissociação intelectual, mas sim comparando o lugar que habitamos com outros locais sobre a terra. Contudo, não teria afirmado, dos outros locais, que possuem um sol, uma lua e o restante, tal como se dá conosco, tampouco teria se referido às coisas ali existentes como sementes de todas as coisas e formas. Consideremos o que postula ele pouco adiante ao comparar ambos:

> À medida que essas coisas assim revolvem e vão-se separando pela força e pela velocidade (a velocidade produz a força), sua velocidade não se compara à velocidade de nenhuma das coisas ora existentes entre os homens, mas é, por certo, muitas vezes mais veloz. [B 9]

E, sendo essa sua concepção, sustenta ele que todas as coisas estão presentes em todas as coisas, em primeiro lugar no que tange à unidade inteligível, em segundo no que tange à consubstancialidade intelectual e, em terceiro, no que tange às conjunções perceptíveis e suas gerações e dissoluções.

(Simplício, *Comentário à Física*, 34.18-35.21)

Quando Anaxágoras postula que:
> Coisa alguma se separa ou se dissocia de outra [cf. B 12]

porquanto tudo está presente em tudo, e em outra parte:
> Não foram elas cindidas por um machado, nem o quente do frio, nem o frio do quente [B 8]

(pois nada é puro em si mesmo), tais declarações, afirma Aristóteles, não se baseiam no conhecimento.

(*Ibid.*, 175.11-15)

No livro primeiro da *Física*, Anaxágoras sustenta claramente que a geração e a destruição equivalem à combinação e dissociação. Eis o que escreve:
> Não possuem os gregos uma noção correta acerca da geração e da destruição; pois coisa alguma é gerada ou destruída, sendo elas misturadas e dissociadas a partir das coisas existentes. E, por essa razão, acertado seria referirem-se à geração como mistura e à destruição como dissociação. [B 17]

Toda essa concepção – a de que "juntas se encontravam todas as coisas" e de que a geração tem lugar em virtude da alteração (ou combinação e dissociação) – foi adotada de modo a assegurar que nada passa a existir a partir do inexistente.

(*Ibid.*, 163.18-26)

Talvez Anaxágoras estivesse propondo como elementos os componentes, e não as qualidades simples e originais, ao afirmar:
> Porém a própria revolução promoveu-lhes a separação. E o denso está se separando do rarefeito, o frio do quente, o luminoso do sombrio e o seco do úmido. [cf. B 12]

Pouco adiante, diz ele:
> O denso, o úmido, o frio e o sombrio congregaram-se aqui onde ora é a terra, enquanto o rarefeito, o quente, o seco e o luminoso se deslocaram para uma parte mais remota do éter. [B 15]

E sustenta que essas coisas originais e muito simples estão se separando e afirma que outras coisas, mais complexas do que essas, por vezes se condensam como compostos e por vezes se separam como a terra.

Pois afirma:

> Dessa forma, a partir da separação desses elementos, a terra é condensada; porquanto a água é separada das nuvens, a terra da água, enquanto da terra são condensadas as pedras por obra do frio. [cf. B 16]

(*Ibid.*, 178.33-179.10)

Possivelmente todos os opostos participem de fato dos elementos, caso sejam os elementos princípios originários, porém não diretamente (como no caso das matérias uniformes). O doce e o amargo, por exemplo, na hipótese dos elementos, não são partícipes inerentes dos elementos; porém, na hipótese das massas uniformes, são partícipes inerentes e existem por conta própria – tal como se verifica com os opostos cromáticos. Ou talvez mesmo no caso de matérias uniformes alguns opostos sejam anteriores a outros, devendo-se aos primordiais a inerência dos secundários. Seja como for, diz Anaxágoras no livro primeiro de sua *Física*:

> Porquanto a água é separada das nuvens, a terra da água, enquanto da terra são condensadas as pedras por obra do frio. E estas se afastam para mais longe do que a água. [cf. B 16]

(Simplício, *Comentário à Física*, 155.13-23)

Alguns estudiosos encontraram um fragmento adicional no texto seguinte:

Anaxágoras adotou a antiga doutrina de que nada passa a existir a partir do inexistente, e rechaçou a idéia de geração, introduzindo em seu lugar a dissociação. Pois afirmou que todas as coisas foram misturadas umas às outras e que à medida que se desenvolvem vão se dissociando. Pois na mesma semente estão presentes cabelos, unhas, veias, artérias, tendões e ossos, invisíveis em razão da pequenez de suas partes; à medida que se desenvolvem, todavia, grada-

tivamente se dissociam. Pois como, indaga ele, poderia surgir cabelo daquilo que não é cabelo, ou carne daquilo que não é carne? [B 10]. Afirma o mesmo não apenas com respeito aos corpos, como também às cores; pois que o negro está presente no branco e o branco no negro. E postulou o mesmo com respeito aos pesos, acreditando que o leve estava misturado com o pesado e *vice-versa*. Tudo isso é falso – pois de que modo poderiam coexistir opostos?
(Escoliasta a Gregório de Nazianza [*Patrologia Graeca* XXXVI, 911 BC])

Com efeito, o único autor, além de Simplício, a preservar alguma coisa das palavras de Anaxágoras é Sexto Empírico.

O destacado cientista natural Anaxágoras, combatendo os sentidos por sua fraqueza, afirma:
> *Somos incapazes de discernir a verdade em razão da fragilidade dos sentidos,* [B 21]

e sugere, como prova de sua falta de credibilidade, a mudança gradual das cores. Pois se tomarmos duas cores, o negro e o branco, e as misturarmos uma com a outra gota a gota, nossa visão será incapaz de discriminar as mudanças gradativas, muito embora estas ocorram na natureza.
(Sexto Empírico, *Contra os Matemáticos* VII, 90)

Diotimo afirmou que [Demócrito] presumia a existência de três padrões: quanto à apreensão daquilo que é obscuro o padrão é o manifesto; pois
> *o que se manifesta é a visão do que é obscuro,* [B 21a] como sustenta Anaxágoras – e Demócrito louva-o por isso.
(*Ibid*. VII, 140)

Uma das partes mais notáveis da filosofia de Anaxágoras foi sua concepção da força organizadora da mente no universo. Segundo Aristóteles, disse alguém que, tal como nos entes animados, a mente está presente também na natureza, sendo responsável pelo mundo e por toda sua ordenação: afigurou-se este como um homem sensato em comparação com seus predecessores, que se pronunciavam sem critério.

(Aristóteles, *Metafísica*, 984b15-18)

Sócrates teve a mesma impressão quando leu pela primeira vez o livro de Anaxágoras:

Certa vez ouvi alguém lendo um livro de Anaxágoras e dizendo ser a mente aquilo que ordena e é responsável por tudo. Tal explicação encantou-me e, de alguma forma, pareceu-me conveniente que à mente coubesse a responsabilidade de tudo – imaginei que, assim sendo, ao ordenar as coisas, a mente as arranjaria todas, e disporia cada uma delas da melhor forma possível. Assim, caso alguém desejasse descobrir a explicação do que quer que fosse – por que determinada coisa é criada, perece ou existe – seria imperativo que descobrisse qual a melhor forma de ela existir, ou sofrer ação ou agir... Eis, meu amigo, que essa magnífica esperança veio abaixo; pois, ao dar prosseguimento à leitura, percebi que o filósofo não empregou em absoluto sua mente – não atribuiu a esta nenhum papel na ordenação das coisas, encontrando, pelo contrário, explicações para tal no ar, no éter, na água e tantos outros despropósitos.

(Platão, *Fédon*, 97BC, 98BC)

O desapontamento de Sócrates ganharia eco posteriormente em Aristóteles e no discípulo deste, Eudemo.

É mais escassa nossa informação no que se refere aos detalhes das opiniões de Anaxágoras. Transcreveremos aqui, primeiramente, duas breves amostras, seguindo-se os dados mais relevantes da biografia de Anaxágoras segundo narrada por Diógenes Laércio.

Sob todos os demais aspectos somos mais desafortunados do que os animais. Porém, através da experiência, da memória, da sabedoria e do engenho, segundo Anaxágoras, utilizamo-nos dos animais, tomando-lhes o leite e o mel, agrupando-os em rebanhos e fazendo deles o que bem entendemos, de modo que nada depende aqui da sorte, mas tudo do planejamento e da presciência. [B 21b]
(Plutarco, *Da Sorte*, 98F)

Em sua *Física*, afirma Anaxágoras que o que chamamos leite de pássaro é a clara do ovo. [B 22]
(Ateneu, *Deipnosofistas*, 57D)

Anaxágoras, filho de Hegesíbulo (ou de Eubulo), de Clazômenas. Foi um seguidor de Anaxímenes e o primeiro a atribuir à mente o encargo pela matéria. Seu tratado, composto em estilo agradável e elevado, inicia-se da seguinte maneira:
Juntas se encontravam todas as coisas. Veio então a mente e ordenou-as. [cf. B 1]
Em decorrência disso, recebeu a alcunha de "Mente", e Tímon, em suas *Sátiras*, diz o seguinte a respeito dele:
E aí está, dizem, Anaxágoras, um herói resoluto,
A Mente (pois que era dotado de mente), que subitamente se ergueu
e reuniu tudo quanto até então se encontrava desordenado.
Adquiriu notoriedade por seu bom nascimento e sua saúde – bem como por sua generosidade, haja vista que outorgou sua herança aos amigos. Pois quando o acusaram de negligenciá-la, retrucou: "Então por que *vós* não vos incumbis dela?" Por fim retirou-se, consagrando seu tempo aos estudos científicos, sem se ocupar da política. Quando alguém o indagou se não tinha apreço por sua pátria, replicou: "Cala-te – tenho o mais alto apreço por minha pátria", apontando para os céus.

Conta-se que teria vinte anos quando Xerxes invadiu a Grécia [480 a.C.], e que viveu até os 72 anos. Em suas *Crô-*

nicas, Apolodoro informa que nasceu por ocasião da septuagésima olimpíada [500-497] e que morreu no primeiro ano da octagésima oitava olimpíada [428]. Lançou-se à filosofia em Atenas durante o arcontado de Cálias, quando contava vinte anos, segundo Demétrio de Faleron em sua *Relação dos Arcontes*. Conta-se que ali permaneceu por trinta anos.

Postulou ser o sol uma massa ígnea, mais extensa que o Peloponeso (embora alguns atribuam essa idéia a Tântalo), e que a lua é habitada, tendo também colinas e barrancos. As matérias uniformes são princípios originários; pois da mesma forma que o ouro é formado a partir do ouro em pó, assim se forma o universo a partir de corpúsculos uniformes. A mente é o princípio originário do movimento. Os corpos celestes, como a terra, ocupam as regiões inferiores, ao passo que os corpos mais leves, como o fogo, as superiores; a água e o ar ocupam a região intermédia. Pois dessa forma repousa o mar sobre a terra, que é plana, e sua umidade é vaporizada pelo sol. No início, os corpos celestes moviam-se como que em uma rotunda, de tal modo que o pólo que é sempre visível estava situado diretamente por sobre a terra; mais tarde adquiriram uma inclinação. A Via Láctea é um reflexo da luz proveniente dos astros que não recebem a luz solar. Os cometas são conjunções de planetas que emitem chamas. Os meteoros são, por assim dizer, fagulhas sacudidas do ar. Os ventos ocorrem quando o ar é rarefeito pelo sol. O trovão é uma colisão de nuvens. O relâmpago é uma fricção nas nuvens. Os terremotos são um aluimento de ar no interior da terra. Os animais foram gerados do úmido, do quente e do terreno; e uns mais tarde que os outros. Os machos provêm da direita; as fêmeas, da esquerda.

Conta-se que teria predito a queda do meteorito ocorrida em Egospótamo – afirmou que este cairia do sol. Essa é a razão por que Eurípides, que foi seu discípulo, diz, no *Féton*, que o sol é uma nuvem dourada. Quando se dirigia a Olímpia, sentou-se sob um impermeável como se estivesse prestes a chover – e foi o que se deu. Quando alguém lhe indagou se as montanhas de Lâmpsaco alguma vez se transformariam em mar, conta-se que respondeu: "Sim, se o tempo não se esgotar." Indagado quanto à finalidade de seu nascimento, respondeu: "Para o estudo do sol, da lua e dos céus." Quando alguém comentou: "Foste banido do convívio dos atenienses", replicou: "Não – eles é que foram banidos de meu convívio." Quando deparou com o túmulo de Mausolo, disse: "Um túmulo opulento é a imagem de uma substância vertida em pedra." Quando alguém se queixou por estar morrendo em um país estrangeiro, replicou: "A descida ao Hades é a mesma, qualquer que seja o ponto de partida."

Parece ter sido o primeiro – segundo Favorino, em suas *Investigações Diversas* – a afirmar que a poesia de Homero tem por tema o vício e a virtude. Tal teoria foi desenvolvida por seu amigo, Metrodoro de Lâmpsaco, o primeiro a se ocupar com as idéias do poeta acerca da ciência natural. Anaxágoras foi também o primeiro a publicar um livro contendo diagramas. No livro primeiro de sua *História*, afirma Sileno que o meteorito caiu do céu durante o arcontado de Dêmulo, e que Anaxágoras sustentava que os céus eram, em sua totalidade, constituídos de pedras – são mantidos no alto devido à rápida rotação e caem na terra quando há um abrandamento.

Contam-se diferentes versões de seu julgamento. Em sua *Sucessão de Filósofos*, Sócion informa que Cléon o condenou por impiedade por haver afirmado ser o sol uma massa ígnea, e que quando seu discípulo, Péricles, empreendeu sua defesa, foi multado em cinco talentos e banido. Em suas *Vidas*, Sátiro afirma que a acusação foi formulada por Tucídides, opositor político de Péricles; que a acusação não era tão-somente de impiedade como também de simpatia aos medos; e que foi sentenciado a morrer *in absentia*. Ao ser informado tanto da sentença como da morte de seus filhos, disse, com respeito à condenação, que "A natureza de longa data condenou a eles e a mim", e, com respeito aos filhos, que "sabia que eram mortais quando os gerei". (Alguns atribuem esta fala a Sólon, outros a Xenofontes.) Demétrio de Faleron, em seu livro *Da Velhice*, conta que os teria sepultado com as próprias mãos. Em suas *Vidas*, Hermipo afirma que foi encerrado no cárcere para aguardar a morte. Péricles se apresentou e indagou a eles se tinham alguma acusação contra *ele* quanto a seu modo de vida. Responderam que não tinham nenhuma. "E, no entanto, sou um seu discípulo", falou. "Portanto, não cedei às calúnias roubando-lhe a vida, mas ouvi-me e libertai-o." Anaxágoras foi liberto, porém, incapaz de suportar a vergonha, pôs termo à própria vida. No livro segundo de suas *Miscelâneas*, Jerônimo conta que Péricles conduziu-o ao tribunal, debilitado e esquálido por estar enfermo, de modo que foi a piedade e não o julgamento que o libertou. Eis o que se conta sobre seu julgamento.

Considera-se que tenha nutrido alguma espécie de hostilidade com relação a Demócrito, pois não foi capaz de manter um diálogo com este. No final de sua vida retirou-se para Lâmpsaco, onde veio a morrer. Quando os magistrados da cidade indagaram-lhe o que poderiam fazer por ele, respondeu: "Que se conceda às crianças um feriado anual no mês de minha morte." O costume até os dias de hoje é observado.

(Diógenes Laércio, *Vidas dos Filósofos* II, 6-14)

19. Arquelau

Arquelau foi uma figura menor na história da filosofia grega, e nenhum fragmento de suas obras sobreviveu ao tempo. Não obstante, merece uma breve menção: foi o primeiro filósofo de origem ateniense; foi discípulo de Anaxágoras e mestre de Sócrates; e fez ao menos uma observação surpreendente e, ao que tudo indica, original (sobre o tema da ética). Assim, reproduzimos aqui os dois relatos mais abrangentes acerca de seu pensamento.

Arquelau era natural de Atenas ou de Mileto. Seu pai foi Apolodoro ou, segundo alguns, Midão. Foi discípulo de Anaxágoras e instrutor de Sócrates. Foi o primeiro a trazer a filosofia natural da Jônia para Atenas, e foi chamado filósofo natural – a propósito, a filosofia natural efetivamente terminou com ele, quando da introdução do tema da ética por Sócrates. Também ele, porém, parece ter-se debruçado sobre a ética; pois especulou acerca das leis, da nobreza de caráter e da justiça. (Sócrates tomou o tema das mãos do mestre e foi tido como seu criador por tê-lo desenvolvido ao grau mais elevado.)

Sustentava serem duas as causas da geração, o calor e o frio, e que os animais foram gerados a partir da lama. E que as coisas são justas ou ignóbeis não por natureza, mas por convenção.

(Diógenes Laércio, *Vidas dos Filósofos* II, 16)

Arquelau era de família ateniense, filho de Apolodoro. Falava sobre a mistura de matérias da mesma forma que Anaxágoras (e de maneira semelhante quanto aos princípios originários das coisas), porém sustentava a existência de uma mistura presente na mente desde o início. A origem do movimento é a separação mútua do quente e do frio: o quente está em movimento, o frio em repouso.

À medida que a água se liquefaz, corre para o centro, onde arde e transforma-se em ar e terra, sendo que o primeiro se desloca para cima, enquanto a segunda permanece embaixo. Assim, a Terra está em repouso, tendo passado a existir por essas razões, e jaz no centro, constituindo uma fração mínima do universo. <O ar> produzido pela conflagração <sustém a Terra>; de sua combustão original provém a substância dos corpos celestes, dentre os quais o Sol é o maior, secundado pela lua (quanto ao restante, alguns são maiores, outros menores).

Afirma ele que os céus são inclinados e que, dessa forma, o Sol derrama luz sobre a Terra, torna o ar transparente e a terra seca. Pois de início a terra era um pântano, alta nos bordos e oca no centro. Como prova dessa concavidade, ele expõe o fato de que o Sol não se ergue nem se põe no mesmo horário para todos – algo que deveria verificar-se fosse a Terra plana.

Sobre o tema dos animais, sustenta que, à medida que a Terra ia se aquecendo, foi inicialmente na região mais baixa, ali onde o quente e o frio se misturavam, que muitos animais, incluindo o homem, apareceram, todos vivendo a mesma espécie de vida, uma vez que eram todos alimentados pela lama. Seu tempo de vida era breve. Mais tarde, passaram a reproduzir-se uns dos outros. Os homens foram separados dos outros animais e estabeleceram governantes, leis, ofícios, cidades e todo o resto. Sustenta ele que a mente é inata a todos os animais de maneira idêntica; porquanto cada animal faz uso de sua mente, alguns de forma mais vagarosa, outros com mais presteza.

(Hipólito, *Refutação de Todas as Heresias* I, ix 1-6)

20. Leucipo

Leucipo é uma figura obscura: não há registro de sua cronologia e até mesmo seu local de nascimento é incerto. Foi o primeiro a desenvolver a teoria do atomismo, que seria desenvolvida de forma bem mais detalhada por seu discípulo e sucessor, Demócrito de Abdera. Demócrito eclipsou o mestre na tradição posterior. Os historiadores gregos da filosofia raramente distinguem entre as doutrinas dos dois filósofos: referem-se amiúde, de maneira conjunta, a "Leucipo e Demócrito". Raramente encontramo-nos em condições de separar as contribuições de Demócrito daquelas de Leucipo.

A filosofia atomista, portanto, será apresentada com mais amplitude no capítulo seguinte, dedicado a Demócrito. No presente capítulo, basta-nos citar uma das poucas passagens doxográficas que fazem menção especificamente a Leucipo, e transcrever o único e breve fragmento em que se resume tudo quanto restou dos escritos de Leucipo.

Leucipo de Eléia ou Mileto (ambas as localidades são mencionadas com referência a ele) era partidário da filosofia de Parmênides, porém não seguiu o mesmo caminho que Parmênides e Xenófanes no que tange às coisas existentes, mas antes, parece, o caminho oposto. Pois enquanto estes concebiam o universo como uno, imóvel, não-gerado e limitado, e sequer autorizavam a quem quer que fosse investigar acerca do que não existe, Leucipo postulava a existência de elementos infinitos e em perpétuo movimento, os átomos, bem como de uma infinita quantidade de formas entre estes (pois não haveria razão para que tivessem determinada forma e não outra), presumindo que a geração e a mudança são incessantes entre as coisas existentes. Também sustentava que o ser existe tanto quanto o não-ser, e que ambos são igualmente causadores das coisas que vêm a ser. Presumindo que a substância do átomo é sólida e cheia, afirmou que esta era ser e que era arrebatada pelo vazio, ao qual denominava não-ser e que, segundo ele, existe de maneira idêntica que o ser.

(Simplício, *Comentário à Física*, 28.4-15)

Leucipo: tudo ocorre de acordo com a necessidade, e a necessidade é o mesmo que o destino.
Leucipo: afirma ele em *Sobre o Espírito:*
> *Nada acontece em vão, mas tudo segundo uma razão e uma necessidade.* [67 B 2]

(Estobeu, *Antologia* I, iv 7c)

21. Demócrito

Demócrito nasceu em Abdera, na Grécia setentrional. Foi o mais fecundo e, em última análise, o mais influente dos filósofos pré-socráticos: sua teoria atômica pode ser considerada, sob determinado prisma, a culminância do pensamento grego primitivo. Embora Platão notadamente se omita de mencionar seu nome, era tido em alta conta por Aristóteles, e suas idéias fundamentais foram adotadas e desenvolvidas por Epicuro no século IV a.C. Nenhum dos escritos de Demócrito sobreviveu intacto, e são muito poucos, ademais, os fragmentos que tratam daquilo que atualmente consideramos a parte crucial e mais importante de seu pensamento. Boa parte do trabalho de Epicuro, todavia, foi preservado, de sorte que, via epicurismo, Demócrito exerceu uma influência duradoura sobre a ciência e a filosofia ocidentais.

Pouco se conhece acerca de sua vida. Conta-se que teria viajado ao Egito, à Pérsia e ao mar Vermelho. Presume-se que tenha estudado com Leucipo, Anaxágoras e Filolau. Em um fragmento de autenticidade duvidosa, supostamente teria escrito:

Vim a Atenas, onde ninguém me conhecia.
(Diógenes Laércio, *Vidas dos Filósofos* IX, 36 = 68 B 116)

O próprio Demócrito forneceu alguma informação cronológica:

No que se refere a sua cronologia, era, como ele próprio afirma em *A Pequena Ordem do Mundo*, um jovem na velhice de Anaxágoras, sendo quarenta anos mais novo do que este. Diz ainda que *A Pequena Ordem do Mundo* foi composta 730 anos após a tomada de Tróia. Portanto teria nascido, segundo Apolodoro em suas *Crônicas*, por ocasião da octagésima olimpíada [460-457 a.C.] – ou, segundo Trasilo em sua obra *Prolegômenos à Leitura das Obras de Demócrito*, no terceiro ano da septuagésima sétima olimpíada [470/469 a.C.], sendo, afirma ele, um ano mais velho do que Sócrates. Terá sido, pois, contemporâneo de Arquelau, discípulo de Anaxágoras e de Enópide (ao qual faz menção). Também menciona, com respeito às doutrinas destes acerca do uno, Parmênides e Zenão como figuras particularmente notáveis em sua época – bem como Protágoras de Abdera, que, conforme consenso geral, teria sido contemporâneo de Sócrates.

(*Ibid.* IX, 41)

Podemos obter alguma idéia da produtividade de Demócrito e da amplitude de seu interesse profissional com base na lista de livros preservada por Diógenes Laércio:

Seus livros foram catalogados e organizados em tetralogias por Trasilo, da mesma forma que este organizou as obras de Platão. São as seguintes suas obras éticas:
Pitágoras, Sobre a Disposição do Homem de Sabedoria, Sobre as Coisas do Hades, Tritogenéia (assim chamada porque dela provêm três fatores que protegem todos os interesses humanos), *Sobre o Humano* ou *Sobre a Virtude, O Chifre de Amaltéia, Sobre a Satisfação* e *Comentários Éticos*. (Além de *Bem-Estar*, obra perdida.)

São esses seus escritos éticos; seus escritos sobre ciência natural são:
A Grande Ordem do Mundo (que Teofrasto afirma ser de autoria de Leucipo), *A Pequena Ordem do Mundo, Cosmo-*

grafia, Sobre os Planetas, Sobre a Natureza (um volume), *Sobre a Natureza do Homem* ou *Sobre a Carne* (dois volumes), *Sobre a Mente, Sobre os Sentidos* (alguns reúnem as duas obras sob o título *Sobre a Alma*), *Sobre os Sabores, Sobre as Cores, Sobre as Diferentes Formas, Sobre a Mudança de Forma, Suportes* (que sustenta os escritos anteriores), *Sobre as Imagens* ou *Sobre a Providência, Sobre a Lógica* ou *A Norma* (três volumes).

São estes seus escritos acerca da natureza. (Não integrados no catálogo existem os seguintes:
Causas Celestiais, Causas Atmosféricas, Causas Terrestres, Causas Relativas ao Fogo e a Coisas em Fogo, Causas Relativas aos Sons, Causas Relativas a Sementes, Plantas e Frutas, Causas Relativas aos Animais (três volumes), *Causas Diversas, Sobre os Ímãs.* São essas suas obras não integradas.)

São os seguintes os escritos matemáticos:
Sobre os Ângulos Diferentes ou *Sobre o Contato entre Círculos e Esferas, Sobre a Geometria, Geometria, Números, Sobre as Linhas Irracionais e os Sólidos* (dois volumes), *Planisfério, Sobre o Grande Ano* ou *Astronomia* (um calendário), *Disputa da Clepsidra, Descrição dos Céus, Geografia, Descrição dos Pólos, Descrição dos Raios Luminosos.*

São estes seus escritos matemáticos; os escritos literários são os seguintes:
Sobre os Ritmos e a Harmonia, Sobre a Poesia, Sobre a Beleza dos Versos, Sobre a Eufonia e Letras Fricativas, Sobre Homero ou *A Linguagem Correta e Glosas, Sobre o Canto, Sobre os Verbos, Onomástica.*

São estes seus escritos literários; seus escritos técnicos são os seguintes:
Prognose, Sobre a Dieta ou *Dietética, Julgamento Médico, Causas Relativas às Ocasiões Próprias e Impróprias, Sobre a Agricultura* ou *Agricultura, Sobre a Pintura, Tática e Combate com Uso de Armadura.*

São estes os seus títulos. Alguns desmembram seus *Comentários* nas seguintes obras:

Sobre os Escritos Sagrados da Babilônia, Sobre os de Meros, Circunavegação Oceânica, Sobre a História, Relato Caldeu, Relato Frígio, Sobre a Febre e a Coqueluche, Causas Legais, Artefatos ou *Problemas*.
Os demais escritos a ele atribuídos por alguns são ou compilações de suas obras ou, segundo consenso geral, de autoria alheia.
(Diógenes Laércio, *Vidas dos Filósofos* IX, 45-49)

O restante do presente capítulo está dividido em quatro partes. Inicialmente apresentamos uma seleção de textos, nenhum dos quais fragmentos de Demócrito, que descrevem a teoria atômica. A segunda parte contém os textos que registram as doutrinas de Demócrito acerca do conhecimento e do ceticismo. Segue-se uma parte sucinta enfocando os estudos científicos e literários de Demócrito. Por fim, a parte mais longa é dedicada aos fragmentos éticos. A extensão relativa das quatro partes é determinada pelo volume de material disponível: não refletem a importância que Demócrito – ou nós – poderíamos atribuir às diferentes facetas de seu pensamento.

I. Atomismo

No que tange à doutrina mais célebre de Demócrito, seu atomismo, somos obrigados a nos apoiar em fontes secundárias.

Se os mesmos átomos persistem, sendo impassíveis, fica evidente que também [os democriteanos] dirão que os mundos são alterados e não destruídos – tal como, aparentemente, é o pensamento de Empédocles e Heráclito. Um excerto da obra de Aristóteles *Sobre Demócrito* mostrará a visão desses homens:

Julga Demócrito que a natureza das coisas eternas consiste em pequenas substâncias, infinitas em quantidade, e para elas propõe um local, distinto delas e infinito em extensão. E chama o lugar pelos nomes de "vazio", "nada" e "infinito"; e cada uma das substâncias ele chama "coisa", "sólido" e "ser". Considera que as substâncias são tão diminutas que escapam aos nossos sentidos, e que possuem toda sorte de formas, toda sorte de figuras e diferenças em grandeza. A partir destas, como de elementos, foi capaz de fazer gerar e compor corpos visíveis e perceptíveis. Os átomos se debatem e são arrebatados pelo vazio em razão de suas dessemelhanças e das demais diferenças mencionadas, e ao serem arrebatados colidem e se unem num entrelaçamento que faz com que se toquem e se tornem mutuamente contíguos, mas que não produz genuinamente nenhuma outra natureza a partir deles; porquanto seria total ingenuidade conceber que duas ou mais coisas possam vir a se tornar uma só. E explica ele como as substâncias se mantêm juntas em termos dos modos como os corpos se enredam e se apegam uns aos outros; pois alguns deles são oblíquos, alguns em forma de gancho, alguns côncavos, alguns convexos, e outros apresentam inúmeras outras diferenças. Considera, pois, que se apegam uns aos outros e juntos permanecem até o momento em que alguma força mais poderosa os atinja, oriunda de seu ambiente, sacudindo-os e dispersando-os. Menciona ele a geração e seu oposto, a dissolução, não apenas em relação aos animais mas também às plantas e aos mundos – e em geral a todos os corpos perceptíveis. [Aristóteles, fragmento 208]

(Simplício, *Comentário a Sobre os Céus*, 294.30-295.22)

O excerto do ensaio perdido de Aristóteles acerca de Demócrito pode ser complementado por sua Metafísica:

Leucipo e seu colega Demócrito admitem como elementos o pleno e o vazio, denominando ao primeiro "ser" e ao segundo "não-ser"; e dentre estes o pleno e sólido constitui o ser, o vazio o não-ser (razão pela qual afirmam que o ser existe tanto quanto o não-ser – pois que o vazio existe tanto quanto o corpo), e são estas as causas materiais das coisas existentes. E, da mesma forma como aqueles que admitem uma única substância subjacente derivam as outras coisas das propriedades desta, fazendo do rarefeito e do denso origens das propriedades, afirmam esses homens que as diferenças [entre os átomos] são as causas de todas as outras coisas. Sustentam que as diferenças são em número de três – forma, ordem e posição. A letra A difere da letra N em forma; AN difere de NA em ordem; e N difere de Z em posição. Quanto ao movimento (de onde e como os seres existentes o adquirem), também eles, a exemplo dos demais, negligentemente se omitiram de investigar.

(Aristóteles, *Metafísica*, 985b4-20)

A observação final de Aristóteles encontra ressonância em Simplício:

Também Demócrito, quando sustenta que um turbilhão de toda espécie de formas separou-se do todo [B 167], sem, contudo, mencionar como e por que, parece considerar que tenha surgido espontaneamente e ao acaso.

(Simplício, *Comentário à Física*, 327.23-26)

O mesmo comentário contém um pequeno segmento doxográfico que complementa um pouco as informações transmitidas por Aristóteles.

Da mesma forma o companheiro de [Leucipo], Demócrito de Abdera, propôs o pleno e o vazio como princípios originários, o primeiro, denominou ser, e o segundo, não-ser; pois propõe os átomos como a origem material das coisas existentes, derivando todo o resto das diferenças entre eles. Estas são em número de três: ritmo, contato e modo – o que equivale a forma, posição e ordem. Pois, por natureza, o semelhante é atraído pelo semelhante e as coisas de mesma espécie são impelidas umas às outras, e cada uma das formas, quando organizada em uma composição diversa, produz uma condição diferente. Assim, uma vez que os princípios são infinitos, justificadamente se incumbiram de explicar todas as propriedades e substâncias, bem como o modo e a causa de sua origem. Essa é a razão por que afirmam que somente aqueles que admitem uma quantidade infinita de elementos apresentam uma explicação sensata das coisas. E sustentam que a quantidade de formas nos átomos é infinita, pois não há motivo para que tenham determinada conformação e não outra. Eles próprios apresentam isso como a explicação da infinitude.

(*Ibid.*, 28.15-27)

A concepção de Demócrito de que "o semelhante é atraído pelo semelhante" está exemplificada na passagem seguinte:

Existe uma noção antiga que, conforme já afirmei, de longa data é corrente entre os cientistas naturais, a de que o semelhante reconhece o semelhante. Considera-se que Demócrito tenha apresentado confirmações dessa noção e que Platão a tenha abordado em seu *Timeu*. Demócrito baseia sua argumentação tanto nas coisas animadas como nas inanimadas. Pois os animais, afirma, se agregam com animais de mesma espécie – pombos com pombos, garças com garças, e assim com todos os animais irracionais. O mesmo se dá no caso de coisas inanimadas, como podemos averiguar através dos grãos quando na joeira e das pequeninas pedras à beira-mar. Pois no primeiro caso o volteio da joeira agrupa separadamente lentilhas com lentilhas, cevada com cevada, trigo com trigo; e no segundo caso, em razão do movimento das ondas, as pedras ovais são lançadas ao mesmo local que as pedras ovais, as pedras redondas juntas com as pedras redondas, como se a similaridade das coisas estivesse imbuída de alguma espécie de força a promover a congregação das coisas. [B 164]. Eis o pensamento de Demócrito.

(Sexto Empírico, *Contra os Matemáticos* VII, 116-118)

Os textos até aqui citados não explicam por que considerava Demócrito que o mundo era formado por átomos e vazio. O trecho aristotélico a seguir não pretende reproduzir os argumentos originais de Demócrito, mas é geralmente tido como uma adaptação das proposições do filósofo.

Demócrito parece ter sido persuadido por argumentos adequados e científicos. O sentido de minhas palavras se mostrará evidente no que segue.

Existe uma dificuldade quando se presume a existência de um corpo ou grandeza que seja divisível no todo e que tal divisão seja possível. Pois que coisa haverá que escape à divisão? Caso seja divisível no todo, e a divisão possível, poderia ser assim dividida ao mesmo tempo, ainda que as divisões não se efetuassem todas ao mesmo tempo; e, caso isso acontecesse, nenhuma impossibilidade seria resultante. Portanto, caso seja, por natureza, divisível no todo, sendo dividida – quer em sucessivos pontos intermediários, quer por qualquer outro processo – nada de impossível sobrevirá. (Afinal de contas, fosse mil vezes dividida em mil partes, nada de impossível resultaria, ainda que ninguém efetivamente assim a dividisse.)

Ora, uma vez sendo o corpo divisível no todo, suponhamos que haja sido dividido. O que restará? Uma grandeza? Tal é impossível, pois que neste caso existirá algo que não foi dividido, enquanto nós o presumimos divisível no todo. Porém, caso não haja mais corpo ou grandeza remanescentes e, ainda assim, a divisão persistir, ou a coisa dividida consistirá em pontos, e seus componentes serão desprovidos de qualquer magnitude, ou ainda não serão absolutamente coisa alguma, de tal modo que seria gerada e composta do nada e a totalidade do corpo nada seria senão uma aparência.

Da mesma forma, sendo o corpo constituído de pontos, não será uma quantidade. Pois quando os pontos se tocassem e formassem uma grandeza única e juntos estivessem, em nada fariam maior o todo. Pois caso seja dividido em duas ou mais partes, o todo em nada será menor ou maior do que era anteriormente, de sorte que mesmo que todos os pontos sejam reunidos não formarão grandeza alguma.

Se alguma serragem, digamos assim, é criada quando o corpo está sendo dividido, e dessa forma algum corpo escapa da grandeza, a mesma questão se aplica: como é divisível *este* corpo?

Será possível que não se trate de um corpo, mas de uma forma ou propriedade separável que a ele escapa, e que a grandeza consista em pontos ou contatos com determinadas propriedades? Porém é absurdo imaginar que uma grandeza seja formada por não-grandezas.

Ademais, onde estarão localizados esses pontos, e serão estes imóveis ou moventes?

E um simples contato envolve sempre duas coisas, de sorte que existe algo à parte o contato, a divisão e o ponto.

Se alguém propuser que qualquer corpo, seja de que dimensão for, é divisível no todo, todas essas coisas se seguem.

E ainda, caso se divida um cepo ou qualquer outra coisa e em seguida se tornar a reuni-lo, a coisa dividida será novamente uma unidade de mesma dimensão. Assim é em qualquer ponto em que o cepo for cortado. Portanto, este foi potencialmente dividido em toda parte. Assim, o que existe além da divisão? Ainda que contenha propriedades, como é o corpo nelas dissolvido e como se origina a partir delas? E como são separadas? Logo, sendo impossível que as grandezas consistam em contatos ou pontos, necessariamente existirão corpos e grandezas indivisíveis.

(Aristóteles, *Da Geração e Corrupção,* 316a13-b16)

II. Conhecimento

O atomismo de Demócrito foi a estrutura dentro da qual o filósofo procurou compreender a natureza do mundo. Tra-

tava-se, ao mesmo tempo, de uma teoria que continha, ao que parece, implicações profundamente céticas. O mais adequado é abordar esse tópico transcrevendo as passagens nas quais Plutarco registra e critica duas objeções levantadas contra Demócrito pelo discípulo de Epicuro, Colotes.

[Colotes] inicialmente acusa [Demócrito] de sustentar que cada objeto é tanto uma coisa quanto outra, lançando, com isso, a vida em um caos. Demócrito, porém, está tão longe de considerar que cada objeto é tanto uma coisa quanto outra que combateu Protágoras, o sofista, por ter afirmado exatamente isso e produziu diversos escritos persuasivos contra este. Colotes, não tendo o menor conhecimento de tais escritos, interpretou erroneamente as palavras de Demócrito: quando propõe que as coisas existem tanto quanto o nada, por "coisas" refere-se ao corpo e por "nada" ao vazio, indicando que também este é dotado de uma espécie de natureza e existência próprias.

(Plutarco, *Contra Colotes*, 1108F-1109A)

E mesmo em sua segunda acusação [Colotes] não se apercebe que priva Epicuro de vida juntamente com Demócrito. Pois a afirmação de Demócrito – por convenção existe a cor, por convenção o doce, por convenção os componentes etc., em realidade somente existem os átomos e o vazio [cf. B 125] – era, segundo ele, uma violência contra os sentidos; e sustenta que qualquer um que defenda esse argumento e dele se utilize nem sequer considera a si mesmo um homem e alguém com vida.

Mas o que diz Demócrito? – Que substâncias em quantidade infinita, indivisíveis e indestrutíveis, e também isentas de propriedades e impassíveis, são arrebatadas e dispersas pelo vazio. Ao se aproximarem umas das outras, colidirem ou se emaranharem, as substâncias agregadas se *mostram* como água, fogo, plantas ou homens; porém todas as coisas em realidade *são* aquilo que ele denomina de essas formas indivisíveis e nada mais. Pois que nada é gerado a partir do que não existe, ao passo que nada pode ser gerado a partir das coisas existentes, em virtude do fato de que, devido à sua dureza, os átomos não são afetados e nem se modificam. Logo, nenhuma cor pode emergir de coisas descoloridas e nenhuma natureza ou alma de coisas desprovidas de propriedades e impassivas.

(*Ibid.*, 1110F-1111A)

O texto mais importante é encontrado em Sexto Empírico. Nele está contida a maior parte dos fragmentos que tratam do tema.

Demócrito por vezes desconsidera aquilo que se apresenta aos sentidos e afirma que nada dessa natureza se apresenta em verdade, mas unicamente em opinião, a verdade entre as coisas existentes residindo no fato de que existem átomos e vazio. Pois afirma:
Por convenção existe o doce e por convenção o amargo, por convenção o quente, por convenção o frio, por convenção a cor; em realidade, somente existem átomos e vazio. [cf. B 125]
O que vale dizer que embora se admita e se acredite na existência dos objetos da percepção, estes não existem de fato – somente os átomos e o vácuo existem.

Em seu escrito *Suportes*, não obstante se esforce por atribuir um poder digno de confiança aos sentidos, podemos flagrá-lo condenando-os. Pois afirma:
Em realidade, nada conhecemos com precisão, mas somente enquanto se modificam as coisas, segundo a disposição do corpo e das coisas que nele penetram e das coisas que lhe opõem resistência. [B 9]
E afirma ainda:
O fato de que em realidade não conhecemos como cada coisa é ou não é foi diversas vezes demonstrado. [B 10]
E em *Sobre as Idéias*, afirma:

E um homem deve reconhecer, segundo esta regra, que está afastado da realidade; [B 6]

e ainda:

Também este argumento demonstra que em realidade nada conhecemos sobre coisa alguma, porém nossa opinião de cada uma é uma variação de formas; [B 7]

e ainda:

No entanto, ficará claro que conhecer a natureza de cada coisa é, em realidade, um enigma. [B 8]

Vê-se que nessas passagens o filósofo efetivamente rechaça todo o conhecimento, ainda que o alvo explícito de seus ataques seja unicamente os sentidos. Nas *Normas*, porém, afirma que existem duas formas de conhecimento, uma através dos sentidos e a outra através do entendimento. Aquela que se dá pelo entendimento ele chama genuína, atribuindo-lhe fidedignidade no que tange ao discernimento da verdade; àquela que se dá através dos sentidos ele chama obscura, negando que seja infalível no que tange ao discernimento da verdade. Eis como se pronuncia ele:

Duas são as formas de conhecimento, uma genuína e a outra obscura. À obscura pertencem os seguintes: visão, audição, olfato, paladar e tato. A outra, separada desta <...>. [B 11a]

Então, situando a genuína acima da obscura, prossegue assim:

Quando a obscura se mostra incapaz de ver com maior apuro, ou ouvir, cheirar ou perceber pelo tato, *exigindo uma busca mais sutil* <...>. [B 11a]

Então, situando a genuína acima da obscura, prossegue assim:

Quando a obscura se mostra incapaz de ver com maior apuro, ou ouvir, cheirar ou perceber pelo tato, *exigindo uma busca mais sutil* <...>. [B 11b]

Segundo Demócrito, portanto, a razão, à qual ele denomina conhecimento genuíno, é o padrão da verdade.

Diotimo, porém, alega que ele presumia a existência de três parâmetros: para a apreensão do que é obscuro, o padrão é o manifesto (pois o que se manifesta é a visão do obscuro, como diz Anaxágoras [59 B 21a] – e Demócrito louvava-o por isso); para a investigação, é o conceito ("pois em todos os casos, meu amigo, um princípio é conhecer de que se trata a investigação" [Platão, *Fedro*, 273 B]); da escolha e da abstenção, são as paixões – pois aquilo que nos parece compatível deve ser escolhido e aquilo que nos parece estranho deve ser evitado.

(Sexto Empírico, *Contra os Matemáticos* VII, 135-140)

Diógenes Laércio expressa a mesma seqüência de pensamentos de maneira mais sucinta:

Segundo alguns, Xenófanes, Zenão de Eléia e Demócrito eram céticos... Demócrito, que desconsidera as qualidades onde diz:
> *Por convenção existe o quente, por convenção o frio: em realidade somente existem átomos e vazio.* [cf. B 125]

E ainda:
> *Em realidade, nada sabemos – pois que a verdade jaz nas profundezas.* [B 117]

(Diógenes Laércio, *Vidas dos Filósofos* IX, 72)

Diversos outros textos fazem menção à célebre afirmativa de Demócrito de que "por convenção existe a cor" etc.

Todos sabem que a maior falta que se pode apontar em qualquer argumento é a de que contradiga aquilo que é evidente. Pois não podemos sequer lançar-nos a um argumento se ele não for evidente em si mesmo: como poderá ser digno de crédito se contesta seus próprios pressupostos? Também Demócrito era cônscio disso; pois quando condenou os sentidos, dizendo:
> *Por convenção existe a cor, por convenção o doce, por convenção o amargo: em realidade somente existem átomos e vazio.*

fez com que os sentidos replicassem ao intelecto da maneira como segue:
> *Pobre mente, de nós retiras tuas provas e depois queres nos derrubar? Nossa derrubada será tua queda.* [B 125]

Portanto, deve-se condenar a inconsistência de um argumento quando este é tão frágil que sua parte mais persuasiva conflitua com as proposições evidentes que lhe serviram de fundamento.

(Galeno, *Sobre a Experiência Médica* XV, 7-8)

Todos esses indivíduos têm por pressuposto que o elemento primordial é isento de qualidades, desprovido de qualquer brancura ou negrume naturais, ou de qualquer outra cor, bem como de doçura ou amargor, calor, frio ou qualquer outra qualidade em geral. Pois, afirma Demócrito,
por convenção existe a cor, por convenção o amargo, por convenção o doce: em realidade, somente existem átomos e vazio. [cf. B 125]
E considera que é da congregação de átomos que todas as qualidades perceptíveis são geradas – são relativas para nós que as percebemos, e não existe, na natureza, coisa alguma branca, preta, amarela, vermelha, amarga ou doce. Pois pelas palavras "por convenção" refere-se a "pelo hábito", "relativamente a nós", "não em virtude da natureza das coisas em si". A isso ele denomina "em realidade", derivando a palavra do vocábulo "real", que significa "verdadeiro". Assim, o sentido global de sua teoria será o seguinte: O homem imagina a existência de coisas brancas, pretas, doces e amargas; em verdade, porém, tudo são coisas e nada – eis exatamente o que ele próprio disse, chamando aos átomos "coisas" e ao vazio "nada". Ora, a totalidade dos átomos, sendo estes corpos minúsculos, é isenta de propriedades. O vazio é uma espécie de espaço no qual todos esses corpos se movem de um lado para outro o tempo todo, e ou se embaraçam uns com os outros ou colidem e se repercutem, em encontros nos quais se dissociam e tornam a se associar uns com os outros, formando, com isso, todos os corpos compostos, incluindo nossos próprios corpos, suas propriedades e percepções.

(Galeno, *Os Elementos Segundo Hipócrates* I, 417-418K)

Demócrito equivocou-se de uma forma indigna de si próprio ao asseverar que em verdade somente os átomos existem, sendo todo o restante decorrência do hábito. Pois segundo tua teoria, Demócrito, não apenas seremos incapazes de descobrir a verdade, como seremos incapazes de viver, sem tomar precaução alguma contra o fogo ou a morte <...>
(Diógenes de Enoanda, fragmento 6 II)

Aristóteles apresenta uma análise sucinta e enigmática do que considerava ser o equívoco de Demócrito:

Diversos outros animais recebem, dos mesmos objetos, impressões contrárias às nossas e, a propósito, as coisas não se apresentam sempre da mesma maneira à percepção de um mesmo indivíduo. Dessa forma, é impossível determinar qual delas é verdadeira ou falsa; pois não há motivo para que uma impressão seja mais verdadeira que outra – ambas formam um par. Eis por que afirma Demócrito que ou bem nada é verdadeiro ou bem, ao menos para nós, isso é obscuro. Em geral, como eles tomam o entendimento como sendo a percepção e a percepção como sendo modificação, afirmam que aquilo que se apresenta à percepção é necessariamente verdadeiro.
(Aristóteles, *Metafísica*, 1009b7-15)

Por fim, cabe ressaltar que nem tudo em Demócrito se coaduna com as reflexões céticas das últimas páginas.

Sabemos que aquilo cuja aquisição requer árduos esforços é desnecessário, enquanto aquilo que é necessário Deus generosamente tornou de fácil aquisição. Logo, com propriedade afirma Demócrito que
A natureza e o menino são semelhantes,
acrescentando de maneira sucinta a razão:
pois o ensino transforma o homem, e é transformando que atua a natureza. [B 33]
(Clemente, *Miscelâneas* IV, xxiii 149.3-4)

E os escritos combatendo Protágoras (mencionados por Plutarco) continham a primeira ocorrência de um argumento de peso contra o relativismo:

Não se pode afirmar que toda impressão é verdadeira, dada a inversão decorrente – como o demonstraram Demócrito e Platão em sua réplica a Protágoras. Pois se toda impressão é verdadeira, será igualmente verdadeiro que nem toda impressão é verdadeira (uma vez que se trata de uma impressão), de modo que será falso dizer que toda impressão é verdadeira.

(Sexto Empírico, *Contra os Matemáticos* VII, 389-390)

III. Estudos Científicos e Literários

Demócrito, segundo dizem, costumava proclamar que preferiria descobrir uma explicação causal única a tornar-se rei dos persas [B 118] – muito embora suas explicações fossem fúteis e infundadas, dado que partiu de um princípio sem sentido e de uma hipótese errônea.

(Dioniso, em Eusébio, *Preparação para o Evangelho* XIV, xxvii 4)

A exemplo de seus predecessores, Demócrito estava empenhado em compreender e explicar os variados fenômenos do mundo da natureza. Como atesta o catálogo de seus escritos, discorreu extensivamente sobre temas científicos.

Dadas suas doutrinas acerca do conhecimento e sobre as qualidades sensíveis, não deveríamos surpreender-nos ao descobrir que dedicou grande atenção à natureza da percepção sensorial. Suas idéias nesse âmbito foram descritas em detalhe por Teofrasto. As duas passagens que se seguem constituem apenas uma amostra representativa.

Demócrito não estabelece se a percepção tem lugar por obra de opostos ou semelhantes. Se atribui a ocorrência da percepção à alteração, então parece derivá-la de coisas que são diferentes – porquanto o semelhante não é alterado por semelhante. Porém se a percepção – e as alterações em geral – tem lugar por ser afetada, e se, conforme diz, é impossível a coisas dessemelhantes serem afetadas (ainda que coisas que são diferentes tenham um efeito, isso acontece não em razão de sua diferença, mas na medida em que apresentam algo em comum), ela pareceria ter lugar por obra de semelhantes. Assim, podemos interpretá-lo em ambos os sentidos.

O filósofo busca explicar cada um dos sentidos por vez. Para ele a visão ocorre em decorrência da reflexão, porém refere-se à reflexão de maneira especial. A reflexão não se dá imediatamente na pupila; antes, o ar entre o olho e o objeto percebido é impresso ao ser comprimido por aquilo que é visto e por aquilo que vê (pois que sempre há efluências desprendendo-se de tudo). Então esse ar, que é sólido e tem uma coloração distinta, é refletido nos olhos, que são úmidos. Aquilo que é denso não recebe o reflexo, enquanto aquilo que é úmido lhe dá passagem. Por isso os olhos úmidos têm visão mais arguta do que os olhos endurecidos – desde que o revestimento externo seja extremamente fino e denso, que as partes internas sejam tão porosas quanto possível e livres de qualquer carne densa e rija ou de qualquer líquido espesso e oleoso, e que as veias que conduzem aos olhos sejam retilíneas e secas, de modo a adquirirem a mesma forma dos objetos impressos – pois cada coisa reconhece melhor aquilo que lhe é afim.

(Teofrasto, *Sobre os Sentidos*, 49-50)

São picantes os sabores quando suas formas [isto é, os átomos que os constituem] são angulares, rugosas, pequenas e delgadas. Pois em razão de sua aspereza passam rapidamente por toda parte e, sendo ásperas e angulares, reúnem e mantêm coesas as coisas. Essa é a razão por que promovem o aquecimento do corpo, abrindo vazios neste – pois o mais vazio é mais facilmente aquecido.

O sabor doce é constituído por formas arredondadas de tamanho não tão pequeno. Essa é a razão por que relaxam o corpo por completo, sem fazê-lo de maneira violenta ou passando apressadamente por toda sua extensão. Perturbam as outras formas, pois, ao passarem por elas, fazem com que sejam desviadas e as umedecem; e quando estas são umedecidas e impelidas fora de ordem, acorrem conjuntamente para o estômago – a parte mais acessível porquanto a mais vaga.

O sabor azedo é constituído por formas grandes, multiangulares e arredondadas ao mínimo. Pois quando ingressam no corpo obstruem e detêm o movimento nas veias, impedindo as formas de correrem em conjunto. Eis por que também regularizam os intestinos.

O sabor amargo é constituído por formas pequenas, macias e arredondadas, em que as partes redondas contêm igualmente rugosidades. Por essa razão é viscoso e aderente.

O sabor salgado é constituído por formas grandes, não arredondadas, *tampouco irregulares, mas angulares e rugosas* – denomina irregulares aquelas que se emaranham e entrelaçam umas com as outras. São grandes porque o sal eleva-se à superfície – fossem pequenas e as atingissem as formas a seu redor, acabariam misturando-se com o todo. Não são arredondadas, porque o salgado é áspero, enquanto o arredondado é macio. Não são irregulares, pois não se emaranham mutuamente – razão pela qual é friável.

O sabor penetrante é pequeno, arredondado e angular, porém não irregular. Pois o penetrante, sendo angular, aquece por sua aspereza e relaxa por ser pequeno, arredondado e angular. Pois assim é o angular.

Idêntico tratamento dispensa ele às outras faculdades de cada coisa, reduzindo-as a formas. Dentre todas as formas, nenhuma é pura e isenta de mistura com qualquer outra, mas cada uma abriga diversas – o mesmo sabor contém o macio e o áspero, o arredondado e o agudo, e o restante. A forma preponderante possui uma enorme influência no que tange à nossa percepção e a seu próprio efeito – bem como a condição na qual ela nos encontra. Pois também isso faz uma significativa diferença, visto que por vezes a mesma coisa têm efeitos opostos e opõe o mesmo efeito.

Eis como se pronunciou acerca dos sabores.

(*Ibid.*, 65-67)

As páginas seguintes contêm uma ou duas passagens que testemunham os outros interesses científicos e literários de Demócrito. Estes incluíam a matemática, a geografia e a biologia:

Consideremos o modo como [Crisipo] solucionou o enigma proposto por Demócrito de maneira tão vívida e científica: se um cone é seccionado por um plano paralelo à sua base, que conclusão devemos tirar quanto às superfícies dos segmentos – serão estas iguais ou desiguais? Sendo desiguais, determinarão que o cone seja irregular, pois este irá adquirir um certo número de chanfraduras ou angulosidades semelhantes a degraus; sendo iguais, o cone terá claramente adquirido as propriedades de um cilindro, uma vez que consistirá em círculos iguais e não desiguais – o que é completamente desproposital [B 155]. Aqui [Crisipo] declara Demócrito um ignorante...

(Plutarco, *Sobre Noções Comuns*, 1079 E)

Posteriormente, Demócrito, Eudóxio e outros assinalaram périplos e jornadas em torno da Terra. Os antigos pensadores representavam a Terra habitada como sendo redonda, localizando a Grécia no centro e Delfos no centro da Grécia (pois Delfos guarda o umbigo da Terra). Demócrito, homem de larga experiência, foi o primeiro a considerar que a terra é alongada, sendo seu comprimento equivalente a uma vez e meia a largura.

(Agatêmero, *Geografia* I, 1-2)

O útero aceita a semente que nele é depositada e a protege enquanto ganha raízes – pois inicialmente desenvolve-se o umbigo no útero, como afirma Demócrito [B 148], como uma âncora a evitar que o rebento balouce à deriva, como uma corda e um ramo para o fruto que está sendo gerado e vindo à existência.

(Plutarco, *Sobre o Amor à Prole*, 495 E)

Demócrito nutria igualmente grande interesse por sua própria espécie – pela história natural e social do homem. Uma fonte tardia contém uma surpreendente passagem que geralmente é tida como expressando idéias do filósofo (muito embora não haja menção explícita a Demócrito).

Conta-se que os primeiros homens viviam um tipo de vida anárquico e animal, saindo individualmente para buscar alimento e nutrindo-se das ervas mais agradáveis ao paladar e de frutos silvestres. Então, como sofressem o ataque de animais selvagens, passaram a ajudar-se mutuamente (instruídos por seu próprio interesse pessoal); e assim, reunindo-se em razão do medo, paulatinamente começaram a reconhecer as formas uns dos outros.

Os sons que produziam eram desprovidos de sentido e confusos; gradativamente, porém, passaram a articular suas expressões e, estabelecendo símbolos entre eles para toda espécie de objeto, tornaram a interpretação em cada caso inteligível a todos. Tais grupos surgiram por todo o mundo habitado, e os homens não tinham todos a mesma linguagem, uma vez que cada grupo organizava suas expressões segundo a determinação do acaso. Por conseguinte, existem línguas de toda espécie, e os grupos que primeiro vieram a existir foram os fundadores de todas as diferentes raças.

Ora, os primeiros homens levavam uma vida laboriosa, num tempo em que nenhum dos recursos da vida havia sido descoberto: não usavam roupas, não tinham o menor conhecimento de habitações ou do fogo, não tinham a mais remota concepção de cultivo. E, desconhecendo o trabalho

da colheita, não armazenavam fruto algum a fim de prover necessidades futuras. Por conseguinte, muitos deles morriam no inverno de frio e de falta de alimento. Com o tempo, instruídos aos poucos pela experiência, passaram a refugiar-se em cavernas durante o inverno e a estocar aqueles frutos que podiam ser preservados. Tão logo o fogo e outros recursos foram identificados, os ofícios e tudo o mais capaz de beneficiar a vida comunitária foram lentamente descobertos. Pois, de modo geral, foi a própria necessidade que instruiu os homens em tudo, introduzindo adequadamente o conhecimento de cada coisa a uma criatura bem-provida e dotada, em suas mãos, sua razão e sua agudeza de pensamento, de auxiliares para cada finalidade.
(Diodoro, *História Universal* I, viii 1-7)

Os textos seguintes representam diferentes aspectos dos estudos antropológicos de Demócrito.

Demócrito, que é comparado à voz de Zeus e que se pronuncia dessa maneira acerca de todas as coisas, procurou explicar o conceito [de homem], porém não conseguiu ir além de uma assertiva amadora, dizendo:
O homem é aquilo que todos conhecemos. [B 165]
(Sexto Empírico, *Contra os Matemáticos* VII, 265)

Demócrito afirma, com justeza, que:
Poucos dentre os homens sábios, erguendo as mãos em direção àquilo que nós, os gregos, atualmente denominamos ar, disseram: "Zeus é reconhecido como sendo todas as coisas, e a tudo conhece, outorga e tira, e é o soberano de tudo". [B 30]
(Clemente, *Exortação* VI, lxviii 5)

É um despropósito prestar cuidadosa atenção ao crocitar das gralhas, ao canto dos galos e aos porcos chafurdando na imundície, como diz Demócrito [B 147], e tratar tais coisas como sinais de vento e chuva...
(Plutarco, *Da Conservação da Saúde*, 129A)

Talvez sejamos ingênuos em admirar os animais por seu aprendizado, muito embora Demócrito assevere [B 154] que somos seus discípulos em tudo quanto há de mais importante – da aranha na arte de tecer e curar, da andorinha na arte de construir, das aves cantadoras (o cisne e o rouxinol) na arte de cantar.

(Plutarco, *Sobre a Inteligência dos Animais*, 974A)

Demócrito, um homem que foi não apenas o mais científico dos antigos, como também o mais diligente dentre todos aqueles cujo pensamento registramos, afirma ser a música uma arte mais jovem, e explica suas palavras dizendo que não foi separada pela necessidade, mas que foi gerada a partir da superfluidade.

(Filodemo, *Sobre a Música* IV, xxxvi)

De maneira semelhante, declara Demócrito:
> *Tudo quanto um poeta escrever com entusiasmo e sob divina inspiração há de ser primoroso.* [B 18]
>
> (Clemente, *Miscelâneas* VI, xviii 168.2)

Afirma Demócrito acerca de Homero:
> *Homero, possuidor de uma natureza divina, moldou um mundo de multivariegadas palavras,* [B 21]

deixando implícito que não seria possível produzir versos tão belos e sábios sem uma natureza divina ou sobre-humana.

(Dio de Prusa, *Sobre Homero* [*Discursos* liii], 1)

Imperioso é guardar vossos filhos do mau linguajar; pois a palavra é a sombra da ação, segundo Demócrito.

(Plutarco, *Sobre a Educação das Crianças*, 9F)

Demócrito afirmou que os nomes são frutos da convenção e procurou comprovar suas palavras através de quatro argumentos:

A partir da homonímia: diferentes coisas são chamadas pelo mesmo nome; portanto, os nomes não são naturais.

A partir da polionímia: diferentes nomes assentam a uma e mesma coisa e *vice-versa*, o que seria impossível se os nomes fossem naturais.

Em terceiro lugar, a partir das mudanças de nome – por que renomeamos Aristócles como "Platão" e Tírtamo como "Teofrasto", se os nomes são naturais?

A partir da ausência de formas similares – por que dizemos "pensar" a partir de "pensamento", quando não fazemos nenhuma derivação de "direito"? Por conseguinte, os nomes são produtos do acaso, não da natureza.

Ao primeiro argumento ele denomina *polissemia*, ao segundo *equipolência*, <ao terceiro *metonímia*> e ao quarto *anonímia*. [B 26]

(Proclo, *Comentário sobre o Crátilo*, 6.20-7.6)

IV. Filosofia Moral

Numerosos supostos fragmentos da filosofia moral e política de Demócrito chegaram às nossas mãos. São intrigantes em dois sentidos. Primeiramente, em muitos casos é incerto se a atribuição a Demócrito é ou não digna de confiança. Em segundo lugar, não é claro até que ponto os fragmentos representam os vestígios de uma teoria moral sistemática, *ou em que medida tal teoria (se é que existiu) estava ligada ao atomismo de Demócrito.*

A maior parte dos fragmentos está preservada em duas coletâneas. Inicialmente apresentarei os fragmentos remanescentes dispersos e em seguida transcreverei aqueles coligidos.

Também os abderitas sustentam a existência de um objetivo na ação. Em sua obra *Sobre o Objetivo*, Demócrito afirma que se trata de contentamento, ao qual ele também denomina bem-estar; e observa com freqüência:

Pois alegria e ausência de alegria são o limite <da vantagem e da desvantagem. [B 4; cf. B 188]
Este, afirma, é o objetivo de vida para os homens, tanto jovens> como velhos. Hecateu sustenta que o objetivo é a auto-suficiência, Apolodoto de Cízico que é o entretenimento, Nausífanes que é a serenidade – e diz que esta foi denominada imperturbabilidade por Demócrito.
(Clemente, *Miscelâneas* II, xxi 130.4-5)

A disputa entre corpo e alma sobre as paixões parece ser antiga. Demócrito, atribuindo a causa da infelicidade à alma, afirma:
Instaurasse o corpo um processo contra a alma pelas penas e sofrimentos que suportou ao longo de sua vida, e pertencesse ele ao júri neste caso, com prazer daria seu voto contra a alma uma vez que esta destruiu algumas partes do corpo por negligência ou as dissipou por embriaguez, tendo ainda arruinado e dilacerado outras partes por sua persecução aos prazeres – da mesma forma como acusaria o negligente usuário de uma ferramenta ou utensílio que se encontrasse em mau estado. [B 159]
([Plutarco], *Sobre o Desejo e a Dor*, 2)

Demócrito:
Os homens apreciam coçar o corpo – haurindo idêntico prazer àqueles que fazem amor. [B 127]
(Herodiano, *Da Acentuação em Geral*, 445.9-11)

Digamos, então, que teu corpo, ó Homem, produz diversas moléstias e aflições por natureza a partir de seu próprio interior e acolhe muitas que o açoitam a partir do exterior, e que se abrires a ti mesmo encontrarás no interior um grande e variado armazém e repositório de males, como sustenta Demócrito [B 149], que não correm de fora para dentro, mas possuem, por assim dizer, fontes internas e nativas.
(Plutarco, *Sobre as Aflições da Mente e do Corpo*, 500DE)

Demócrito exorta-nos a que sejamos instruídos na arte da guerra, que é da maior importância, e a buscar o trabalho diligente, que é fonte de coisas grandes e gloriosas para os homens.
(Plutarco, *Contra Colotes*, 1126A)

Quando um homem vive segundo sua própria opinião e tem a si próprio não em baixa mas em alta conta enquanto testemunha e espectador fidedigno daquilo que é bom, demonstra que a razão já está cultivada e enraizada dentro dele e, como afirma Demócrito [B 145], está habituada a comprazer-se em si mesma.
(Plutarco, *O Progresso na Virtude*, 81A)

Os medicamentos, segundo Demócrito, curam as enfermidades do corpo, enquanto a sabedoria saneia a alma das paixões.
(Clemente, *Pedagogo* I, ii 6.2)

A Antologia *de Estobeu é a fonte da primeira das duas compilações de fragmentos éticos. Estes serão citados na mesma ordem em que figuram na* Antologia. *Serão citados todos os textos atribuídos a Demócrito (ou a "Demócrates" ou a "Democ"): muitas atribuições são, na melhor das hipóteses, duvidosas.*

Demócrito:
Não busques tudo saber para que não te tornes ignorante de tudo.
(II, i 12 = B 169)

Demócrito:
A razão é um poderoso persuasor.
(II, iv 12: cf. B 51)

Tanto Demócrito como Platão vêem na alma a morada da felicidade. Demócrito escreve nos seguintes termos:

A felicidade e a infelicidade são atributos da alma. [B 170]
A felicidade não mora em rebanhos, tampouco no ouro: a alma é a morada do destino humano. [B 171]
À felicidade ele denomina contentamento, bem-estar, harmonia, ordem e tranqüilidade. É constituída mediante a diferenciação e discriminação entre os prazeres, e é o que há de mais nobre e vantajoso para os homens.

(II, vii 3i)

Demócrito:
> *Os homens forjaram a imagem do acaso como uma desculpa para sua própria irreflexão; pois o acaso raramente se debate com a sabedoria, e um homem de inteligência irá, lançando o olhar adiante, ordenar com retidão os principais eventos de sua vida.*

(II, viii 16 = B 119)

Demócrito:
> *Das mesmas fontes de onde brotam para nós os bens, podemos também colher os males; porém os males podem ser evitados. Por exemplo, a água profunda é útil a diversas finalidades e, no entanto, é má – pois há o risco de nos afogarmos. Assim, um recurso foi descoberto: ensinar as pessoas a nadar.* [B 172]

idem:
> *Para os homens, os males nascem dos bens, quando não se sabe gerir os bens ou mantê-los com engenho. Não é justo reputar tais coisas como más: elas são boas, mas é possível, a quem quer que o deseje, utilizar os bens também para fins malévolos.* [B 173]
>
> *Um homem satisfeito que é levado a feitos justos e probos noite e dia se compraz, se vê fortalecido e livre de preocupações; porém o homem que negligencia a justiça e não cumpre o que é devido, considera enfadonhos seus atos ao lembrar-se de qualquer um deles, sente medo e censura a si mesmo.* [B 174]
>
> *Os deuses, tanto no passado como agora, oferecem ao homem tudo quanto há, exceto as coisas más, prejudiciais e inúteis. Nem no passado nem no presente oferecem os deuses*

tal tipo de coisas ao homem, mas estas a ele sobrevêm em razão da cegueira e da insensatez de suas mentes. [B 175]
O acaso é pródigo em dádivas, porém instável: a natureza é auto-suficiente: eis por que, sendo menor porém estável, ela conquista as forças maiores da esperança. [B 176]

(II, ix 1-5)

Demócrito:
Muitos homens praticam as mais torpes ações e pronunciam as mais belas palavras.

(II, xv 33 = B 53a)

Demócrito:
É preciso imitar os feitos e as ações virtuosas, não as palavras.

(II, xv 36 = B 55)

Demócrito:
Belas palavras não encobrem ações torpes; tampouco pode uma boa ação ser manchada por palavras difamatórias.

(II, xv 40 = B 177)

Demócrates:
A indulgência é o pior dos males no que tange à educação da juventude; pois dela nascem os prazeres que dão origem à perversidade. [B 178]

idem:
<...> as crianças mantidas com frouxas rédeas não aprenderão nem as letras, nem a música, nem a ginástica, nem tampouco – o principal sustentáculo da virtude – um sentido de pudor; pois é precisamente dessas coisas que o pudor normalmente se origina. [B 179]

idem:
A educação é um ornamento para os afortunados e um refúgio para os desafortunados. [B 180]

idem:
O emprego da exortação e da persuasão da razão se mostrará um agente mais poderoso de indução à virtude do que a

lei e a necessidade. Pois é provável que aquele que se manteve distante da injustiça por obra da lei incorra em erro às ocultas, enquanto aquele que foi conduzido ao dever por obra da persuasão dificilmente cometerá algo impróprio quer às ocultas, quer às claras. Por isso o homem que age com probidade movido pela sabedoria e pelo conhecimento é, a um só tempo, corajoso e correto no pensar. [B 181]

(II, xxxi 56-59)

Democ:
O aprendizado produz belos frutos através do esforço: já os frutos daninhos brotam espontaneamente sem esforço. Pois mesmo contra a vontade freqüentemente o homem é conduzido <...>

(II, xxxi 66 = B 182)

Democ:
Nem o engenho nem a sabedoria são atingidos sem aprendizado. [B 59]
idem:
Seguramente encontramos sensatez entre os jovens e insensatez entre os velhos; pois não é o tempo que ensina o bom senso, mas a instrução no tempo oportuno e a natureza. [B 183]
idem:
Aqueles que se contradizem e falam em demasia não são talhados para o aprendizado. [B 85]

(II, xxxi 71-73)

Democ:
O convívio freqüente com os ímpios faz crescer a disposição para o vício.

(II, xxxi 90 = B 184)

Democ:
As esperanças dos homens instruídos são mais valiosas do que a riqueza dos ignorantes.

(II, xxxi 94 = B 185)

Demócrito:
A afinidade no pensar promove a amizade.
(II, xxxiii 9 = B 186)

Demócrito:
Convém aos homens dar mais valor a suas almas do que a seus corpos; pois a perfeição da alma corrige a malignidade do corpo, porém a força do corpo desprovida da razão em nada aprimora a alma.
(III, i 27 = B 187 = B 36)

Demócrito:
É conveniente submeter-se à lei, aos governantes e ao mais sábio. [B 47]

Demócrito:
O limite da vantagem e da desvantagem é a alegria e a ausência de alegria, [B 188]
O melhor para o homem é conduzir sua vida com o máximo de contentamento e o mínimo de padecimento possível; isso será possível se não haurir seus prazeres das coisas mortais. [B 189]
(III, i 45-47)

Demócrito:
Deveríamos esquivar-nos até mesmo de mencionar os feitos vis.
(III, i 91 = B 190)

Demócrates:
Deveríamos abster-nos de cometer atos reprováveis não por medo, mas por dever.
(III, i 95 = B 41)

Demócrito:
Pois os homens ganham contentamento a partir da parcimônia na alegria e de uma vida comedida; as deficiências e os excessos tendem a mudar e a produzir grande turbulência na alma, e as almas que se agitam por longos intervalos não são estáveis nem contentes. Deves, portanto, voltar o pensa-

mento para o que é possível e satisfazer-te com aquilo de que dispões, dedicando pouca atenção às coisas que são invejadas e admiradas, e não deteres nelas tua atenção; deves observar, ainda, as vidas daqueles que sofrem, considerando o quanto padecem, de modo que aquilo que possuis e que te pertence possa parecer grande e invejável e, deixando de desejares mais, não venha tua alma a padecer. Pois aquele que admira os que detêm grandes posses e são chamados de bem-aventurados por outros homens, e que os têm presentes a todo instante em sua memória, é incessantemente compelido a planejar algo novo e, movido por seu desejo, a lançar-se a alguma tarefa indigna e que a lei proíbe. Eis por que não te deves pôr no encalço de certas coisas e deves te contentar com outras, comparando tua própria vida com a daqueles que vivem pior e julgar-te bem-aventurado, ao refletires no sofrimento destes e no quão melhores são tuas condições e tua vida. Pois se te apegares com presteza a esse julgamento, viverás com maior contentamento e afastarás aquelas pragas não desprezíveis da vida, o ciúme, a inveja e a animosidade.
(III, i 210 = B 191)

Demócrito:
Louvar e censurar o que não se deve são ambas tarefas fáceis, mas uma e outra atitude são sinais de um caráter perverso.
(III, ii 36 = B 192)

Demócrito:
É sinal de bom senso guardar-se da injustiça futura, e de insensibilidade não se defender quando esta se faz presente.
(III, iii 43 = B 193)

Demócrito:
Grandes alegrias advêm do contemplar nobres obras.
(III, iii 46 = B 194)

Demócrito:
Imagens são magníficas de observar, pelas vestes e pelos adornos, porém são vazias de coração. [B 195]

O esquecimento dos próprios infortúnios engendra destemor. [B 196]
Os insensatos são moldados pelas dádivas do acaso, os que compreendem tais coisas pelas dádivas da sabedoria. [B 197]
O animal que está necessitado de algo sabe de quanto necessita: o homem que está necessitado não reconhece o fato. [B 198]
Os insensatos, embora odeiem a vida, almejam viver porque temem ao Hades. [B 199]
Os insensatos vivem sem usufruir a vida. [B 200]
Os insensatos almejam a longevidade, porém não usufruem a longevidade. [B 201]
Os insensatos almejam o que está ausente: o que está presente, embora mais benéfico do que aquilo que passou, eles desperdiçam. [B 202]
Ao fugirem da morte, os homens perseguem-na. [B 203]
Os insensatos não proporcionam prazer algum durante sua vida inteira. [B 204]
Os insensatos, temendo a morte, desejam a vida. [B 205]
Os insensatos, temendo a morte, anseiam envelhecer. [B 206]
Muitos que muito aprenderam não possuem o menor discernimento. [B 64]
Sem inteligência, a reputação e as riquezas não constituem posses seguras. [B 77]

(III, iv 69-82)

Demócrito:

Não se deve escolher qualquer prazer, mas aquele que está associado ao nobre. [B 207]
A correção no amor é aspirar, sem violência, pelo nobre. [B 73]
A temperança paterna é o maior preceito para os filhos. [B 208]
Para aqueles criados na auto-suficiência, nunca as noites são curtas. [B 209]
A boa fortuna provê uma mesa opulenta, a temperança uma mesa suficiente. [B 210]
A temperança multiplica as alegrias e alarga o prazer. [B 211]

(III, v 22-27)

Demócrito:
> *Há homens que governam cidades e são servos de mulheres.*
> [cf. B 214]
> *O sono durante o dia denota um corpo enfermo, ou uma alma perturbada, ou preguiça ou falta de instrução.* [B 212]
> *O coito é uma loucura moderada; pois um homem se lança para fora de um homem.* [B 32]

(III, vi 26-28)

Demócrito:
> *A coragem torna pequenos os infortúnios.*

(III, vii 21 = B 213)

Demócrito:
> *Corajosos não são apenas os que vencem seus inimigos, mas também aqueles que dominam seus prazeres: há homens que governam cidades e são servos de mulheres.*

(III, vii 25 = B 214)

Demócrito:
> *A glória da justiça é a segurança de julgamento e a imperturbabilidade: o troféu da injustiça é o medo do infortúnio.*

(III, vii 31 = B 215)

Demócrito:
> *A imperturbável sabedoria, bem do mais alto valor, é digna de todas as coisas.*

(III, vii 74 = B 216)

Demócrito:
> *Ser probo não é abster-se de cometer ações vis, mas de nem sequer desejar cometê-las.*[B 62]

Demócrito:
> *Somente aqueles que odeiam a injustiça são amados pelos deuses.* [B 217]

(III, ix 29-30)

Demócrito:
> Quando a riqueza provém de atos condenáveis, torna a desonra mais patente.
>
> (III, x 36 = B 218)

Demócrito:
> Esforço vão é o de dar conselhos àqueles que se imaginam dotados de sensatez. [B 52]

idem:
> O desejo de riquezas, se não for limitado pela sociedade, é um fardo bem mais penoso do que a pobreza extrema; pois desejos maiores criam maiores necessidades. [B 219]

Demócrito:
> Ganhos ímpios acarretam perda de virtude. [B 220]
>
> (III, x 42-44)

Demócrito:
> A esperança de ganho ímpio é o início da perda.
>
> (III, x 58 = B 221)

Demócrito:
> O acúmulo extremo de riquezas para os filhos é uma desculpa para a avareza, que denuncia seu caráter peculiar. [B 222]

idem:
> Tudo aquilo de que o corpo carece pode ser prontamente encontrado por todos sem atribulações ou sofrimento: as coisas que exigem atribulações e sofrimento e que tornam a vida penosa são ansiadas não pelo corpo mas pela ausência de discernimento. [B 223]
>
> (III, x 64-65)

Demócrito:
> O desejo de obter mais destrói o que está presente – como o cão de Esopo.
>
> (III, x 68 = B 224)

Demócrito:
> *É preciso dizer a verdade, e não estender-se em palavras.*
> (III, xii 13 = B 44 = B 225)

Demócrito:
> *Mais prudente é examinar as próprias faltas do que as dos outros.* [B 60]

Demócrito:
> *A franqueza é própria da liberdade, porém discernir o momento oportuno é arriscado.* [B 226]
> (III, xiii 46-47)

Demócrito:
> *Louvar alguém por seus nobres feitos é uma atitude nobre; pois louvar os maus feitos é próprio do falso e do enganador.*
> (III, xiv 8 = B 63)

Demócrito:
> *Os parcimoniosos portam-se como abelhas, trabalhando como se fossem viver eternamente.* [B 227]

idem:
> *Os filhos dos parcimoniosos, quando ignorantes, assemelham-se àqueles dançarinos que saltam sobre punhais – são mortos quando falham em atingir o solo no único ponto em que deveriam apoiar os pés (e é difícil atingir esse ponto único, pois apenas existe espaço ali para os pés). O mesmo se dá com eles, pois se falham em seguir o exemplo paterno de zelo e parcimônia, provavelmente serão destruídos.* [B 228]

idem:
> *A parcimônia e a fome são benéficas: assim também o é a extravagância ocasional: é próprio do homem bom reconhecer a ocasião propícia.* [B 229]
> (III, xvi 16-19)

Demócrito:
> *Uma vida sem festins é um longo caminho sem hospedarias.*
> (III, xvi 22 = B 230)

Demócrito:
> Um homem de julgamento sensato não se deixa martirizar por aquilo que não possui, mas alegra-se com o que efetivamente possui.
>
> (III, xvii 25 = B 231)

Demócrito:
> Dentre os prazeres, os mais raros são os que maior alegria proporcionam. [B 232]

idem:
> Se excederes a medida, o mais agradável torna-se o menos agradável. [B 233]
>
> (III, xvii 37-38)

Demócrito:
> Nas preces que dirigem aos deuses, os homens rogam por saúde: não se dão conta de que o poder para alcançá-la jaz em si mesmos: faltando-lhes autocontrole empenham-se em ações adversas e traem a saúde em nome de seus desejos.
>
> (III, xviii 30 = B 234)

Demócrito:
> Pois para aqueles que buscam no estômago seus prazeres, excedendo a justa medida no alimento, na bebida e no sexo, os prazeres são breves e efêmeros, perdurando enquanto comem ou bebem; os sofrimentos, porém, são numerosos. Pois renasce incessantemente neles o mesmo desejo pelas mesmas coisas; e quando obtêm aquilo que desejam, prontamente se esvai o prazer, nada de bom lhes restando senão uma alegria momentânea, para, novamente, tornarem a desejar as mesmas coisas.
>
> (III, xviii 35 = B 235)

Demócrito:
> É árduo combater a ira: dominá-la é próprio de um homem racional.
>
> (III, xx 56 = B 236)

Demócrito:
A ambição é sempre insensata: com os olhos voltados para o que é prejudicial ao inimigo, não enxerga sua própria vantagem.
(III, xx 62 = B 237)

Demócrito:
Pois termina com má reputação aquele que se mede com seus melhores.
(III, xxii 42 = B 238)

Demócrito:
Os juramentos proferidos sob compulsão são quebrados pelos ímpios tão logo estes se vejam livres.
(III, xxviii 13 = B 239)

Demócrito:
O esforço voluntário torna mais fácil suportar o esforço involuntário. [B 240]
idem:
O esforço contínuo torna-se mais ameno com o hábito. [B 241]
(III, xxix 63-64)

Demócrito:
Maior número de homens são bons pela prática do que por natureza. [B 242]
idem:
As ações excessivamente planejadas jamais são completadas. [B 81]
(III, xxix 66-67)

Demócrito:
Todos os trabalhos são mais aprazíveis do que o repouso quando os homens alcançam os objetivos de seu esforço ou sabem que os alcançarão. *Se fracassamos, porém, tudo* se torna penoso e aflitivo.
(III, xxix 88 = B 243)

Demócrito:
> *Mesmo quando a sós, não pronuncies ou faças nada de reprovável: aprende a sentir pudor diante de ti mesmo antes de senti-lo diante dos demais.*
>
> (III, xxxi 7 = B 244)

Demócrito:
> *É sinal de cupidez tudo dizer e não querer dar ouvidos a nada.*
>
> (III, xxxvi 22 = B 86)

Demócrito:
> *Cumpre imitar ou ser um homem bom.*
>
> (III, xxxvii 22 = B 39)

Demócrito:
> *Se teu caráter é ordeiro, também tua vida será ordenada.*
>
> (III, xxxvii 25 = B 61)

Demócrito:
> *Um homem probo não dá atenção às censuras dos ímpios.* [B 48]

idem:
> *Os invejosos martirizam a si mesmos como se fossem seus próprios inimigos.* [B 88]
>
> (III, xxxviii 46-47)

Demócrito:
> *As leis não nos interditariam viver a nosso bel-prazer se os homens não prejudicassem uns aos outros; pois a inveja é o início da discórdia.*
>
> (III, xxxviii 53 = B 245)

Demócrito:
> *O serviço mercenário ensina a auto-suficiência na vida; pois o pão e um colchão de palha são os mais doces remédios para a fome e a exaustão.* [B 246]

idem:
> *Para um homem sábio a terra inteira é acessível; pois a pátria de uma alma boa é o mundo inteiro.* [B 247]

(III, xl 6-7)

Demócrito:
> *O propósito da lei é beneficiar a vida dos homens: e atinge seu intento quando eles próprios se dispõem a prosperar – pois indica a virtude própria daqueles que a obedecem.* [B 248]

idem:
> *As lutas sangrentas são um mal para ambas as partes; pois vencedores e vencidos sofrem idêntica destruição.* [B 249]

(IV, i 33-34)

Demócrito:
> *Da concórdia originam-se grandes feitos, e pela concórdia podem as cidades empreender guerras – e de nenhuma outra forma.*

(IV, i 40 = B 250)

Demócrito:
> *É preferível em uma democracia a pobreza àquilo que entre os tiranos chama-se prosperidade – em igual medida quanto é preferível a liberdade à escravidão.* [B 251]
>
> *Devemos atribuir suprema importância a que os interesses da cidade sejam bem conduzidos, sem criarmos querelas que ultrapassem o justo nem outorgarmos a nós mesmos poderes que excedam ao bem comum. Porquanto uma cidade bem conduzida é a melhor via para o êxito: disso depende tudo, e se isso é salvaguardado tudo é salvaguardado, ao passo que se isso é arruinado tudo é arruinado.* [B 252]
>
> *Não é vantajoso aos homens probos negligenciar a si mesmos e lançar olhos a outras coisas; pois assim seus próprios interesses serão prejudicados. Todavia, se alguém negligencia os interesses públicos, passa a carregar uma má reputação, ainda que nada roube nem cometa injustiça alguma. Pois, mesmo que não descuide e não cometa nenhuma ação vil, exis-*

te ainda o risco de criar uma má reputação – e inclusive de se ver prejudicado: errar é inevitável e não é fácil aos homens perdoar. [B 253] *Quando homens ímpios conquistam cargos públicos, quanto mais indignos são tanto mais indiferentes se tornam e tanto mais se deixam dominar pela insensatez e pela imprudência.* [B 254]
Quando os que ocupam o poder se incumbem da tarefa de emprestar aos pobres, de auxiliá-los e favorecê-los, é sinal que existe compaixão e nenhum descaso, mas sim solidariedade, apoio mútuo, concórdia entre os cidadãos e tantos outros bens que seria impossível relacioná-los. [B 255]

(IV, i 42-46)

Demócrito:
Mais conveniente aos insensatos é serem governados do que governar. [B 75]
idem:
Justiça é fazer o que cumpre ser feito; injustiça, não fazer o que cumpre ser feito e esquivar-se de fazê-lo. [B 256]
idem:
No caso de determinados animais, dá-se o seguinte com respeito a matar ou não matar: aquele que mata os que cometem ou pretendem cometer injustiça não sofre penalidade, e assim fazendo favorece mais o bem-estar do que não o fazendo. [B 257]
É preciso matar a todo custo tudo aquilo que afronta a justiça; e todo aquele que assim proceder *usufruirá, em qualquer sociedade, de um quinhão mais generoso de contentamento, justiça, intrepidez e posses.* [B 258]
O mesmo que escrevi acerca de feras e animais perigosos penso que deve ser feito também no caso dos humanos: deve-se matar um inimigo consoante às leis tradicionais de toda sociedade na qual a lei não o proíba: proíbem-no os costumes sagrados de diferentes países, os tratados e os juramentos. [B 259] *Qualquer um que mate um salteador ou um pirata deveria permanecer impune, quer o faça por sua própria mão, quer emitindo uma ordem ou um voto.* [B 260]

(IV, ii 13-18)

Demócrito:
Penoso é ser governado por um inferior.

(IV, iv 27 = B 49)

Demócrito:
Deve-se vingar as injustiças ao máximo de nossa capacidade e não nos esquivar; pois tal é a conduta justa e digna, e o contrário é injusto e indigno. [B 261]

Demócrito:
Aqueles que cometem atos dignos de exílio ou aprisionamento, ou que merecem punição, deveriam ser condenados e não absolvidos; aquele que os absolve, contrariando a lei e julgando segundo o provento ou o prazer, procede de maneira injusta – e isso deverá pesar-lhe profundamente no coração. [B 262]

idem:
Aqueles que *ocupam condignamente os maiores cargos públicos* obtêm o mais generoso quinhão de justiça e virtude. [B 263]

idem:
Envergonha-te ante ti mesmo tanto quanto ante os outros: esquiva-te de proceder mal, ainda que ninguém, ou todo homem, venha a sabê-lo: envergonha-te acima de tudo ante ti mesmo e estabelece em tua alma a lei de que nada de impróprio cometerás. [B 264]

idem:
Os homens lembram melhor os erros do que os acertos. E é justo que assim seja; pois da mesma forma que não cabe louvar àqueles que honram seus débitos, enquanto os maus pagadores devem ser execrados e penalizados, assim também com os governantes. Pois que foram eleitos não para agirem mal, mas para agirem corretamente. [B 265]

Não há meios, da forma como as coisas são ora constituídas, pelos quais os governantes possam ser poupados de cometerem injustiças, ainda que sejam homens muito bons. <...> Também essas coisas, penso eu, deveriam ser dispostas de forma tal que aquele que não comete injustiça alguma, mesmo *que examine minuciosamente os que cometem injustiças, não venha a ficar sob a tutela daqueles: antes, um estatuto ou algum outro recurso deve resguardar os que agem de maneira justa.* [B 266]

(IV, v 43-48)

Demócrito:
Governar é, por natureza, atribuição própria do superior.
(IV, vi 19 = B 267)

Demócrito:
O medo engendra a lisonja: não granjeia boa vontade.
(IV, vi 19 = B 267)

Demócrito:
A intrepidez é o início da ação: a sorte comanda o final.
(IV, x 28 = B 269)

Demócrito:
Os servos devem ser utilizados como partes de nosso corpo, cada qual com uma função determinada.
(IV, xix 45 = B 270)

Demócrito:
Quando amada, a mulher não é censurada por lascívia.
(IV, xx 33 = B 271)

Demócrito: Disse Demócrito que aquele que é afortunado com o genro ganha um filho; aquele que é desafortunado perde uma filha.
(IV, xxii 108 = B 272)

Demócrito:
Uma mulher é bem mais incisiva do que um homem quando se trata de deliberações insensatas.
(IV, xxii 199 = B 273)

Demócrito:
A parcimônia no falar é um adorno em uma mulher – e o melhor é a moderação nos adornos. [B 274]

Demócrito:
Ser comandado por uma mulher é o insulto supremo para um homem. [B 111]

(IV, xxiii 38-39)

Demócrito:
Ter filhos é empresa arriscada: o êxito é pleno de atribulações e preocupação e não há padecimento que sobrepuje ao do insucesso.

(IV, xxiv 29 = B 275)

Demócrito:
Penso que não se deveria procriar; pois percebo, em se ter filhos, muitos e vultosos perigos, muitos padecimentos e parcas vantagens – sendo estas magras e débeis. [B 276]

idem:
Todo aquele em quem houver necessidade de filhos melhor faria, penso eu, em obtê-los dos amigos. Dessa forma, terá um filho que atenda a seus anseios – porquanto poderá escolher aquele que deseja, e aquele que lhe parecer adequado irá, por natureza, acompanhá-lo melhor. Reside aqui uma grande diferença: pois assim procedendo, é possível escolher entre tantos quantos se desejar e escolher um filho que corresponda às suas necessidades; porém há muitos riscos em se gerar um filho – pois forçosamente deverá ser aceito tal como for concebido. [B 277]

idem:
Pensam os homens que, por natureza e por algum antigo estatuto, seja uma questão de necessidade procriar. O mesmo, é evidente, pensam outros animais também; pois todos eles geram crias por natureza e não com algum intento útil em vista – quando estas nascem, os pais sofrem e criam cada

uma o melhor que podem, zelam por elas pelo tempo em que são pequenas e, caso sofram algum dano, afligem-se. Tal é a natureza de todas as criaturas vivas; nos homens, porém, criou-se a crença de que da prole efetivamente algum proveito advirá. [B 278]

(IV, xxiv 31-33)

Demócrito:
É preciso distribuir os bens entre os filhos tanto quanto possível e, ao mesmo tempo, acautelar-se para que não cometam nenhuma insensatez com o que têm em mãos. Pois assim tornam-se, ao mesmo tempo, bem mais parcimoniosos com sua riqueza e mais ávidos por obtê-la, e passam a competir entre si. Pois o gasto comum não nos aflige tanto quanto o privado, tampouco o ganho comum nos alegra tanto – mas muito menos. [B 279]

idem:
É possível, sem despender grandes somas, educar os filhos e erguer um muro e uma proteção em torno de seus bens e de suas pessoas. [B 280]

(IV, xxvi 25-26)

Demócrito:
Para os animais, uma boa formação consiste em vigor corporal: para os homens, no viço do caráter.

(IV, xxix 18 = B 57)

Demócrito:
Tal como entre as feridas o câncer é a pior moléstia, assim no que tange aos bens <...>

(IV, xxxi 49 = B 281)

Demócrito:
Quando empregadas com discernimento, as riquezas promovem generosidade e caridade: quando empregadas sem discernimento, tornam-se *custas comuns*. [B 282]

idem:
> *Não é inútil adquirir riquezas, mas obtê-las como resultado de ações vis é o pior dos males.* [B 78]
>
> (IV, xxxi 120-121)

Demócrito:
> *Pobreza e riqueza são denominações para carência e saciedade; portanto, não é rico quem carece e nem é pobre quem não carece.* [B 283]

Demócrito:
> *Se não é muito o que almejas, o pouco te parecerá muito; pois a modéstia de apetite torna a pobreza tão pródiga quanto a riqueza.* [B 284]
>
> (IV, xxxiii 23-24)

Demócrito:
> *Aqueles que perseguem coisas boas encontram-nas com dificuldade: já as coisas ruins advêm mesmo àqueles que não as perseguem.*
>
> (IV, xxxiv 58 = B 108)

Demócrito:
> *Todo homem, cônscio da insignificância da vida, sofre ao longo de toda a existência por atribulações e temores, contando falsas histórias sobre o medo após a morte.*
>
> (IV, xxxiv 62: cf. B 297)

Demócrito:
> *Forçoso é reconhecer que a vida humana é frágil, efêmera e açoitada por muitos flagelos e dificuldades: assim, cuidaremos em ser moderados em nossas posses e mediremos nossa miséria segundo a necessidade.*
>
> (IV, xxxiv 65 = B 285)

Demócrito:
> *Afortunado é aquele que se contenta com posses moderadas; desafortunado, o que não se contenta com o muito que possui.*
>
> (IV, xxxix 17 = B 286)

Demócrito:
> *Se almejas a uma vida de satisfação não te deves lançar a muitas atividades, quer como indivíduo, quer em associação com outros, nem eleger atividades que estejam além de tua capacidade e tua natureza; mas deves te manter vigilante, de tal modo que ainda que a fortuna te sorria e te conduza ao excesso por tua confiança, deixa-a de lado e não arrisca além de tua capacidade. Pois uma função modesta é mais segura que uma de monta.*
>
> (IV, xxxix 25 = B 3)

Demócrito:
> *A pobreza comum é mais penosa do que a pobreza particular; pois nenhuma esperança de alívio lhe resta.* [B 287]
> *Tua casa e tua vida, da mesma forma como teu corpo, podem ser atingidos pela enfermidade.* [B 288]
>
> (IV, xl 20-21)

Demócrito:
> *Irracional é não se acomodar às necessidades da vida.*
>
> (IV, xliv 64 = B 289)

Demócrito:
> *Expulsa com o raciocínio a dor incontrolada de uma alma entorpecida.* [B 290]

idem:
> *É importante discernir com acerto nos períodos de infortúnio.* [B 42]

idem:
> *Magnanimidade é suportar as adversidades com boa disposição.* [B 46]

idem:
> *É próprio do homem de temperança suportar bem a pobreza.*
> [B 291]

(IV, xliv 67-70)

Demócrito:
> *São viáveis as esperanças daqueles que pensam corretamente: as esperanças dos insensatos são inviáveis.* [B 58]

Demócrito:
> *São irracionais as esperanças dos tolos.* [B 292]

(IV, xlvi 18-19)

Demócrito:
> *Aqueles que se comprazem com os infortúnios do próximo não compreendem que as vicissitudes da fortuna são comuns a todos – e falta-lhes qualquer alegria que lhes seja própria.*

(IV, xlviii 10 = B 293)

Demócrito:
> *Força e formosura são os bens da juventude: a temperança é a flor da velhice.*

(IV, l 20 = B 294)

Demócrito:
> *O ancião outrora foi jovem, mas é incerto se o jovem chegará à velhice. Portanto, um bem completo é melhor do que aquele que ainda está por vir e é incerto.*

(IV, l 22 = B 295)

Demócrito:
> *A velhice é uma mutilação geral: a tudo retém, mas de tudo é carente.*

(IV, l 76 = B 296)

Demócrito:
> *Alguns homens, desconhecendo que a natureza humana se dissolve, porém cientes da insignificância da vida, conso-*

mem toda a existência em tribulações e temores, forjando falsas histórias sobre o tempo após a morte.

(IV, lii 40 = B 297)

Possuímos ainda uma extensa lista de máximas atribuídas nos manuscritos a "Demócrates". Algumas seguramente são democriteanas e é provável que muitas outras derivem, em última instância, de Demócrito. Embora algumas certamente não sejam de autoria de Demócrito, o mais conveniente parece ser reproduzir a lista em sua totalidade, permitindo-lhe figurar como um Apêndice aos fragmentos de Demócrito.

Aquele que, com inteligência, der ouvidos a estas máximas de minha autoria, empreenderá muitos feitos dignos de um homem valoroso e deixará de cometer muitos atos reprováveis. [B 35]

Convém aos homens dar mais valor a suas almas do que a seus corpos; pois a perfeição da alma corrige a malignidade do corpo, porém a força do corpo, desprovida da razão, em nada aprimora a alma. [B 36 = B 187]

Aquele que escolhe os bens da alma escolhe o mais divino: aquele que escolhe os bens do corpo, o humano. [B 37]

Nobre é deter a ação de um malfeitor; ou, se não, esquivar-se de mal agir com ele. [B 38]

Cumpre imitar ou ser um homem bom. [B 39]

Não floresce o homem nem por seu corpo nem por suas posses, mas pela retidão de caráter e pelo discernimento. [B 40]

Abstém-se de errar não por medo, mas por dever. [B 41]

É importante discernir com acerto nos períodos de infortúnio. [B 42]

O remorso pelas ações insensatas é a salvação da vida. [B 43]

É preciso dizer a verdade, e não estender-se em palavras. [B 44]

O homem que erra é mais desventurado do que aquele que sofre o erro. [B 45]

Magnanimidade é suportar as adversidades com boa disposição. [B 46]
É conveniente submeter-se à lei, aos governantes e ao mais sábio. [B 47]
Um homem probo não dá atenção às censuras dos ímpios. [B 48]
Penoso é ser governado por um inferior. [B 49]
Um homem completamente escravizado pelas riquezas jamais será justo. [B 50]
A razão com freqüência é mais persuasiva do que o ouro. [B 51]
Esforço vão é o de dar conselhos àqueles que se imaginam dotados de sensatez. [B 52]
Muitos não aprendem a razão, porém vivem de acordo com a razão. [B 53]
Muitos praticam as mais torpes ações e pronunciam as mais belas palavras. [B 53a]
O tolo adquire bom senso ao sofrer infortúnios. [B 54]
É preciso imitar os feitos e as ações virtuosas, não as palavras. [B 55]
Somente aqueles que para tal foram talhados reconhecem o nobre e o imitam. [B 56]
Para os animais, uma boa formação consiste em vigor corporal; para os homens no viço do caráter. [B 57]
São viáveis as esperanças daqueles que pensam corretamente: as esperanças dos insensatos são inviáveis. [B 58]
Nem o engenho nem a sabedoria são atingidos sem aprendizado. [B 59]
Mais prudente é examinar as próprias faltas do que as dos outros. [B 60]
Se teu caráter é ordeiro também tua vida será ordenada. [B 61]
Ser probo não é abster-se de cometer ações vis, mas de sequer desejar cometê-las. [B 62]
Louvar alguém por seus nobres feitos é uma atitude nobre; pois louvar os maus feitos é próprio do falso e do enganador. [B 63]

Muitos que muito aprenderam não possuem o menor discernimento. [B 64]

Deve-se cultivar a prodigalidade do discernimento, não a prodigalidade da instrução. [B 65]

Convém mais planejar antes de agir do que arrepender-se depois. [B 66]

Não te fia em todos, mas sim em quem é digno de confiança: os primeiros são insensatos, o segundo traz a marca do bom senso. [B 67]

Os homens são dignos e indignos de confiança não apenas segundo o que fazem, mas também segundo o que almejam. [B 68]

O bom e o verdadeiro são o mesmo para todos os homens: para homens diferentes, diferentes coisas são aprazíveis. [B 69]

Desejo desmedido é próprio de uma criança, não de um homem. [B 70]

Prazeres inoportunos engendram sofrimentos. [B 71]

O apetite violento por algo torna a alma cega a todo o restante. [B 72]

A correção no amor é aspirar, sem violência, pelo nobre. [B 73]

É agradável deixar de lado tudo aquilo que não nos seja benéfico. [B 74]

Mais conveniente aos insensatos é serem governados do que governar. [B 75]

Os tolos são instruídos não pela razão, mas pelo infortúnio. [B 76]

Sem inteligência, a reputação e as riquezas não constituem posses seguras. [B 77]

Não é inútil adquirir riqueza, mas obtê-la como resultado de ações vis é o pior dos males. [B 78]

Lastimável é imitar os maus e sequer pretender imitar os bons. [B 79]

Vergonhoso é ocupar-se com os interesses alheios e negligenciar os próprios. [B 80]

Ações excessivamente planejadas jamais são completadas. [B 81]

Falsários e hipócritas são aqueles que tudo prometem e nada cumprem. [B 82]

Venturoso é o homem de posses e sensatez; pois ele as utiliza com nobreza, para aquilo que é devido.

A causa do erro é a ignorância daquilo que é melhor. [B 83]

Aquele que comete atos vergonhosos deveria antes envergonhar-se de si mesmo. [B 84]

Aqueles que se contradizem e falam em demasia não são talhados para aprender o necessário. [B 85]

É sinal de cupidez tudo dizer e não querer dar ouvidos a nada. [B 86]

É preciso estar vigilante aos maus para que não se valham de suas oportunidades. [B 87]

Os invejosos martirizam a si mesmos como se fossem seus próprios inimigos. [B 88]

Teu inimigo não é aquele que comete uma injustiça contigo, mas aquele que anseia por fazê-lo. [B 89]

A inimizade entre aparentados é bem pior do que a inimizade entre estranhos. [B 90]

Não suspeitar de todos – mas ser prudente e cauteloso. [B 91]

Somente se deve aceitar favores quando se almeja retribuir com outros maiores. [B 92]

Ao se prestar um favor deve-se permanecer atento àquele que o recebe, para que não se mostre um falso e retribua o bem com o mal. [B 93]

Pequenos favores no momento adequado tornam-se grandes para quem os recebe. [B 94]

As honras são de grande valor para os sábios que compreendem que estão sendo honrados. [B 95]

Generoso não é o homem que espera uma retribuição, mas aquele que opta por outorgar um benefício. [B 96]

Muitos que parecem ser amigos não o são: muitos que não parecem sê-lo, são. [B 97]

A amizade de um único homem inteligente é mais valiosa do que a de todos os tolos. [B 98]

O homem que não possui um único bom amigo não merece viver. [B 99]

O homem cujos amigos experimentados não se demoram junto a si é dono de um caráter desairoso. [B 100]

Muitos evitam os amigos ao caírem da riqueza à pobreza. [B 101]

A igualdade em toda parte é nobre: o excesso e a escassez não me parecem sê-lo. [B 102]

Um homem que não tem amor por ninguém, a meu ver, por ninguém é amado. [B 103]

Agradáveis são os anciãos que se mostram sagazes e diligentes. [B 104]

A beleza física é um atributo animal se por debaixo dela não houver bom senso. [B 105]

Em tempos venturosos é fácil encontrar um amigo; em tempos desventurosos nada é mais difícil. [B 106]

Nem todos os nossos aparentados são nossos amigos, mas aqueles que concordam conosco quanto ao que é vantajoso. [B 107]

Sendo homens, é conveniente não escarnecer dos infortúnios humanos, mas pranteá-los. [B 107a]

Aqueles que perseguem coisas boas encontram-nas com dificuldade: já as coisas ruins advêm mesmo àqueles que não as perseguem. [B 108]

Aqueles que se comprazem em encontrar imperfeições não são talhados para a amizade. [B 109]

Não se deixe uma mulher argüir: eis um mal terrível. [B 110]

Ser comandado por uma mulher é o insulto supremo para um homem. [B 111]

É próprio de uma mente divina ponderar sempre no que é belo. [B 112]

Se acreditares que os deuses a tudo observam, não errarás nem em segredo, nem em público.

Grande prejuízo é causado aos tolos por aqueles que os louvam. [B 113]

Melhor é ser louvado por outrem do que por si próprio. [B 114]

Se não compreendes o louvor, presume que se trata de lisonja. [B 115]
O mundo é um palco, a vida é nossa entrada: chegamos, e partimos.
O mundo é mudança: a vida é opinião.
Uma modesta sabedoria é mais venerável do que uma reputação de grande insensatez.

(Demócrates, *Máximas*, 1-86)

22. Diógenes de Apolônia

O pré-socrático Diógenes, o primeiro dentre vários filósofos antigos a receber esse epíteto, era natural de uma cidade de nome Apolônia – ou a Apolônia de Creta ou a Apolônia do mar Negro. Dizem que foi o último dos filósofos naturais pré-socráticos: tal observação, acrescida das numerosas paródias de suas doutrinas encontradas nos dramaturgos cômicos, sugere que sua atividade tenha transcorrido entre as décadas de 430 e 420. (Não existe testemunho algum que permita uma cronologia mais precisa.)

Teofrasto redigiu uma monografia dedicada a Diógenes. Sua linha geral da interpretação se revela na breve passagem a seguir:

Diógenes de Apolônia, talvez o último daqueles que se consagram ao estudo de tais questões, escreveu predominantemente de forma obscura, por vezes seguindo Anaxágoras e por vezes Leucipo. Também ele sustenta que a natureza do universo é o ar, infinito e eterno, do qual, ao se condensar, rarefazer e alterar suas propriedades, todas as demais formas são engendradas. É o que diz Teofrasto acerca de Diógenes, e o livro de sua autoria intitulado *Sobre a Natureza*, o qual veio ter às minhas mãos, afirma claramente que é a partir do ar que tudo o mais se origina. Nicolau, todavia, registra que ele propôs como o elemento algo entre o fogo e o ar.

(Simplício, *Comentário à Física*, 25.1-9)

As primeiras palavras de Sobre a Natureza *são citadas duas vezes por Diógenes Laércio:*

Assim inicia-se seu livro:
> Ao dar início a qualquer descrição, parece-me imperativo tornar o ponto de partida incontestável e o estilo simples e digno.

[64 B 1]
(Diógenes Laércio, *Vidas dos Filósofos* IX, 57: cf. VI 81)

A maior parte de nossa informação acerca do pensamento de Diógenes advém de Simplício, que o descreve no contexto de uma longa discussão enfocando a discordância entre os primeiros estudiosos que interpretaram o filósofo.

Predominante parcela dos estudiosos afirma que Diógenes de Apolônia, tal como Anaxímenes, estabeleceu o ar como elemento primordial. Todavia, Nicolau, em seu tratado *Sobre os Deuses*, registra ter Diógenes declarado o elemento entre o fogo e o ar como sendo o princípio originário; e Porfírio, o mais douto entre os filósofos, concorda com Nicolau. Ora, devemos saber que Diógenes compôs diversas obras, segundo ele próprio registra em seu livro *Sobre a Natureza*, onde afirma que escreveu contrariamente aos cientistas naturais (aos quais, com efeito, denomina sofistas) e que compôs uma *meteorologia* (na qual afirma que discutiu o princípio originário e também a natureza do homem). Em *Sobre a Natureza*, o único de seus escritos que tive em mãos, ele se propõe demonstrar de diversas maneiras que há uma vasta inteligência no princípio originário que postula. Imediatamente após o prefácio, escreve o seguinte:

> *Parece-me, em uma palavra, que todas as coisas existentes são alterações da mesma coisa e são a mesma coisa. Isso é ma-*

nifesto. Pois se as coisas ora existentes neste mundo – terra, água, ar, fogo e outras tantas que indiscutivelmente existem neste mundo –, se alguma delas fosse diferente de qualquer outra, diferenciada em sua própria natureza, e não fosse a mesma coisa modificada de várias maneiras e alterada, de forma alguma poderiam as coisas misturar-se umas com as outras, nem beneficiar ou causar dano umas às outras; tampouco as plantas poderiam brotar da terra, ou os animais ou qualquer coisa além vir à existência, salvo sendo compostas de modo a serem a mesma coisa. Todas essas coisas, porém, alterando-se a partir de uma mesma coisa, tornam-se diferentes em ocasiões diferentes e à mesma coisa retornam. [B 2]

Também eu, ao ler essas primeiras considerações, supus que o filósofo tivesse em mente como substrato comum algo diverso dos quatro elementos, uma vez que afirma que estes não se misturariam entre si ou se transformariam uns nos outros, caso alguns dentre eles, dotados de uma natureza própria, fossem o princípio originário, e caso não houvesse alguma coisa única subjacente a todas, da qual todas as outras fossem alterações. Em seguida, contudo, tendo demonstrado a existência de uma vasta inteligência nesse princípio originário – porquanto afirma,

Sem inteligência não poderiam ter sido assim distribuídas de modo a guardarem as medidas de todas as coisas – do verão e do inverno, da noite e do dia, da chuva, do vento e do bom tempo; e todas as demais coisas, se tiveres ânimo de aplicar tua inteligência, perceberás que estão dispostas da melhor maneira possível. [B 3]

– prossegue proclamando que os humanos e os outros animais dependem, para sua sobrevivência, sua alma e sua inteligência, desse princípio originário que é o ar. Diz ele:

Ademais, somando-se a estas, temos as seguintes indicações importantes. Os humanos e os outros animais, porquanto respiram, vivem do ar. E este é para eles tanto alma como inteligência, como terá sido claramente demonstrado no presente tratado; e caso este lhes falte, perecem eles e sua inteligência se perde. [B 4]

Pouco adiante, então, acrescenta claramente:

> *E a mim parece que aquilo que possui inteligência é o que os homens chamam de ar, e que por este todo ser é, ao mesmo tempo, governado e dotado de poder sobre tudo. Pois é este que me parece ser o divino, aquele que a tudo atinge, que a tudo ordena e que em tudo está presente. E não existe uma única coisa que dele não participe.*
>
> *Todavia, coisa alguma dele participa de maneira idêntica a qualquer outra: são numerosas as formas tanto do próprio ar como da inteligência. Pois que é multiforme: mais quente e mais frio, mais seco e mais úmido, mais estável e mais célere no movimento, e há também variadas – infinitamente variadas – alterações outras tanto no sabor como na cor.*
>
> *As almas de todos os animais são, contudo, a mesma coisa – ar mais quente do que o ar externo em que existimos, porém bem mais frio do que o ar nas imediações do sol. Contudo, esse calor não é semelhante para os diferentes animais (pois tampouco o é sequer para os diferentes homens), mas difere – não profundamente, entretanto, mas em uma extensão na qual ainda permanecem mutuamente semelhantes. Entretanto, nenhuma das coisas que se alteram podem tornar-se* absolutamente *semelhantes a qualquer outra sem que se tornem a mesma coisa. Assim, porquanto a alteração é multiforme, assim também são multiformes e numerosos os animais, não se assemelhando uns aos outros nem na forma, nem nos hábitos ou na inteligência, dado o grande número de alterações. Não obstante, é através da mesma coisa que todos eles vivem, enxergam e ouvem, e é desta mesma coisa que obtêm, todos, o resto de sua inteligência.* [B 5]

Em seguida, demonstra que a semente dos animais também se assemelha à respiração, e que os atos de inteligência se manifestam quando o ar, juntamente com o sangue, percorre a totalidade do corpo através das veias (apresenta aqui uma precisa anatomia das veias).

Neste ponto, então, afirma com toda clareza que aquilo que os homens chamam ar é o princípio originário. É digno de nota que, ao mesmo tempo que declara serem as

outras coisas trazidas à existência mediante alterações sofridas nesse princípio, não obstante assevera que este é eterno:
> *E esse mesmo é um corpo eterno e imortal; contudo, através dele algumas coisas ganham existência e outras fenecem.* [B 7]

E em outra parte:
> *Isso, porém, me parece claro – que é grande e poderoso, eterno e imortal, e que conhece muitas coisas.* [B 8]

Eis o que tínhamos a dizer sobre Diógenes.
(Simplício, *Comentário à Física*, 151.20-153.22)

Aristóteles preservou a "precisa anatomia das veias" de Diógenes. (Determinadas partes do texto são incertas e não é claro se a citação de Aristóteles é sempre verbatim.)

Diógenes de Apolônia oferece o seguinte relato:
> *São assim as veias do homem: existem duas de muito grande volume; prolongam-se através do ventre ao longo da coluna vertebral, uma à direita e a outra à esquerda, pelas pernas, cada qual em seu respectivo lado, e ascendentemente em direção à cabeça, passando pelas clavículas, através da garganta. Destas duas prolongam-se veias pelo corpo todo, da veia direita para o lado direito e da veia esquerda para o lado esquerdo, as duas maiores passando por entre o coração próximas à própria coluna vertebral, enquanto outras, ligeiramente acima, cortam o peito sob as axilas, descendo para a mão, cada qual em seu respectivo lado. Uma destas recebe o nome de veia do baço, a outra, de veia hepática. Cada uma se divide na extremidade, uma ramificação dirigindo-se para o polegar e a outra para a palma da mão; e destas estendem-se veias finas, multirramificadas, atingindo o restante da mão e os dedos. Outras, mais finas ainda, prolongam-se das primeiras veias, da veia direita em direção ao fígado e da veia esquerda em direção ao baço e aos rins. Aquelas que se estendem em direção às pernas dividem-se na articulação e prolongam-se pelas coxas. A maior dentre elas estende-se pela parte posterior da coxa, sendo perceptível sua conformação volumosa; a outra atravessa o interior da coxa, um pou-*

co menos espessa que a anterior. Em seguida, passando pelo joelho, estendem-se até a canela e o pé (exatamente como aquelas que se estendem pelas mãos), descendo em direção à planta do pé e em seguida à ponta dos dedos. Diversas veias finas ramificam-se a partir delas em direção ao ventre e às laterais do corpo. Aquelas que se prolongam em direção à cabeça através da garganta mostram-se volumosas no pescoço. Da extremidade de cada uma delas diversas veias se ramificam pela cabeça adentro, as que provêm da direita dirigindo-se para a esquerda e as que provêm da esquerda dirigindo-se para a direita. Cada grupo termina na orelha. Há outra veia no pescoço, próxima à grande veia existente em cada lado e menor do que esta, com a qual se interliga a maior parte das veias provenientes da própria cabeça. Estas prolongam-se através do pescoço para o interior. De cada uma delas, prolongam-se veias sob as omoplatas e em direção às mãos, e são percebidas ao longo da veia do baço e da veia hepática, pouco menores em tamanho. São estas as veias que se lancetam quando algo causa dor por sob a pele – são a veia hepática e a veia do baço que se lancetam quando algo causa dor no ventre. Outras prolongam-se a partir destas sob os seios. Outras veias estendem-se de cada uma destas ao longo da medula espinhal em direção aos testículos; estas são finas. Outras estendem-se por sob a pele e através da carne em direção aos rins e terminam, no caso dos machos, nos testículos e, no caso das fêmeas, no útero. Estas recebem o nome de veias seminais. As veias se mostram mais largas imediatamente ao se afastarem do ventre e tornam-se mais finas até mudarem de lado, da direita para a esquerda e vice-versa. A porção mais densa do sangue é absorvida pelas partes carnosas; aquela que corre pelas regiões que acabamos de mencionar torna-se fina, cálida e espumosa. [B 6]

(Aristóteles, *História dos Animais*, 511b30-512b11)

Por fim, o modo como o ar afeta nossas vidas mentais pode ser ilustrado por uma passagem do relato das concepções psicológicas de Diógenes elaborado por Teofrasto:

Parte III

O prazer e a dor originam-se da seguinte maneira. Quando o ar, em quantidade considerável, mistura-se com o sangue e torna-o mais leve, encontrando-se em uma condição natural e penetrando o corpo todo, ocorre o prazer; quando o ar se encontra em uma condição inatural e não se mistura, enquanto o sangue coagula e se torna mais fraco e espesso, ocorre a dor. O mesmo se dá com a coragem e a saúde e seus contrários. A língua é o melhor juiz do prazer, pois é muito macia e sutil, e para ali convergem todas as veias. Eis por que a língua oferece um grande número de sinais no caso dos enfermos – e indica as cores de outros seres vivos (pois nela estão refletidas todas as suas variedades e caracteres)...

Nosso pensamento advém do ar, que é puro e seco; pois a umidade inibe a mente. Eis por que quando mergulhados no sono, embriagados ou empanturrados, pensamos menos. Encontramos um indício de que a umidade destrói a mente no fato de os outros animais possuírem intelectos mais fracos; pois respiram o ar da terra e o alimento que consomem é úmido. Os pássaros respiram ar puro, porém sua natureza se assemelha à dos peixes; pois sua carne é rija e a respiração não lhes penetra o corpo todo, detendo-se no abdômen. Por conseguinte, digerem seu alimento rapidamente, mas são desprovidos de inteligência. Além do alimento, seus bicos e línguas concorrem para tal; pois são incapazes de compreender uns aos outros. As plantas, porquanto não são ocas e não absorvem o ar, são totalmente incapazes de raciocinar.

A mesma causa explica a tolice das crianças. Pois contêm elas grande quantidade de umidade, resultando em que [o ar] não pode percorrer o corpo todo, mantendo-se recluso no peito. Por isso se mostram elas obtusas e tolas. Inclinadas à ira, em geral são impetuosas e volúveis, porque o ar é deslocado em quantidades maiores dos corpos pequenos.

É também esta a causa do esquecimento. Pois, como o ar não percorre a totalidade do corpo, vemo-nos incapazes de compreender certas coisas. Prova disso é o fato de que quando procuramos recordar-nos de algo, há uma constrição no peito, e tão logo alcançamos nosso intento, esta se desfaz e nos vemos aliviados da dor.

(Teofrasto, *Sobre os Sentidos*, 43-45)

Apêndice
As Fontes

As notas sucintas que se seguem pretendem transmitir uma noção mínima de cada uma das fontes autorizadas citadas ao longo deste livro. A relação também inclui as mais importantes fontes às quais, na atualidade, somente temos acesso indiretamente, através de citações em autores posteriores. As notas geralmente dão, em primeiro lugar, a localização cronológica da fonte; em seguida, o lugar de nascimento (precedido da letra "n") e o local de suas principais atividades (precedida por uma seta); em terceiro lugar, uma indicação de suas atividades intelectuais; em quarto, uma indicação – quando cabível – daquelas obras mais pertinentes ao estudo dos pré-socráticos. A letra "Q" entre colchetes indica que a própria fonte somente nos é conhecida indiretamente; a letra "L" entre colchetes indica que a fonte escreveu em latim (todas as fontes não assinaladas dessa forma escreveram em grego).

As fontes de maior importância são grafadas em negrito. A extensão da nota não é proporcional à importância da fonte.

As fontes estão listadas em ordem alfabética, com as obras anônimas ou pseudônimas reunidas no final.

Agatêmero: século I d.C. (?); geógrafo.
Alberto, o Grande: 1200-1280 d.C.; teólogo e pesquisador; professor de Tomás de Aquino.
Alexandre de Afrodisias: floresceu c. 200 d.C. → Atenas; filósofo peripatético; autor de penetrantes comentários a **Aristóteles**.

Amônio; século V d.C. → Alexandria; discípulo de Proclo; comentador de **Aristóteles**.

Apolodoro [Q]: século II a.C.; n. Atenas; → Alexandria; pesquisador e polímata; suas *Crônicas*, perdidas, são uma importante fonte para a cronologia pré-socrática.

Apolônio: século II a.C. (?); compilador de *Histórias Maravilhosas*.

Aquiles: século III d.C. (?); astrônomo.

Ário Dídimo [Q]: século I a.C./d.C.; n. Alexandria; amigo do imperador Augusto, autor de manuais filosóficos.

Aristóteles: 384-322 a.C.; n. Estagira; → Atenas (também trabalhou em Asso e em Pela, onde foi preceptor de Alexandre, o Grande.) Discípulo de *Platão*; fundador da escola peripatética de filosofia. Um polímata insuperável – cientista, filósofo, historiador e pesquisador. Interessava-se pela história da filosofia e da ciência; várias de suas obras remanescentes (notadamente a *Física* e a *Metafísica*) contêm informações inestimáveis acerca dos pré-socráticos.

Aristoxeno: século IV a.C.; n. Tarento; → Atenas; companheiro de **Aristóteles**; teórico musical e biógrafo com interesse pelo pitagorismo.

Ateneu: floresceu c. 200 a.C.; n. Náucratis, no Egito; sua obra *Deipnosofistas – Mestres à Mesa do Jantar –* é uma miscelânea enciclopédica sob a forma de uma conversa entre convivas.

Marco *Aurélio* Antonino: 121-180 d.C; n. Roma; imperador e estóico; suas *Meditações* ocasionalmente fazem alusão aos pré-socráticos.

Calcídio [L]: século IV d.C.; filósofo cristão e autor de comentário muito difundido ao *Timeu* de Platão.

Calímaco: século III a.C.; n. Cirene; → Alexandria; eminente poeta e pesquisador.

Célio Aureliano [L]: século V d.C.; n. Numídia; tradutor médico de Sorano (século II d.C.).

Censorino [L]: século III d.C.; → Roma; gramático; sua obra *Dos Aniversários* foi escrita em 238.

Marco Túlio *Cícero* [L]: 106-43 a.C.; n. Arpino; → Roma; orador, político, estadista; proeminente figura literária de seu tempo; filósofo penetrante e de grande erudição.

Clemente de Alexandria: c. 150-c. 215 d.C.; n. Atenas (?). Educado como um grego, converteu-se ao cristianismo e tornou-se o primeiro filósofo cristão. Em suas *Miscelâneas* compara o pensamento grego e cristão, de maneira assistemática, porém com uma abundância de citações.

Columella [L]: século I d.C.; n. Cádiz; escritor voltado para a agricultura.

Lúcio Aneu *Cornuto*: século I d.C.; filósofo estóico, pesquisador, amigo do poeta Pérsio.

Damáscio: c. 458-c. 540 d.C.; n. Damasco; → Atenas; filósofo neoplatônico.

Dio de Prusa: c. 40-c. 120; n. Prusa, na Bitínia; → Roma. Amigo do imperador Trajano, proeminente orador, escritor fecundo, de cujos escritos muitos constituem homilias estóico-cínicas.

Diodoro: século I a.C.; n. Agírio, na Sicília; → Alexandria e Roma; autor de uma *História Universal*.

Diógenes de Enoanda: século II d.C.; filósofo epicurista que teve suas doutrinas entalhadas em pedra.

Diógenes Laércio: século III d.C. (?). Nada se conhece acerca de sua biografia, porém sobrevive em sua *Vidas dos Filósofos*. A obra, em dez volumes, é derivativa; contém simplificações, confusões e alguns despropósitos. Contudo, mantém-se como uma fonte valiosa, tanto no que diz respeito aos pré-socráticos como à filosofia grega ulterior.

Dionísio [Q]: século III d.C.; bispo de Alexandria.

Eliano: segunda metade do século II d.C.; n. Preneste; → Roma; escreveu *A Natureza dos Animais* e *Investigações Diversas*.

João **Estobeu**: século V d.C.; de Estóbia, na Macedônia; sua *Antologia*, em quatro volumes, é uma reunião de excertos de autores gregos anteriores organizados por temas.

Estrabão: 64 a.C.-c. 25 d.C.; n. Amásia, na Ásia Menor; → Roma; proeminente geógrafo.

Eudemo [Q]: século IV a.C.; n. Rodes; → Atenas; discípulo de **Aristóteles**; filósofo e historiador da ciência; utilizado por **Simplício**.

Eusébio: c. 260-c. 340 d.C.; bispo de Cesaréia; figura política, escritor prolífero; sua *Preparação para o Evangelho* inclui diversas citações de filosofia pagã que de outra forma estariam perdidas.

Eustátio: século XII d.C.; n. Constantinopla; arcebispo de Tessalônica; escreveu, entre muitas outras coisas, um comentário a Homero.

Filodemo: século I a.C.; n. Gadara; → Nápoles; filósofo epicurista, de cujas obras muitas subsistem entre os papiros de Herculano.

João *Filópono*: floresceu século VI d.C.; → Alexandria; neoplatônico cristão, autor de comentários a **Aristóteles**.

Galeno: c. 129-c. 200 d.C.; n. Pérgamo; → Roma; eminente médico e escritor voltado para a medicina; foi educado como filósofo; seus numerosos escritos fazem constantes alusões à filosofia primitiva.
Aulo *Gélio* [L]: século II d.C.; de Roma; sua obra *Noites Áticas*, composta em Atenas, é uma miscelânea de ensaios sobre temas literários, históricos e filosóficos.

Harpocrácio: século II d.C. (?); → Alexandria; pesquisador literário.
Hefesto: século II d.C.; → Alexandria; pesquisador literário.
Heráclides [Q]: c. 390-c. 310 a.C.; n. Heracléia, no mar Negro; → Atenas; discípulo de *Platão*; *littérateur* e filósofo de pouca projeção.
Heráclito: século I d.C. (?); autor de interpretações alegorizantes de Homero.
Herodiano: século II d.C.; n. Alexandria; → Roma; obras versando sobre lingüística e teoria literária.
Heródoto: c. 485-c. 420 a.C.; n. Halicarnasso, viajou extensivamente; o "pai da história".
Hiérocles: floresceu no início do século V d.C.; → Alexandria; filósofo neoplatônico, autor de comentário aos chamados "Versos Áureos" de Pitágoras.
Hipólito: c. 180-235 d.C.; → Roma; cristão, controversista ferrenho, eleito como "anti-Papa", exilado na Sardenha. Sua obra *Refutação de Todas as Heresias*, em dez volumes, contém numerosas informações acerca da filosofia pagã.
Hísdoso: floresceu c. 1100 d.C.; escreveu acerca da psicologia de Platão.

Iâmblico: c. 250-c. 325 d.C.; n. Cálcis; → Síria; filósofo neoplatônico, discípulo de *Porfírio*. Escreveu extensamente sobre o pitagorismo.
Isócrates: 436-338 a.C.; de Atenas; orador proeminente, comentador político, figura ligada à educação.

Luciano: c. 120-c. 185 d.C.; n. Samosata, na Síria; → Atenas; prolífero autor de pequenas obras satíricas.

Macróbio [L]: início do século V d.C.; pesquisador; sua obra *Das Saturnais* contém discussões literárias, científicas e filosóficas.

Nicolau de Damasco: século I a.C., pesquisador e autor de comentários a **Aristóteles**.

Numênio [Q]: fim do século II d.C.; de Apaméa, na Síria; filósofo platônico-pitagórico.

Olimpiodoro: século VI d.C.; → Alexandria; filósofo neoplatônico, autor de comentários a *Platão* e **Aristóteles**.
Orígenes: c. 185-c. 250 d.C.; n. Alexandria; → Cesaréia; o mais influente dos primeiros teólogos cristãos; sua obra *Contra Celso* contém freqüentes alusões à filosofia pagã.

Platão: 428-348 a.C.; n. Atenas; filósofo de influência das mais abrangentes; suas obras trazem freqüentes alusões aos pré-socráticos.
Plotino: c. 205-270 d.C.; n. Egito; → Roma; proeminente filósofo de seu tempo (fundador do neoplatonismo); sua obra *Enéadas* contém alusões ocasionais ao pensamento pré-socrático.
Plutarco: c. 45-c. 120 d.C.; n. Queronéia; homem de erudição e das letras (história, biografia, crítica literária e filosofia); diversos de seus "ensaios morais" contêm citações e alusões pré-socráticas.
Políbio: c. 200-c. 115 a.C.; n. Megalópolis; → Roma (como prisioneiro de guerra); proeminente historiador.
Porfírio: 234-c. 305 d.c.; n. Tiro; → Roma; discípulo de *Plotino*, cujas obras editou; filósofo neoplatônico e escritor prolífero.
Proclo: 412-485 d.C.; n. Constantinopla; → Atenas; filósofo neoplatônico; seu comentário a Euclides contém informações acerca da história primitiva da matemática grega.

Sexto Empírico: século II d.C. (?); destacada figura da filosofia cética; suas obras *Esboços do Pirronismo* e *Contra os Matemáticos* contêm numerosas informações acerca dos filósofos mais antigos.
Simplício: floresceu c. 500-540 d.C.; educou-se em Alexandria; → Atenas (529-534, na Pérsia); pagão, filósofo neoplatônico (inimigo de *Filópono*). Seus comentários a **Aristóteles**, escritos todos ao final de sua vida, são notáveis pela erudição; seu comentário à *Física* é a fonte individual mais importante com respeito à filosofia pré-socrática.

Temístio: 317-388 d.C.; → Constantinopla; orador renomado, comentador de **Aristóteles**.
Téo de Esmirna: início do século II d.C.; platônico e matemático.
Teodoro Prodromo: século XII d.C.; → Constantinopla; novelista e escritor variado.

Teofrasto: 371-287 a.C.; n. Lesbos; → Atenas; principal discípulo e sucessor de **Aristóteles**, comparável a seu mestre na amplitude de interesses. Exerceu profunda influência sobre a historiografia da filosofia grega. A maior parte de suas obras está perdida; o ensaio *Sobre os Sentidos*, discutindo diversas teorias pré-aristotélicas, chegou até nós.
Tímon [Q]: c. 320-c. 230 a.C.; n. Fílio; poeta satírico de inclinações céticas.
Trasilo [Q]: século I d.C.; n. Alexandria; → Roma; astrólogo do imperador Tibério; catalogou as obras de Platão e Demócrito.
João *Tzetzes*; 1110-c. 1180 d.C.; → Constantinopla; pesquisador, polímata e escritor prolífero.

Obras anônimas

Anecdota Graeca: título (*Textos Gregos Não-Publicados*) atribuído a diversos compêndios de textos, normalmente anônimos, com temas variados. *Etymologicum Magnum*: dicionário enciclopédico, compilado c. 1100 d.C.
Papiro de Herculano n. 1012: fragmentos de obra de (?) Demétrio de Lacônia, século II a.C., epicurista.
Anonymus Londinensis: "nome" dado ao desconhecido autor de um texto médico, encontrado em papiros, cujo conteúdo apresenta material de século IV a.C.
Theosophia: c. 500 d.C.; compilação cristã de escritos pagãos versando sobre oráculos etc.

Obras pseudônimas

[*Alexandria*], *Problemas*: compilação tardia de escritos em última análise peripatéticos.
[*Aristóteles*], *Sobre o Mundo*: breve sumário da filosofia aristotélica, datando do século I a.C. (?)
[*Aristóteles*], *Sobre Melisso, Xenófanes e Górgias*: ensaios de exposição e crítica; data desconhecida.
[*Aristóteles*], *Problemas*: compilação peripatética de data incerta.
[*Iâmblico*], *Aritmética Teológica*: ensaio sobre misticismo numérico, talvez de autoria de um contemporâneo de *Iâmblico*.
[*Olimpiodoro*], *Da Divina e Sagrada Arte da Pedra Filosofal*; ensaio tardio sobre alquimia.

[*Filópono*], *Comentário a Da Geração dos Animais*: talvez escrito por Miguel de Éfeso, século XI d.C.
[*Plutarco*], *Consolação a Apolônio*, data incerta.
[*Plutarco*], *Será Mais Útil o Fogo ou a Água?*
[*Plutarco*], *Miscelâneas*: notas doxográficas fragmentárias.
[*Plutarco*], *Sobre o Desejo e a Dor*: fragmento de origem incerta.
[**Plutarco**], *Sobre as Idéias Científicas dos Filósofos*: compilação superficial porém valiosa, datando provavelmente do século II d.C.

Escoliastas

Escólios são notas. Diversos manuscritos de autores da Antiguidade contêm escólios às margens. Tais notas variam largamente em valor e datas. O presente livro fez citações dos escólios de:

Eurípedes, *As Fenícias* [tragédia, c. 410 a.C.]
Gregório de Nazianza [bispo, 330-390 d.C.]
Homero
Nicandro [poeta didático, século II a.C. (?)]
Platão

Leituras Suplementares

A literatura sobre os pré-socráticos é extensa e, em boa parte, extraordinariamente técnica. A presente listagem relaciona algumas dentre as publicações mais acessíveis.

A melhor introdução sucinta e geral ao tema em língua inglesa é E. Hussey, *The Presocratics* (Londres, 1972).

Um tratamento mais amplo e mais filosófico pode ser encontrado em J. Barnes, *The Presocratic Philosophers* (Londres, 1982, 2ª edição).

Um tratamento mais amplo e mais literário pode ser encontrado em H. Fraenkel, *Early Greek Poetry and Philosophy*, trad. M. Hadas e J. Willis (Oxford, 1975).

Uma discussão erudita e ponderada de todos os aspectos do pensamento pré-socrático encontra-se nos três primeiros volumes de W. K. C. Guthrie, *A History of Greek Philosophy* (Cambridge, 1962, 1965, 1969).

A maior parte dos textos gregos está reunida em H. Diels e W. Kranz, *Die Fragmente der Vorsokratiker* (Berlim, 1952, 10ª edição).

Há uma eficiente antologia em M. R. Wright, *The Presocratics* (Bristol, 1985), e uma seleção de textos gregos, juntamente com traduções e comentários, está editada em G. S. Kirk, J. E. Raven e M. Schofield, *The Presocratic Philosophers* (Cambridge, 1983, 2ª edição).

Grande parte dos melhores trabalhos sobre o tema surgiu sob forma de artigos. Alguns destes podem ser encontrados em D. J. Furley e R. E. Allen (orgs.), *Studies in Presocratic Philosophy* (Londres, 1970, 1975). A. P. D. Mourelatos (org.), *The Presocratics* (Garden City, N.Y., 1974).

Sobre os filósofos milésios existe um estudo extraordinário em C. H. Kahn, *Anaximander and the Origins of Greek Cosmology* (Nova York, 1960).

Sobre Heráclito, ver C. H. Kahn, *The Art and Thought of Heraclitus* (Cambridge, 1979).

Para tudo o que se relaciona com Pitágoras e o pitagorismo, consultar W. Burket, *Lore and Science in Ancient Pythagoreanism* (Cambridge, Mass., 1972).

Existe uma nova edição, comentada, de Parmênides, D. Gallop, *Parmenides of Elea* (Toronto, 1984).

Com respeito a Zenão, ver os diversos ensaios coligidos em W. C. Salmon (org.) *Zeno's Paradoxes* (Indianápolis, Ind., 1970).

Encontramos notas proveitosas acerca de Empédocles em M. R. Wright, *Empedocles – the Extant Fragments* (New Haven, Conn., 1981).

Com respeito a Anaxágoras, ver M. Schofield, *An Essay on Anaxagoras* (Cambridge, 1980).

Sobre os atomistas, ainda é necessário reportar-se a C. Bailey, *The Greek Atomists and Epicurus* (Oxford, 1928).

Outras indicações bibliográficas podem ser encontradas em Guthrie e Barnes.

Índice Remissivo

Acaso, 205, 312, 331
Aforismos, 79-81, 108, 127-28, 145-46, 260, 311-38
Água, 73, 78, 114-15, 142, 263-65, 276
Alcmeão, 12, 43, 105-108
Alexandre, 176, 272
Alma, 74, 77, 78, 94, 106, 124, 128, 136, 141-42, 247, 258, 260, 310, 333, 340-41 (*ver também* Imortalidade; Mente; Metempsicose; Morte; Pensamento; Percepção)
Amor, 159, 193, 196-97, 203-204
Anaxágoras, 12, 30-36, 52-54, 93, 267-82, 283, 287, 288, 339
Anaximandro, 12, 41-42, 83-89, 91
Anaxímenes, 12, 19, 42, 91-94, 267, 279, 340
Ar, 91, 94, 339-43
Arco-íris, 115
Aristóteles, 13, 17, 18-19, 25, 28, 100, 277-78, 287
Arquelau, 53, 283-84, 288
Astronomia, 16, 76-77, 79, 85-87, 92, 125-26, 143-44, 159-62 (*ver também* Eclipse; Lua; Planetas; Sol; Terra, A) 212-14, 243-44, 256-58, 284
Atenas, 11, 12, 30, 267, 283
Átomos, 285-86, 290-95 (*ver também* Indivisibilidade)

Babilônia, 16, 67, 290
Biologia, 85-86, 217-20, 264, 342-43 (*ver também* Evolução; Monstros; Reprodução; Zoologia)
Botânica, 215-16

Causas, 18-19, 158-59, 289-90, 302 (*ver também* Amor; Discórdia; Necessidade)
Ceticismo, 105, 110-11, 131, 254, 275-76, 295-302 (*ver também* Conhecimento)
Conhecimento, 120, 122-23, 129-30, 152-53, 295-302 (*ver também* Ceticismo; Percepção)
Colotes, 199-200, 296
Cores, 268, 296-98, 299-300
Cosmos, 20-21
Creso, 72, 77
Crisipo, 305

Crotona, 12, 96, 101, 105, 253, 264

Demócrito, 12, 27, 54-57, 77, 93, 131, 277, 282, 285, 287-338
Destino, *ver* Necessidade
Deuses, 18-19, 63-66, 74, 111-13, 121, 138-39, 208, 224-25, 228, 256, 307, 312 (*ver também* Mito; Ritual)
Diógenes de Apolônia, 56-57, 339-46
Discórdia, *ver* Guerra
Doxografia, 28-29

Eclipse, 73, 84
Efluências, 211, 221
Egito, 11, 16, 67, 73, 78, 99, 101, 239, 287
Elementos, 74, 84, 87-88, 142-43, 158, 194, 196-97, 202, 219-21 (*ver também* Água; Ar; Fogo; Princípios; Terra)
Empédocles, 12, 48-50, 96-97, 107, 187-234, 290
Epicarmo, 65
Epicuro, 66, 296
Eterna recorrência, 103-104, 192-95, 198-99 (*ver também* Imortalidade)
Ética, 79, 123, 283, 309-38 (*ver também* Aforismos; Justiça; Vegetarianismo)
Eudemo, 75, 176-77, 183, 244, 278
Eurípides, 15, 117, 126, 134, 267, 280
Eurito, 247
Evolução, 84-85, 284, 305-307 (*ver também* Monstros)

Existência, 153-54, 165, 167, 176-77, 291, 298

Ferécides, 66
Filolau, 51, 253-60
Física, 13-15 (*ver também* Natureza)
Fogo, 121-22, 124-25, 142-43, 249
Fósseis, 116

Geografia, 83, 305
Geometria, 75, 77, 100, 244, 256, 305 (*ver também* Matemática)
Geração, 155, 165, 167-68, 192-93, 199, 201, 274-75 (*ver também* Existência; Mudança)
Górgias, 15, 188
Guerra, 119, 125, 133, 310

Heráclito, 12, 20, 21, 24, 44-45, 77, 96, 117-46, 229, 249, 290
Hesíodo, 63-64, 86, 97, 109, 111, 144
Hípaso, 51, 236, 249-50
Hípon, 263-65
Homero, 63, 98, 109, 111, 123, 130, 144, 265
Homogeneidade, 155, 166-67, 169-70, 203 (*ver também* Mudança)

Idade de Ouro, 230
Ímã, 74
Imortalidade da alma, 77, 101, 106-107 (*ver também* Metempsicose; Morte)
Indivisibilidade, 168, 176-77, 294-95 (*ver também* Átomos)
Infinitude, 83, 84, 87-89, 91,

166, 168-70, 178, 246, 253-54, 257, 268, 271-72
Íon de Quios, 96-97, 261-62

Justiça, 88, 133, 145, 152, 313, 316, 324-25, 326

Leucipo, 54, 285-86, 288, 291-92, 339
Lídia, 11, 16, 73
Logos, 23-24
Lua, 77, 161-62, 213-14
Lugar, 182

Matemática, 250-51, 255-56 (*ver também* Geometria; Números)
Medicina, 106, 187-88, 223 (*ver também* Saúde)
Melisso, 12, 13, 25, 47-48, 161, 165-72
Mente, 269-70, 272-73, 277-79, 284 (*ver também* Alma)
Metempsicose, 97-98, 101-102, 226-28 (*ver também* Eterna recorrência)
Meteorologia, 84, 91-92
Mileto, 12, 76, 78, 83
Milagres, 100, 188
Mito, 16-17, 63-69 (*ver também* Ritual)
Monismo, *ver* Unidade
Monstros, 209-10
Morte, 101, 107, 138-39, 145, 200 (*ver também* Imortalidade)
Movimento, 156, 167, 169-70, 179-81 (*ver também* Mudança; Vazio)
Mudança, 88, 91, 135-36, 156, 165, 169-70, 193, 196-97, 198, 261, 340 (*ver também* Geração; Movimento)
Música, 249, 255
Música das esferas, 245-46

Natureza, 21-22
Necessidade, 88, 125, 133, 207, 286
Números, 242-43, 255

Opostos, 85-86, 93, 106, 120-21, 125, 133-34, 158, 160-61, 243-44, 268
Orfeu, 141, 239

Parmênides, 12, 13, 24, 25, 46, 109, 113, 149-64, 173-75, 177-78, 218, 273, 285, 288
Pensamento, 153, 157, 163, 222, 341 (*ver também* Mente)
Percepção, 107, 132, 154-55, 163, 171-72, 189-90, 220-22, 302-305, 344-46
Péricles, 165, 267, 281-82
Pérsia, 11, 73
Pitágoras, 12, 32, 42, 95-104, 105, 109, 130 139, 233, 235, 245, 250
Pitagóricos, 50-51, 95, 103, 149, 189, 235-36, 249-50, 253-60
Planetas, 162
Platão, 18, 24, 76, 152, 229, 234, 246, 255, 287, 288, 293, 299, 302, 309, 311-12
Política, 11-12, 15-16, 72-73, 76, 77, 101, 123, 165, 187, 235, 324-25
Porfírio, 177-78, 340
Princípios, 22-23, 73-74, 83, 86-87, 91-92, 113-14, 243,

263, 340 (*ver também*
Elementos)
Protágoras, 15, 183, 288, 296, 302
Psicologia (*ver* Alma; Pensamento; Percepção)

Racionalidade, 24-27
Relatividade, 134-35
Reprodução, 162-63, 217-18, 258, 306
Respiração, 219-20
Rios, 135-36
Ritual, 99, 138, 140, 233, 236-39

Sabores, 303-305
Saúde, 106, 259-60 (*ver também* Medicina)
Significado, 308-309
Simplício, 28, 30-33
Sócrates, 11, 117, 126, 139, 140, 173-75, 278, 283, 288
Sol, 77, 84, 115-16, 143-44, 213
Solidez, 167, 170-71, 179, 290-91

Tales, 9, 12, 14, 16, 23, 25, 41, 71-81, 83, 85, 87, 109, 263
Tempo, 67, 88, 103-104, 119, 155, 167
Teologia, *ver* Deuses
Terra, 114-15, 274-75
Terra, A, 73, 84, 85, 92, 93, 115, 162, 214-15
Trasilo, 288

Unidade, 119, 168-69, 174-75, 324-25

Vegetarianismo, 230-34, 239-42
Vazio, 167, 170, 201, 246-47 (*ver também* Movimento)

Xenófanes, 12, 13, 16, 18, 44, 77, 96, 109-16, 124, 131, 149-50, 214, 285, 299

Zenão, 12, 13, 25, 47, 131, 173-84, 288, 299
Zoologia, 216-17

Índice de Textos Citados

Agatêmero, *Geografia* **I 1**, 83; **I 1-2**, 305
Alberto, o Grande, *Dos Vegetais* **VI ii 14**, 135-36
[Alexandre], *Problemas* **22.7**, 221
Amônio, *Comentário sobre Da Interpretação* **249.1-10**, 208-209
Anecdota Graeca **I 337.13-15**, 214
Anônimo Londinensis, *Escritos Médicos* **XI 22-42**, 264; **XVIII 8-XIX 1**, 259
Anônimo, *Teosofia* **68-69**, 137-38
Apolônio, *Histórias Maravilhosas* **6**, 100
Aquiles, *Introdução a Aratos* **4**, 115; **16**, 213
Ário Dídimo, fragmento **39**, 136
Aristóteles, *Da Geração dos Animais* **723a23-25**, 218; **731a1-6**, 216; **764b15-18**, 218; **777a8-10**, 218. *Da Geração e Corrupção* **316a13-b16**, 295; **333a35-b3**, 202; **334a1-5**, 207. *Da Respiração* **473b1-474a5**, 219-20. *Dos Sentidos e seus Objetos* **437b23-438a5**, 220-21; **443a22-25**, 144-45. *Ética a Eudemo* **1225a30-33**, 260. *Ética a Nicômaco* **1155b2-6**, 134; **1176a3**, 135; **1176a5-8**, 135. *Física* **196a20-24**, 207; **203a1-8**, 246; **203b6-11**, 89; **203b13-30**, 89; **210b22-25**, 182; **213b22-27**, 246; **233a21-31**, 181-82; **239b5-240a18**, 181; **250a19-22**, 183. Fragmentos **208**, 291. *História dos Animais* **511b30-512b11**, 343-44. *Metafísica* **983b6-11**, 74; **983b17-27**, 74; **984b15-18**, 277-78; **985b4-20**, 291-92; **985b23-98a26** 244; **986a30-34**; 106; **986b4-8**, 244; **1009b7-15**, 301; **1009b12-13**, 222; **1009b17-21**, 222; **1091b4-10**, 66; **1092b8-13**, 247. *Meteorologia* **355a13-**

15, 144; **357a25-26**, 215; **381b31-382a3**, 205; **387b1-6**, 217-18. *Poética* **1457b13-16**, 234. *Retórica* **1373b6-9**, 232; **1373b14-17**, 232; **1407b14-18**, 118. *Sobre a Alma* **404a16-20**, 247; **404b11-15**, 220; **405a19-21**, 74; **405a29b1**, 107, **411a7-8**, 74. 247. *Sobre os Céus* **290b12-29**, 245-46; **294a21-28**, 214; **294a28-34**, 73; **294b13-21**, 93; **295b11-16**, 87.
[Aristóteles], *Problemas* **916a33-37**, 107. *Sobre Melisso, Xenófanes e Górgias* **975a36-b6**, 201; **976b23-30**, 201-202. *Sobre o Mundo* **396b7-8**, 133-34; **396b20-25**, 133-34; **401a8-11**, 138-39
Ateneu, *Deipnosofistas* **57D**, 279; **161BC**, 241-42; **238CD**, 242; **334B**, 216; **526A**, 16
Aulo Gélio, *Noites Áticas* **IV xi 1-13**, 249 ; **IV xi 9**, 233

Calcídio, *Comentário sobre o Timeu* **ccxlvi 279**, 108
Calímaco, fragmento **191.60-62**, 100
Célio Aureliano, *Moléstias Crônicas* **IV 9**, 162-63
Censorino, *Dos Aniversários* **IV 7**, 86
Clemente, *Exortação* **II, 34 5**, 138; **xxii 1-2**, 140-41; **II xxvii 3**, 230; **LVI lxviii 5**, 307. *Miscelâneas* **II ii 8.1**, 128; **II iv 17.8**, 131-32; **II v 24.5**, 129; **II xxi 130.4-5**, 310; **III iii 14.1**, 141; **III iii 14.1-2**, 229; **III iii 17.1**, 260; **IV ii 4.2**, 131; **IV iii 10.1**, 145; **IV iv 16.1**, 145; **IV vii 49.3**, 145; **IV xxii 141.1-2**, 140; **IV xxii 144.3**, 140; **IV xxiii 149.3-4**, 301; **IV xxiii 150.1**, 228; **V i 9.1**, 224; **V i 9.2-3**, 132-33; **V iii 15.5**, 157; **V iii 18.3-4**, 191; **V viii 48.3**, 202; **V ix 59.4-5**, 129; **V xii 81.2**, 190 **V xiv 138.1**, 161; **V xiv 104.1-5**, 142-43; **V xiv 109.1-3**, 112; **V xiv 115.1-3**, 139; **V xiv 122.3**, 228; **V xiv 140.5**, 191; **V xiv 140.5-6**, 132; **VI ii 16.1**, 108; **VI ii 17.1-2**, 141; **VI xviii 168.2**, 308; **VII iv 22.1**, 112. *Pedagogo* **I ii 6.2**, 311; **II x 99.5**, 139.
Columella, *Sobre a Agricultura* **VIII iv 4**, 135
Cornuto, *Teologia* **17**, 230

Damáscio, *Sobre os Princípios Originários* **124**, 67
Demócrates, *Máximas* **1-86**, 333-38.
Dio de Prusa, *Sobre Homero* [*Discursos liii*] **1**, 308
Diodoro, *História Universal* **I viii 1-7**, 306-307; **X vi 1-3**, 103; **XIII lxxxiii 2**, 223
Diógenes de Enoanda, fragmento **6 II**, 301
Diógenes Laércio, *Vidas dos Filósofos* **I 22-28**, 81; **I 33-**

40, 81, **I 88**, 130; **I 119**, 67; **I 120**, 97; **II 6-14**, 282; **II 16**, 283; **II 22**, 117; **III 10**, 65; **VIII 4-5**, 102; **VIII 6**, 97, 130; **VIII 8**, 97; **VIII 10**, 235; **VIII 36**, 96; **VIII 59**, 188; **VIII 60**, 188; **VIII 61**, 223; **VIII 83**, 106; **VIII 85**, 253-54; **IX 1**, 97; **IX 1-3**, 127; **IX 5-12**, 126-27; **IX 15**, 127; **IX 18**, 110; **IX 21**, 149, 162; **IX 36**, 287; **IX 41**, 288; **IX 45-49**, 290; **IX 57**, 340; **IX 72**, 182, 299; **IX 73**, 131

Eliano, *A Natureza dos Animais* **XII 7**, 228; **XVI 29**, 211

Escoliastas, a Eurípides, *As Fenícias* **18**, 218. a Gregório de Nazianza, *Patrologia Graeca* **XXXVI 911 BC**, 276-77. a Homero, *Ilíada* **XVIII 251**, 130. a Nicandro, *Theriaca* **452**, 231-32. a Platão, *Górgias* **498E**; 192; *Fédon* **108D**, 249-50

Estobeu, *Antologia* **I iv 7c**, 286; **I viii 2**, 111; **I xv 2**, 208; **I xv 7**, 257; **I xviii 1c**, 247; **I xxi 7-8**, 254-55; **I xxii 1a**, 160; **I xxv 1g**, 144; **I xlix 53**, 222; **I xlix 60**, 227; **II i 12**, 34; **II i 16**, 130; **II iv 12**, 311; **II vii 3i**, 312; **II viii 16**, 312; **II ix 1-5**, 313; **II xv 33**, 313; **II xv 36**, 313; **II xv 40**, 313; **II xxxi 56-59**, 314; **II xxxi 66**, 314; **II xxxi 71-73**, 314; **II xxxi 90**, 314; **II xxxi 94**, 314; **II xxxiii 9**, 315; **III i 27**, 315; **III i 45-47**, 315; **III i 91**, 315; **III i 95**, 315; **III i 174-180**, 128; **III i 210**, 316; **III ii 36**, 316; **III iii 43**, 316; **III iii46**, 316; **III iv 69-82**, 317; **III v 6-8**, 128, **III v 22-27**, 317; **III vi 26-28**, 318; **III vii 21**, 318; **III vii 25**, 318; **III vii 31**, 318; **III vii 74**, 318; **III ix 29-30**, 318; **III x 36**, 319; **III x 42-44**, 319; **III x 58**, 319; **III x 64-65**, 319; **III x 68**, 319; **III xii 13**, 320; **III xiii 46-47**, 320; **III xiv 8**, 320; **III xiv 16-19**, 320; **III xvi 22**, 320; **III xvii 25**, 321; **III xvii 37-38**, 321; **III xviii 30**, 321; **III xviii 35**, 321; **III xx 56**, 321; **III xx 62**, 322; **III xxii 42**, 322; **III xxviii 13**, 322; **III xxix 63-64**, 322; **III xxix 66-67**, 322; **III xxix 88**, 322; **III xxxi 7**, 323; **III xxxvi 22**, 323; **III xxxvii 22**, 323; **III xxxvii 25**, 323; **III xxxviii 46-47**, 323; **III xxxviii 53**, 323; III **xl 6-7**, 324; **IV i 33-34**, 324; **IV i 40**, 324; **IV i 42-46**, 325; **IV ii 13-18**, 325; **IV iv 27**, 326; **IV v 43-48**, 327; **IV vi 19**, 327; **IV vii 19**, 327; **IV x 28**, 327; **IV xix 45**, 327; **IV xx 33**, 327; **IV xxii 108**, 327; **IV xxii 199**, 327; **IV xxiii 38-39**, 328; **IV xxiv 29**, 328; **IV xxiv 31-33**, 329; **IV xxvi 25-26**, 329; **IV xxix 18**, 329; **IV xxxi 49**, 329; **IV xxxi 120-121**, 330; **IV xxxiii**

23-24, 330; **IV xxxiv 58**, 330; **IV xxxiv 62**, 330; **IV xxxiv 65**, 330; **IV xxxix 17**, 331; **IV xxxix 25**, 331; **IV xl 20-21**, 331; **IV xl 23**, 145; **IV xliv 64**, 331; **IV xliv 67-70**, 332; **IV xlvi 18-19**, 332; **IV xlviii 10**, 332; **IV l 20**, 332; **IV l 22**, 332; **IV l 76**, 332; **IV lii 40**, 333

Estrabão, *Geografia* **I i 6**, 144; **VIII v 3**, 221

Etymologicum Magnum s.v. **bios**, 134

Eusébio, *Preparação para o Evangelho* **I vii 16**, 85; **XIV xxvii 4**, 302; **XV xx 2**, 136

Eustátio, *Comentário à Ilíada* **XI 24**, 115. *Comentário à Odisséia* **I 321**, 202

Filodemo, *Retórica* **I 351S**, 130. *Sobre a Música* **IV xxxvi**, 308.

Filópono, *Comentário à Física* **125.27-30**, 114

[Filópono], *Comentário a Da Geração dos Animais* **123.13-21**, 212

Galeno, *Comentário às Epidemias de Hipócrates* **XVIIA 1002K**, 162-218. *Os Elementos segundo Hipócrates* **I 417-418K**, 300. *Sobre a Experiência Médica* **XV 7-8**, 299-300

Harpocrácio, *Léxico* **s.v. Íon**, 261

Hefesto, *Manual* **I iii 4**, 215

Heráclito, *Questões Homéricas* **24.3-5**, 136; **44.5**, 115

Herodiano, *Da Acentuação em Geral* **445.9-11**, 310. *Das Singularidades da Linguagem* **936.18-20**, 115; **946.22-24**, 111. fragmento, 232. *Sobre as Vogais Longas* **16.17-22**, 111.

Heródoto, *História* **I 74.2**, 73; **I 75.4-5**, 72; **I 170.3**, 72; **II 81**, 239; **II 123**, 102; **IV 95-96**, 98

Hesíodo, *Teogonia* **104-138**, 64

Hiérocles, *Comentário aos Versos Áureos* **XXIV 2**, 229

Hipólito, *Refutação de Todas as Heresias* **I iii 2**, 228; **I vi 1-7**, 84; **I vii 1-9**, 93; **I ix 1-6**, 284; **I xiv 2-6**, 116; **VII xxix 25-26**, 189; **VII xxix 9-10**, 203; **VII xxix 13**, 203; **VII xxix 14-23**, 227; **VII xxxi 4**, 191; **IX ix 1-x 9**, 122

Hísdoso, *Sobre a Alma-Múndi de Platão* **17v**, 142

Iâmblico, *Comentário à Introdução à Aritmética de Nicômaco* **7.18-25**, 257; **19.21-25**, 256. *Sobre o Modo de Vida dos Pitagóricos* **81-87**, 238-39; **88**, 250. **162**, 247-48; **247**, 250. *Sobre os Mistérios* **I 119**, 138

[Iâmblico], *Aritmética Teológica* **25.17-26.3**, 258

Isócrates, *Busíris* **28-29**, 99

Luciano, *Sobre o Prosternar-se ao Discursar em Público* **9**, 258

Macróbio, *Das Saturnais* **I xvii 46**, 213

Marco Aurélio, *Meditações* **IV 46**, 146; **VI 42**, 140

Numênio, fragmento **30**, 141

[Olimpiodoro], *Sobre a Arte Divina e Sagrada da Pedra Filosofal* **25**, 94

Orígenes, *Contra Celso* **VI xii**, 130-31; **VI xlii**, 133

Papiro de Herculano **1012 XVIII**, 234

Platão, *Fédon* **97BC**, 278; **98-BC**, 278. *Hípias Maior* **289AB**, 135. *O Sofista* **237A**, 154. *Parmênides* **127A-128D**, 173-75. *República* **600AB**, 99

Plotino, *Enéadas* **IV viii 1**, 137; **V i 8**, 153

Plutarco, *Camilo* **138A**, 144. *Contra Colotes* **1108F-1109A**, 296; **1110F-1111A**, 296-97; **1111F**, 199; **1113AD**, 200-201; **1114BC**, 159, **1116A**, 161-62; **1118C**, 132; **1123B**, 211; **1126A**, 311. *Coriolano* **232D**, 131. *Da Face na Lua* **920C**, 213; **925B**, 214; **926E**, 209; **929AB**, 162; **929C**, 212; **929E**, 213; **943E**, 142. *Da Preservação da Saúde* **129A**, 307. *Da Sorte* **98D**, 217; **98F**, 279. *Da Sorte dos Romanos* **316D**, 261-62. *Da Tranqüilidade da Alma* **474BC**, 230. *Devem os Anciãos Tomar Parte na Política?* **787C**, 146. *Explicações Científicas* **912C**, 216; **916D**, 211; **917C**, 219; **917E**, 221; **39**, 215. *Filósofos e Príncipes* **777C**, 231. *O Controle da Ira* **457D**, 145; **464B**, 234. *O Frio Primordial* **947F**, 84; **952A**, 205. *O Progresso na Virtude* **81A**, 311. *Péricles* **166CD**, 165. *Por que a Pitonisa não mais Profetiza em Verso* **397AB**, 138; **400B**, 213; **404DE**, 138. *Questões de Convivas* **618B**, 217; **646D**, 233; **663A**, 312; **669A**, 141; **683D**, 216; **685F**, 216; **718E**, 255-56; **720E**, 214; **728E**, 189; **730DF**, 86; **745D**, 206; **746B**, 110. *Questões Platônicas* **1006E**, 214; **1007D**, 143-44. *Sobre a Educação das Crianças* **9F**, 308. *Sobre a Inteligência dos Animais* **974A**, 308. *Sobre as Aflições da Mente e do Corpo* **500DE**, 310. *Sobre a Superstição* **166C**, 139-40. *Sobre Escutar Preleções* **40F**, 129. *Sobre Noções Comuns* **1079E**, 305. *Sobre o Amor à Prole* **495E**, 306. *Sobre o Declínio dos Oráculos* **418C**, 192; **433B**, 212. *Sobre o E* *em Delfos* **388 DE**, 143; **392B**, 136-37. *Sobre o Exílio* **604A**, 143; **607CE**, 225. *Sobre Ter Inúmeros Amigos* **95**, 205. [Plutarco], *Consolação a Apolônio* **106E**, 140. *Miscelâneas* fragmento **179.2**, 85. *Será Mais Útil o Fogo ou a Água?* **957A**, 144. *Sobre as Idéias Científicas dos Filósofos* **876AB**, 94; **889A**, 93; **889F**, 87; **890D**, 93; **895E**, 257-58; **908D**, 86; **911A**, 106. *Sobre o Desejo e a Dor* **2**, 310

Políbio, *Histórias* **II xxxix 1-3**, 236; **XII xxvii 1**, 132

Porfírio, *A Gruta das Ninfas* **8**, 229; **10**, 141. *Da Abstinência* **II 21**, 230-31; **II 27**, 231; **II 31**, 233. *Ilíada* **XIV 200**, 134. *Notas sobre Homero* **IV 4**, 134-35. *Vida de Pitágoras* **19**, 101; **30**, 97, 231.

Proclo, *Comentário ao Parmênides* **708.7-22**, 157-58. *Comentário ao Timeu* **I 345.11-27**, 152-53; **II 8.26-28**, 215. *Comentário sobre o Alcibíades* **256.1-6**, 129. *Comentário sobre o Crátilo* **6.20-7.6**, 309. *Comentários a Euclides* **22.9-16**, 255; **130.8-14**, 256; **167.1-14**, 256; **157.10-11**, 75; **250.20-251.2**, 75; **299.1-4**, 75; **352.14-18**, 75; **379.1-16**, 244; **426.1-9**, 245

Sexto Empírico, *Contra os Matemáticos* **I 289**, 112; **VII 49**, 110; **VII 90**, 277; **VII 92**, 256; **VII 111**, 149-52, 154-55; **VII 116-118**, 293; **VII 122-125**, 189-90; **VII 126**, 132; **VII 132-133**, 119; **VII 135-140**, 298-99; **VII 140**, 277; **VII 265**, 307; **VII 389-390**, 302; **IX 127-129**, 232-33; **IX 144**, 113; **IX 193**, 111; **X 18-19**, 66; **X 313-314**, 114; **X 315**, 202

Simplício, *Comentário à Física* **22.26-23.20**, 114; **23.21-29**, 263-64; **23.29-33**, 71; **23.33-24.4**, 249; **24.13-25**, 88; **25.1-9**, 339-40; **28.4-15**, 285-86; **28.15-27**, 292-93; **31.3-7**, 160; **31.13-17**, 159; **31.31-34.8**, 197-99; **34.18-35.21**, 274; **38.29-39.21**, 158-59; **86.25-30**, 153; **87.4-7**, 170; **103.13-104.15**, 166-67; **109.19-110.6**, 168; **111.15-112.15**, 169-70; **117.2-13**, 53-54; **138.3-6**, 176-79; **138.29-140.6**, 176-79; **140.18-141.11**, 176-79; **144.25-146.27**, 155-57; **151.20-153.22**, 342-43; **155.13-23**, 276; **155.21-157.24**, 269-71; **155.23-27**, 30; **157.25-161.20**, 192-97; **162.23-26**, 167-68; **163.18-26**, 275; **164.14-165.5**, 271-72; **175.11-15**, 275; **178.33-179.10**, 276; **180.8-12**, 160-61; **300.16-24**, 217; **300.27-301.10**, 273; **327.23-26**, 292; **330.31-331.16**, 208; **381.29-382.3**, 210; **562.3-6**, 182-83;

563.17-20, 182-83; **732.23-33**, 104; **1108.14-28**, 183-84; **1124.9-18**, 204-205; **1183.28-1184.18**, 206.
Comentário a Sobre os Céus, **294.30-295.22**, 290-91; **529.21-530.11**, 204; **557.10-17**, 169; **557.24-558.2**, 152; **558.8-11**, 164; **558.17-559.13**, 171-72; **559.18-27**, 161; **586.6-7**, 210; **586.10-12**, 210; **586.29-587.4**, 210; **587.12-26**, 210; **608.21-28**, 272.

Temístio, *Discursos* **V 69B**, 131

Téo de Esmirna, *Matemática* **15.7-12**, 234
Teodoro Prodromo, *Cartas* **XXXIII 1240A**, 146
Teofrasto, *Das Causas das Plantas* **I xiii 2**, 215-16. *Metafísica* **7a10-15**, 143. *Sobre a Vertigem* **9**, 137 *Sobre os Sentidos* **3-4**, 163-64; **10**, 223; **22**, 222; **25-26**, 108; **43-45**, 345-46; **49-50**, 303; **65-67**, 304-305.
Tzetzes, *Alegorias na Ilíada* **XV 86**, 215. *Notas sobre a Ilíada* **126H**, 134

IMPRESSÃO E ACABAMENTO:
YANGRAF Fone/Fax: 6198.1788